高中英文老師需要哪些資料

↑ 訂書請掃描

1.

用會話背7000字①　書+CD 280元

將「高中常用7000字」融入日常生活會話，極短句，控制在5個字以內。以三句一組，容易背，背短句，比背單字還快。每句話都用得到，可以主動和外國人說。背完後，會說話、會寫作，更會考試。

2.

一分鐘背9個單字　書+CD 280元

顛覆傳統，一次背9個單字，把9個單字當作1個單字背，不斷熟背，變成直覺，就能終生不忘記，唯有不忘記，才能累積。利用相同字首、字尾編排，整理出規則，會唸就會拼，背單字變得超簡單。準確地鎖定「高中常用7000字」，用不到的、不考的字，不用浪費時間背。

3.

時速破百單字快

7000字背誦法實，呈現，把7000字事組，9字一回，變成7000字範圍。

4.

如何寫英文作文　書 250元

從頭到尾把英文作文該怎麼寫，敘述得一清二楚。從標題、主題句、推展句，到結尾句，非常完整。附有轉承語整理，背了就有寫作文的衝動。

5.

7000字克漏字詳解　書 250元

保證7000字範圍，做克漏字測驗等於復習「高中常用7000字」。句子分析，一看就懂，對錯答案都有明確交代，翻譯、註釋詳盡，不需要再查字典。Test 1～Test 5還有錄音QR碼，可跟著美籍老師唸，培養語感。

6. 7000字文意選填詳解　書 250元

「文意選填」是近年大學入試必考的題型。本書取材自名校老師命題，每回測驗都在「劉毅英文」實際考過，效果極佳。有句子分析、翻譯及註釋，一看就懂。保證在7000字範圍內，每個單字都標明級數。

7. 7000字閱讀測驗詳解　書 250元

符合大學入學考試的命題原則，具知識性、趣味性、教育性，和生活性。有翻譯及註釋，每個單字都註明級數。由淺至深編排，因為不必查字典，像是看小說一樣，越做越想做。保證在7000字範圍內，不會碰到考試不考、以後又用不到的單字。

8. 7000字學測試題詳解　書 250元

精選6份完整的試題，按照大學入學考試新題型命題。每份試題附有翻譯和註釋，單字有標明級數，對錯答案都有明確交待。把這6份試題當作課本一樣熟讀，再做其他試題就簡單了。

9. 高中常用7000字解析【豪華版】　書 390元

取材自大學入學考試中心新修編的「高中英文參考詞彙表」研究計劃報告，收錄的均是教育部公布的重要字彙，讓同學背得正確，迅速掌握方向，並有效用於考場上。重要字彙皆有例句，提供讀者八種不同的學習方式，包含記憶技巧、同、反義字、常考片語、典型考題等。

10. 高中7000字測驗題庫　書 180元

取材自大規模考試，每條題目都有詳細解答。做詞彙題能增加閱讀能力，只要詞彙題滿分，其他克漏字、文意選填、閱讀測驗、翻譯、作文，稍加努力，就能完全征服。

11.

文法寶典全集　書 990元

文法是語言的歸納，不完全的文法規則，反而會造成學習的障礙。這套書是提供讀者查閱的，深入淺出，會讓學生很高興。有了「文法寶典」，什麼文法難題都可以迎刃而解。

12.

一口氣背文法　書+CD 280元

文法規則無限多，沒人記得下來，只要背216句，就學完文法，背的句子可說出來，還可寫作文。
郭雅惠博士說：「我很感恩，因為您發明的『一口氣背文法』，憑著那216句＋您的DVD＋我課前的準備，就可上課。」

13.

全真文法450題詳解　書 280元

文法題目出起來可不簡單，不小心就會出現二個答案，中國人出題造句，受到中文的影響，很容易出錯。這本書選擇大陸、日本和台灣各大規模考試，大型考試出題者比較慎重，再請三位美籍老師校對，對錯答案都有明確交代。

14.

一口氣考試英語　書+CD 280元

單教試題，題目無法應用在日常生活當中，同學學起來很枯燥，把試題變成會話，就精彩了。試題往往有教育性，用這些題目來編會話，是最佳的選擇。同學一面準備考試，一面學會話，進步速度才快

15.

一口氣背同義字寫作文…① 書+MP3 280元

背了同義字，對寫作文有幫助。每個Unit先背九句平常用得到的會話，如：Unit 1 The Way to Success（成功之道），先背九個核心關鍵句，再背同義字，就可造出長篇的演講和作文了。

16.

一口氣背7000字①~⑯合集　書 990元

大考中心公佈的「高中英文常考字彙表」共6,369個字，也就是俗稱的「高中常用7000字」，我們按照「一口氣英語」的方式，三字一組來背，可快速增加單字。

17.

全真克漏字282題詳解　書 280元

本書取材自大陸和日本大學入學試題，經過美籍權威教授Laura E. Stewart和本公司編輯Christian Adams仔細校對。書中每篇克漏字都有句子分析，對錯答案都有明確交代。另有劉毅老師親授「克漏字講座實況DVD」，同步學習，效果加倍。

18.

翻譯句型800　書 180元

將複雜的英文文法濃縮成800個句子，同學可看著中文唸出英文，第二遍可看著中文默寫英文，也可在每一回Test中抽出一句練習。利用練習翻譯的機會，對閱讀能力、英文作文等也有幫助，一石多鳥。

19.

如何寫看圖英作文①　書 180元

四張連環圖：採用「一口氣英語」方式，每一張圖片三句為一組，四張共12句，剛好120字左右。同學只要想到一張圖寫三句話，就會覺得輕鬆很多。兩張圖為一段，就可寫出漂亮的文章。

20.

如何寫看圖英作文②　書 180元

一張圖片：以「一口氣英語」的方式，三句為一組，四組十二句，再以「人事時地物」為出發點，說明過去發生什麼事，現在情況如何，未來可能發生的情形，再說明你的看法即可。

序 言

　　教單字很枯燥，尤其是一次要教同學幾百個單字，更是辛苦。上單字課時，想要帶動學生學習的情緒，首重讓學生自己唸。課堂上同學們一起唸，而非跟著老師唸，比較不會覺得單調，而且看中文、唸英文部分要特別強調。每個單字要重覆唸兩遍，唸第一遍也許還不熟，唸第二遍時，就想起拼字來了，如此才能達到看中文，馬上反應成英文的效果。

　　此外，成組的單字，老師要先分析字首、字根的意義，然後教同學快速朗誦，例如：

先唸："apply-supply-reply, apply-supply-reply"
再唸："imply-comply-multiply, imply-comply-multiply"

先唸："pose-oppose-suppose, pose-oppose-suppose"
再唸："impose-expose-compose, impose-expose-compose"

整組單字多唸幾遍，讓同學即使閉上眼睛，也能琅琅上口，默背出來，如此才算收效。而上完課短暫複習後，要馬上測驗，以加深同學的印象。

　　「**一天背好 1000 單字教師手冊**」是我們綜合多次實際講座經驗，設計編寫成的一套完善的教學計劃。老師們在教學時若有任何問題，歡迎您打電話來，我們共同研究切磋。

編者　謹識

1000 Words in a Day ◀教師手冊▶

◎ **教學目標**

幫助同學在課堂上能背下當日所學之單字。

◎ **教學原則**

1. 教同學把整組單字聯想在一起。

   如：angle〔'æŋgl̩〕*n.* 角度　　car〔kɑr〕*n.* 汽車

   　wr¦angle〔'ræŋgl̩〕*v.* 爭吵　　s¦car〔skɑr〕*n.* 疤痕
   　wrong　　　　　　　　　　　　（死汽車，害我留下疤痕）
   　（家中物品角度放錯，表不吉，就會爭吵）

2. 補充教材以幫助同學記住單字為主，可依各班程度，決定補充單字之難易、多寡。

3. 一組單字教完後，帶同學整組一起唸。長串的字組要有停頓之處。務使整組單字唸起來琅琅上口。

   如：apply〔ə'plaɪ〕*v.* 申請　　imply〔ɪm'plaɪ〕*v.* 暗示
   　supply〔sə'plaɪ〕*v.* 供給　　comply〔kəm'plaɪ〕*v.* 同意
   　reply〔rɪ'plaɪ〕*v.* 回答　　multiply〔'mʌltə͵plaɪ〕*v.* 乘

   本組六個字，以三個字一單位，唸成："apply-supply-reply, imply-comply-multiply"。

4. 看中文、唸英文部分，可評量同學是否把單字記熟，每個英文唸兩遍，以達到看中文，能馬上反應成英文的速度。

   如：演員 <u>actor</u>　　　恩人 <u>benefactor</u>
   　因素 <u>factor</u>　　　利益 <u>benefit</u>

   唸成："actor-actor, factor-factor, benefactor-benefactor,
   　　　benefit-benefit"。

5. 看英文、唸中文部分，同樣考驗同學單字背熟了沒有，而且排列順序不定，難度比看中文、唸英文更高，此部分中文英文各唸兩遍。

discount 折扣 feast 盛宴

coward 懦夫 strip 剝奪

唸成：discount-discount，折扣–折扣；coward-coward，懦夫–懦夫；strip-strip，剝奪–剝奪；feast-feast，盛宴–盛宴。

6. 每單元都附有一頁同義字整理（Required Synonyms），提供同學做參考；以及二頁 Exercise，依照大學入試詞彙題型設計題目，讓同學測試自己的學習成果，題目也可當成例句背誦。此外，在 Cycle 1, 5, 9, 13, 16 等五單元 Exercise 中，多附了二頁的圖解測驗（Look and write.），同學利用題目句及插圖，即可把單字牢牢記住，例如：

他和醫生有<u>約</u>（appointment），醫生給他藥膏 <u>ointment</u>。

◎ **本書特色**

1. 較難記的單字以虛線分隔，並附上字首、字根、字尾的意思。

如：<u>bene¦fact¦or</u> 〔͵bɛnəˈfæktɚ〕 *n.* 恩人
　　 well ¦ do ¦ 人

2. 括弧中為字首、字根、字尾，及串連整組單字聯想之建議。

如：<u>ap¦ply</u> 〔 əˈplaɪ 〕 *v.* 申請　　　<u>sup¦ply</u> 〔 səˈplaɪ 〕 *v.* 供給
　　 to ¦fold（折疊起來向別人申請）　 under¦（折疊好放在裏面）

3. 長串單字組中的留空，為誦讀時停頓之處，幫助同學唸時順口、好記。

4. 書中附有補充字義、單字、片語、諺語，及背單字的祕訣，供老師參考。

5. 本書附有 Exercise 及圖解測驗（Look and write.）之解答。

CONTENTS ▶ 目錄

Cycle 1

1. **actor**〔'æktɚ〕*n.* 演員

   _____〔'fæktɚ〕*n.* 因素

   _____

   _____〔,bɛnə'fæktɚ〕*n.* 恩人

   _____〔'bɛnəfɪt〕*n.* 利益

2. **aim**〔em〕*v.* 瞄準

   _____〔klem〕*v.* 要求

   _____

   _____〔ɪk'sklem〕*v.* 呼喊

3. **resume**〔rɪ'zjum〕*v.* 恢復

   _____

   _____〔kən'sjum〕*v.* 消耗；消費

4. **delicious**〔dɪ'lɪʃəs〕*adj.*
   美味的

   _____

   _____〔dɪ'lɪrɪəs〕*adj.* 精神錯亂的

5. **well**〔wɛl〕*adv.* 很好

   _____〔dwɛl〕*v.* 居住

6. **angle**〔'æŋgḷ〕*n.* 角度

   _____

   _____〔'ræŋgḷ〕*v.* 爭吵

7. **table**〔'tebḷ〕*n.* 桌子

   _____〔'stebḷ〕*adj.* 穩定的

8. **bad**〔bæd〕*adj.* 不好的

   _____〔bædʒ〕*n.* 徽章

   _____

   _____〔'bædʒɚ〕*v.* 困擾

9. **appointment**
   〔ə'pɔɪntmənt〕*n.* 約會

   _____

   _____〔'ɔɪntmənt〕*n.* 藥膏

10. **team**〔tim〕*n.* 隊

    _____〔stim〕*n.* 蒸氣

    _____〔strim〕*n.* 河流

11. **apply**〔ə'plaɪ〕*v.* 申請

    _____〔sə'plaɪ〕*v.* 供給

    _____〔rɪ'plaɪ〕*v.* 回答

    _____〔ɪm'plaɪ〕*v.* 暗示

    _____

    _____〔kəm'plaɪ〕*v.* 同意

    _____

    _____〔'mʌltə,plaɪ〕*v.* 乘

12. **knock** 〔 nɑk 〕 *v.* 敲門

_____ 〔 næk 〕 *n.* 竅門

13. **article** 〔 ˋɑrtɪkl̩ 〕 *n.* 文章

_____ 〔 ˋpɑrtɪkl̩ 〕 *n.* 粒子

14. **blank** 〔 blæŋk 〕 *n.* 空白

_____ 〔 ˋblæŋkɪt 〕 *n.* 毛毯

15. **brand** 〔 brænd 〕 *n.* 商標

_____ 〔 ˋbrændɪ 〕 *n.* 白蘭地酒

16. **vest** 〔 vɛst 〕 *n.* 背心

_____ 〔 ɪnˋvɛst 〕 *v.* 投資

17. **call** 〔 kɔl 〕 *v.* 呼喚

_____ 〔 rɪˋkɔl 〕 *v.* 記起

18. **bridge** 〔 brɪdʒ 〕 *n.* 橋

_____ 〔 əˋbrɪdʒ 〕 *v.* 縮短

_____ 〔 rɪdʒ 〕 *n.* 山脊

19. **bull** 〔 bʊl 〕 *n.* 公牛

_____ 〔 ˋbʊlɪt 〕 *n.* 子彈

_____ 〔 ˋbʊlətɪn 〕 *n.* 佈告

20. **came** 〔 kem 〕 *v.* 來 (過去式)

_____

〔 ˋkæml̩ 〕 *n.* 駱駝

21. **camp** 〔 kæmp 〕 *v.* 露營

_____

〔 ˋkæmpəs 〕 *n.* 校園

22. **can** 〔 kæn 〕 *aux.* 能夠

_____ 〔 skæn 〕 *v.* 掃描

〔 ˋskændl̩ 〕 *n.* 醜聞

_____ 〔 ˋkændl̩ 〕 *n.* 蠟燭

23. **car** 〔 kɑr 〕 *n.* 汽車

_____ 〔 skɑr 〕 *n.* 疤痕

_____ 〔 skɑrf 〕 *n.* 圍巾

24. **come** 〔 kʌm 〕 *v.* 來

_____ 〔 ˋkɑmɪt 〕 *n.* 彗星

_____ 〔 ˋkɑmədɪ 〕 *n.* 喜劇

25. **cast** 〔kæst 〕v. 投擲

_____

　　〔'brɔd,kæst 〕v. 廣播

26. **cell** 〔sɛl 〕n. 細胞

_____〔'sɛlɚ 〕n. 地窖

27. **chase** 〔tʃes 〕v. 追捕

_____

　　〔'pɜtʃəs 〕v. 購買

28. **cite** 〔saɪt 〕v. 引用；召喚

_____

　　〔rɪ'saɪt 〕v. 背誦

29. **clear** 〔klɪr 〕adj. 清楚的

_____

　　〔'njuklɪɚ 〕adj. 核子的

30. **cold** 〔kold 〕adj. 冷的

_____〔skold 〕v. 責罵

31. **core** 〔kor 〕n. 核心

_____〔skor 〕n. 分數

32. **corn** 〔kɔrn 〕n. 玉米

_____〔skɔrn 〕v. 輕視

33. **east** 〔ist 〕n. 東方

_____〔bist 〕n. 野獸

_____〔fist 〕n. 盛宴

_____

　　〔jist 〕n. 酵母 (菌)

34. **count** 〔kaʊnt 〕v. 計算

_____

　　〔ə'kaʊnt 〕n. 帳戶

_____

　　〔'dɪskaʊnt 〕n. 折扣

35. **counter** 〔'kaʊntɚ 〕n. 櫃台

_____

　　〔ɪn'kaʊntɚ 〕v. 遭遇

36. **cow** 〔kaʊ 〕n. 母牛

_____

　　〔'kaʊɚd 〕n. 懦夫

37. **trip** 〔trɪp 〕n. 旅行

_____〔strɪp 〕v. 剝奪

38. **cream** 〔krim 〕n. 奶精

_____

　　〔skrim 〕v. 尖叫

Cycle 1

39. **creation** 〔 krɪ'eʃən 〕 *n.* 創造

　　＿＿＿＿＿＿＿＿＿＿＿

　　　　　〔 ˌrɛkrɪ'eʃən 〕 *n.* 娛樂

40. **cure** 〔 kjʊr 〕 *v.* 治療

　　＿＿＿＿＿＿＿＿＿＿＿

　　　　〔 sɪ'kjʊr 〕 *adj.* 安全的

41. **drag** 〔 dræg 〕 *v.* 拖曳

　　＿＿＿＿＿＿＿＿＿＿＿

　　　　　〔 'drægən 〕 *n.* 龍

42. **tempt** 〔 tɛmpt 〕 *v.* 引誘

　　＿＿＿＿＿＿＿＿＿＿＿

　　　　　〔 ə'tɛmpt 〕 *v.* 嘗試

　　＿＿＿＿＿＿＿＿＿＿＿

　　　　〔 kən'tɛmpt 〕 *n.* 輕視

43. **obtain** 〔 əb'ten 〕 *v.* 獲得
　＿＿＿＿＿＿ 〔 kən'ten 〕 *v.* 包含
　＿＿＿＿＿＿ 〔 men'ten 〕 *v.* 維持
　＿＿＿＿＿＿ 〔 sə'sten 〕 *v.* 支持
　＿＿＿＿＿＿ 〔 rɪ'ten 〕 *v.* 保留

44. **evolution** 〔 ˌɛvə'luʃən 〕 *n.*
　　進化

　　＿＿＿＿＿＿＿＿＿＿＿

　　　　〔 ˌrɛvə'luʃən 〕 *n.* 革命

45. **efficient** 〔 ə'fɪʃənt 〕 *adj.*
　　有效率的

　　＿＿＿＿＿＿＿＿＿＿＿

　　　〔 sə'fɪʃənt 〕 *adj.* 足夠的

　　＿＿＿＿＿＿＿＿＿＿＿

　　　〔 dɪ'fɪʃənt 〕 *adj.* 不足的

46. **substitute** 〔 'sʌbstəˌtjut 〕
　　v. 代替

　　＿＿＿＿＿＿＿＿＿＿＿

　　　〔 'ɪnstəˌtjut 〕 *n.* 學院

　　＿＿＿＿＿＿＿＿＿＿＿

　　　〔 'kɑnstəˌtjut 〕 *v.* 組成

47. **error** 〔 'ɛrɚ 〕 *n.* 錯誤
　　＿＿＿＿＿ 〔 'tɛrɚ 〕 *n.* 恐怖

48. **evil** 〔 'ivl̩ 〕 *adj.* 邪惡的
　　＿＿＿＿＿ 〔 'dɛvl̩ 〕 *n.* 魔鬼

49. **flat** 〔 flæt 〕 *adj.* 平坦的

　　＿＿＿＿＿＿＿＿＿＿＿

　　　　　〔 'flætɚ 〕 *v.* 諂媚

50. **flee** 〔 fli 〕 *v.* 逃跑
　　＿＿＿＿＿ 〔 flit 〕 *n.* 艦隊

Read at least 5 times a day!

1. 演員 _____
   因素 _____
   恩人 _____
   利益 _____

2. 瞄準 _____
   要求 _____
   呼喊 _____

3. 恢復 _____
   消耗；消費 _____

4. 美味的 _____
   精神錯亂的 _____

5. 很好 _____
   居住 _____

6. 角度 _____
   爭吵 _____

7. 桌子 _____
   穩定的 _____

8. 不好的 _____
   徽章 _____
   困擾 _____

9. 約會 _____
   藥膏 _____

10. 隊 _____
    蒸氣 _____
    河流 _____

11. 申請 _____
    供給 _____
    回答 _____
    暗示 _____
    同意 _____
    乘 _____

12. 敲門 _____
    竅門 _____

13. 文章 _____
    粒子 _____

14. 空白 _____
    毛毯 _____

15. 商標 _____
    白蘭地酒 _____

16. 背心 _____
    投資 _____

17. 呼喚 _____
    記起 _____

18. 橋 _____
    縮短 _____
    山脊 _____

19. 公牛 _____
    子彈 _____
    佈告 _____

20. 來(過去式) _____
    駱駝 _____

21. 露營 _____
    校園 _____

22. 能夠 _____
    掃描 _____
    醜聞 _____
    蠟燭 _____

23. 汽車 _____
    疤痕 _____
    圍巾 _____

24. 來 _____
    彗星 _____
    喜劇 _____

25. 投擲 ＿＿＿＿＿＿
    廣播 ＿＿＿＿＿＿

26. 細胞 ＿＿＿＿＿＿
    地窖 ＿＿＿＿＿＿

27. 追捕 ＿＿＿＿＿＿
    購買 ＿＿＿＿＿＿

28. 引用；召喚 ＿＿＿＿＿
    背誦 ＿＿＿＿＿＿

29. 清楚的 ＿＿＿＿＿
    核子的 ＿＿＿＿＿

30. 冷的 ＿＿＿＿＿＿
    責罵 ＿＿＿＿＿＿

31. 核心 ＿＿＿＿＿＿
    分數 ＿＿＿＿＿＿

32. 玉米 ＿＿＿＿＿＿
    輕視 ＿＿＿＿＿＿

33. 東方 ＿＿＿＿＿＿
    野獸 ＿＿＿＿＿＿
    盛宴 ＿＿＿＿＿＿
    酵母（菌） ＿＿＿＿

34. 計算 ＿＿＿＿＿＿
    帳戶 ＿＿＿＿＿＿
    折扣 ＿＿＿＿＿＿

35. 櫃台 ＿＿＿＿＿＿
    遭遇 ＿＿＿＿＿＿

36. 母牛 ＿＿＿＿＿＿
    懦夫 ＿＿＿＿＿＿

37. 旅行 ＿＿＿＿＿＿
    剝奪 ＿＿＿＿＿＿

38. 奶精 ＿＿＿＿＿＿
    尖叫 ＿＿＿＿＿＿

39. 創造 ＿＿＿＿＿＿
    娛樂 ＿＿＿＿＿＿

40. 治療 ＿＿＿＿＿＿
    安全的 ＿＿＿＿＿

41. 拖曳 ＿＿＿＿＿＿
    龍 ＿＿＿＿＿＿

42. 引誘 ＿＿＿＿＿＿
    嘗試 ＿＿＿＿＿＿
    輕視 ＿＿＿＿＿＿

43. 獲得 ＿＿＿＿＿＿
    包含 ＿＿＿＿＿＿
    維持 ＿＿＿＿＿＿
    支持 ＿＿＿＿＿＿
    保留 ＿＿＿＿＿＿

44. 進化 ＿＿＿＿＿＿
    革命 ＿＿＿＿＿＿

45. 有效率的 ＿＿＿＿＿
    足夠的 ＿＿＿＿＿
    不足的 ＿＿＿＿＿

46. 代替 ＿＿＿＿＿＿
    學院 ＿＿＿＿＿＿
    組成 ＿＿＿＿＿＿

47. 錯誤 ＿＿＿＿＿＿
    恐怖 ＿＿＿＿＿＿

48. 邪惡的 ＿＿＿＿＿
    魔鬼 ＿＿＿＿＿＿

49. 平坦的 ＿＿＿＿＿
    諂媚 ＿＿＿＿＿＿

50. 逃跑 ＿＿＿＿＿＿
    艦隊 ＿＿＿＿＿＿

Mark the words you don't know.

☐ discount _____   ☐ fleet _____   ☐ badge _____

☐ coward _____   ☐ recreation ____   ☐ steam _____

☐ strip _____   ☐ secure _____   ☐ consume _____

☐ feast _____   ☐ drag _____   ☐ angle _____

☐ encounter ____   ☐ scandal _____   ☐ comply _____

☐ broadcast ____   ☐ contempt ____   ☐ particle _____

☐ cellar _____   ☐ obtain _____   ☐ ointment _____

☐ purchase _____   ☐ sustain _____   ☐ resume _____

☐ scold _____   ☐ retain _____   ☐ exclaim _____

☐ cite _____   ☐ maintain _____   ☐ candle _____

☐ recite _____   ☐ revolution ___   ☐ supply _____

☐ nuclear _____   ☐ dragon _____   ☐ wrangle _____

☐ scorn _____   ☐ knack _____   ☐ ridge _____

☐ sufficient _____   ☐ campus _____   ☐ blanket _____

☐ institute _____   ☐ invest _____   ☐ delirious _____

☐ score _____   ☐ recall _____   ☐ camel _____

☐ error _____   ☐ scar _____   ☐ stable _____

☐ devil _____   ☐ comedy _____   ☐ bulletin _____

☐ flatter _____   ☐ benefactor ___   ☐ dwell _____

☐ substitute ____   ☐ evolution ____   ☐ multiply _____

Required Synonyms 1

1. **obtain** 〔 əb'ten 〕 *v.* 獲得

> = acquire 〔 ə'kwaɪr 〕
> = procure 〔 pro'kjur 〕
> = secure 〔 sɪ'kjur 〕

> = gain 〔 gen 〕
> = get 〔 gɛt 〕

> = receive 〔 rɪ'siv 〕
> = earn 〔 ɝn 〕

2. **maintain** 〔 men'ten 〕 *v.* 維持

> = sustain 〔 sə'sten 〕
> = support 〔 sə'port 〕

> = preserve 〔 prɪ'zɝv 〕
> = possess 〔 pə'zɛs 〕

> = uphold 〔 ʌp'hold 〕
> = bear 〔 bɛr 〕
> = keep 〔 kip 〕

3. **abridge** 〔 ə'brɪdʒ 〕 *v.* 縮短

> = condense 〔 kən'dɛns 〕
> = contract 〔 kən'trækt 〕
> = curtail 〔 kɝ'tel 〕

> = reduce 〔 rɪ'djus 〕
> = cut 〔 kʌt 〕

4. **wrangle** 〔'ræŋgl 〕 *v.* 爭吵

> = argue 〔'ɑrgju 〕
> = quarrel 〔'kwɔrəl 〕

> = dispute 〔 dɪ'spjut 〕
> = disagree 〔ˌdɪsə'gri 〕

5. **bat** 〔 bæt 〕 *v.* 打擊

> = knock 〔 nɑk 〕
> = strike 〔 straɪk 〕

> = crack 〔 kræk 〕
> = hit 〔 hɪt 〕

6. **comply** 〔 kəm'plaɪ 〕 *v.* 同意

> = agree 〔 ə'gri 〕
> = assent 〔 ə'sɛnt 〕

> = consent 〔 kən'sɛnt 〕
> = conform 〔 kən'fɔrm 〕
> = obey 〔 ə'be 〕

7. **scream** 〔 skrim 〕 *v.* 尖叫

> = shriek 〔 ʃrik 〕
> = shout 〔 ʃaut 〕
> = exclaim 〔 ɪk'sklem 〕

> = wail 〔 wel 〕
> = yell 〔 jɛl 〕
> = cry 〔 kraɪ 〕

Cycle 1 EXERCISE

1. Becky wrote an _____ for the school magazine.
   - (A) article
   - (B) ointment
   - (C) angle
   - (D) factor

2. The large river turned into a small _____ due to lack of rain.
   - (A) steam
   - (B) stream
   - (C) badge
   - (D) camel

3. Do you mean to _____ that I am a bad person?
   - (A) apply
   - (B) reply
   - (C) supply
   - (D) imply

4. You chose a good _____ of television to buy.
   - (A) team
   - (B) scar
   - (C) brand
   - (D) yeast

5. It is a good idea to _____ one's money in a safe stock.
   - (A) flatter
   - (B) wrangle
   - (C) invest
   - (D) recite

6. Can you _____ what happened the other night?
   - (A) recall
   - (B) flee
   - (C) contempt
   - (D) contain

7. The _____ of the baseball game was not very close because one team was much better than the other.
   - (A) score
   - (B) factor
   - (C) core
   - (D) appointment

8. Did Rob _____ the bicycle, or was it given to him?
   - (A) cite
   - (B) recite
   - (C) broadcast
   - (D) purchase

9. The politician's relationship with his personal secretary has caused a big _____.
   - (A) scandal
   - (B) cellar
   - (C) scan
   - (D) candle

10. The _____ in the bookstore is only available only to students.
    - (A) discount
    - (B) bridge
    - (C) bullet
    - (D) ridge

11. I would not like to _____ that criminal in a dark alley.
    - (A) vest
    - (B) cast
    - (C) encounter
    - (D) scan

12. A man is _____ of all his rights when put into jail.
    - (A) stripped
    - (B) cast
    - (C) chased
    - (D) scanned

13. Most people like to go to the park for _____.
    - (A) creation
    - (B) comet
    - (C) recreation
    - (D) coward

14. I feel so _____ when I'm with my parents.
    - (A) secure
    - (B) flat
    - (C) wrangled
    - (D) fleet

15. His method is very _____; it gets the job done quickly.
    - (A) flock
    - (B) flat
    - (C) deficient
    - (D) efficient

Look and write.

1. 家中物品<u>角度</u>（angle）擺<u>錯</u>（wrong），因此產生<u>爭吵</u>
   _____。

2. 喝了<u>美味的</u>（delicious）酒，結果<u>精神錯亂</u> _____。

3. 他和醫生有<u>約</u>（appointment），醫生給他<u>藥膏</u> _____。

4. 他做事和<u>桌子</u>（table）一樣<u>四平八穩的</u> _____。

5. <u>廣播</u>（broadcast）就是把聲音<u>廣泛地</u>（broad）<u>投射</u>
   _____ 出去。
   _____ pearls before swine. 對牛彈琴。（在豬前擲珍珠）

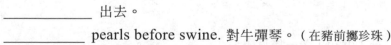

6. <u>奶精</u>（cream）丟在她臉上，引起她尖<u>叫</u> _____ 。

7. <u>我們</u>（us）在校園 _____ <u>露營</u>（camp）。

8. 死<u>汽車</u>（car）害我留下疤痕 _____ ，只好用圍巾 _____ 遮住。

9. 兩座<u>山脊</u>（ridge）間架橋 _____ ，縮短 _____ 兩地的距離。

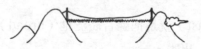

10. <u>拖</u>（drag）著一隻巨龍 _____ 。

Cycle 1 詳解

1. act *v.* 行為

   act｜or〔ˈæktɚ〕*n.* 演員
   do｜人

   factor〔ˈfæktɚ〕*n.* 因素

   bene｜fact｜or〔ˌbɛnəˈfæktɚ〕
   well｜do｜人   *n.* 恩人

   benefit〔ˈbɛnəfɪt〕*n.* 利益

   (a) bene- (well):
       benefit *n.* 利益
       beneficial *adj.* 有益的
       beneficiary *n.* 受益人

   (b) -tory 表地點：
       factory *n.* 工廠
       lavatory *n.* 廁所
       territory *n.* 領土
       laboratory *n.* 實驗室

   (c) sat｜is｜factory
              adj. 令人滿意的

2. **aim**〔em〕*v.* 瞄準

   claim〔klem〕*v.* 要求

   ex｜claim〔ɪkˈsklem〕*v.* 呼喊
   out｜要求（向外要求）

3. **re｜sume**〔rɪˈzjum〕*v.* 恢復
   again take（再次得到）

   con｜sume〔kənˈsjum〕
   all｜take   *v.* 消耗；消費

   consumer *n.* 消費者
   consumption *n.* 消耗；肺病

4. **delicious**〔dɪˈlɪʃəs〕*adj.* 美味的

   delirious〔dɪˈlɪrɪəs〕
              adj. 精神錯亂的

5. **well**〔wɛl〕*adv.* 很好

   dwell〔dwɛl〕*v.* 居住

   dwell in
   = live in
   = inhabit

6. **angle**〔ˈæŋgl̩〕*n.* 角度

   wr｜angle〔ˈræŋgl̩〕*v.* 爭吵
   wrong
   （家中物品角度放錯，表不吉，就
     會爭吵）

7. **table**〔ˈtebl̩〕*n.* 桌子

   stable〔ˈstebl̩〕*adj.* 穩定的

   tablet *n.* 藥片

8. **bad** 〔 bæd 〕 *adj.* 不好的

   badge 〔 bædʒ 〕 *n.* 徽章

   badger 〔 'bædʒɚ 〕 *v.* 困擾

9. point *v.* 指

   ap¦point *v.* 指派
   to¦ 指

   dis¦appoint *v.* 使失望
   not¦ 指派

   disappointment *n.* 失望

   appointment
   〔 ə'pɔɪntmənt 〕 *n.* 約會

   ointment 〔 'ɔɪntmənt 〕
   n. 藥膏

10. **team** 〔 tim 〕 *n.* 隊

    steam 〔 stim 〕 *n.* 蒸氣

    stream 〔 strim 〕 *n.* 河流

11. ply *v.* 摺 *n.* 層；疊

    pliers *n.* 鉗子

    ap¦ply 〔 ə'plaɪ 〕 *v.* 申請
    to¦fold (折疊起來向別人申請)

    sup¦ply 〔 sə'plaɪ 〕 *v.* 供給
    under (折疊好放在裏面)

    re¦ply 〔 rɪ'plaɪ 〕 *v.* 回答
    back (折疊回去)

im¦ply 〔 ɪm'plaɪ 〕 *v.* 暗示
in¦ (折疊到裏面)

com¦ply 〔 kəm'plaɪ 〕 *v.* 同意
together (雙方一起折)

multi¦ply 〔 'mʌltə,plaɪ 〕 *v.* 乘
many ¦ (折很多層)

12. **knock** 〔 nɑk 〕 *v.* 敲門

    knack 〔 næk 〕 *n.* 竅門

13. **article** 〔 'ɑrtɪkl̩ 〕
    n. 文章；冠詞；東西

    particle 〔 'pɑrtɪkl̩ 〕 *n.* 粒子

14. bank *n.* 銀行

    blank 〔 blæŋk 〕 *n.* 空白

    blank¦et 〔 'blæŋkɪt 〕 *n.* 毛毯
    ¦東西

15. **brand** 〔 brænd 〕 *n.* 商標

    brandy 〔 'brændɪ 〕
    n. 白蘭地酒

    bran *n.* 麩

16. **vest** 〔 vɛst 〕 *n.* 背心

    invest 〔 ɪn'vɛst 〕 *v.* 投資

17. **call**〔kɔl〕v. 呼喚
  re¦call〔rɪˈkɔl〕v. 記起
  again（再一次呼喚）

18. **bridge**〔brɪdʒ〕n. 橋
  abridge〔əˈbrɪdʒ〕v. 縮短
  （橋是用來縮短距離用的）
  ridge〔rɪdʒ〕n. 山脊

19. **bull**〔bʊl〕n. 公牛
  bullet〔ˈbʊlɪt〕n. 子彈
  bulletin〔ˈbʊlətɪn〕n. 佈告
  boar n. 公豬
  board n. 木板
  bulletin board 佈告板

20. **came**〔kem〕v. 來（過去式）
  camel〔ˈkæml̩〕n. 駱駝
  camera n. 照相機

21. **camp**〔kæmp〕v. 露營
  camp¦us〔ˈkæmpəs〕n. 校園
  （我們在校園露營）

22. **can**〔kæn〕aux. 能夠
  scan〔skæn〕v. 掃描
  scandal〔ˈskændl̩〕n. 醜聞
  candle〔ˈkændl̩〕n. 蠟燭
  Don't burn the candle at
  both ends.
  不要過分透支體力。

23. **car**〔kɑr〕n. 汽車
  s¦car〔skɑr〕n. 疤痕
  （死汽車，害我留下疤痕）
  scarf〔skɑrf〕n. 圍巾
  （疤痕要用圍巾遮住）

24. **come**〔kʌm〕v. 來
  comet〔ˈkɑmɪt〕n. 彗星
  （來看彗星）
  comedy〔ˈkɑmədɪ〕n. 喜劇
  （來看喜劇）

25. **cast**〔kæst〕v. 投擲
  broad¦cast〔ˈbrɔd͵kæst〕
  廣 ¦　　　　　v. 廣播

26. **cell**〔sɛl〕n. 細胞
  cellar〔ˈsɛlə〕n. 地窖

27. **chase**〔tʃes〕v. 追捕
  pur¦chase〔ˈpɝtʃəs〕v. 購買
  for ¦
  （追女孩子的秘訣—買東西）

28. **cite**〔saɪt〕v. 引用；召喚
  re¦cite〔rɪˈsaɪt〕v. 背誦
  again call
  in¦cite v. 鼓動
  in¦call
  ex¦cite v. 使興奮
  out¦call

Cycle 1

29. **clear** 〔klɪr〕 *adj.* 清楚的
    nu¦clear 〔'njuklɪə〕
    new
    adj. 核子的
    （新發明的東西）

30. **cold** 〔kold〕 *adj.* 冷的
    scold 〔skold〕 *v.* 責罵
    （責罵使你全身發冷）

31. **core** 〔kor〕 *n.* 核心
    score 〔skor〕 *n.* 分數

32. **corn** 〔kɔrn〕 *n.* 玉米
    scorn 〔skɔrn〕 *v.* 輕視
    （以前玉米不值錢，大家都輕視它）
    corner *n.* 角落
    coroner *n.* 驗屍官

33. **east** 〔ist〕 *n.* 東方
    beast 〔bist〕 *n.* 野獸
    （東方有野獸）
    feast 〔fist〕 *n.* 盛宴
    （東方人愛吃東西）
    yeast 〔jist〕 *n.* 酵母（菌）

34. **count** 〔kaʊnt〕 *v.* 計算
    account 〔ə'kaʊnt〕 *n.* 帳戶
    dis¦count 〔'dɪskaʊnt〕 *n.* 折扣
    不 ¦ 算
    10 percent discount 打九折

account¦ant *n.* 會計
計算 ¦ 人
giant *n.* 巨人
infant *n.* 嬰兒
servant *n.* 僕人
assistant *n.* 助手
tenant *n.* 房客
merchant *n.* 商人

35. **counter** 〔'kaʊntə〕 *n.* 櫃台
    en¦counter 〔ɪn'kaʊntə〕
    in ¦ 櫃台
    v. 遭遇
    （在櫃台會遭遇到很多事情）

36. **cow** 〔kaʊ〕 *n.* 母牛
    cow¦ard 〔'kaʊəd〕 *n.* 懦夫
    ¦ 人
    drunkard *n.* 醉漢
    wiz¦ard *n.* 巫師
    wise
    dullard *n.* 笨人
    stew¦ard *n.* 空少
    boil ¦
    stewardess *n.* 空姐
    = flight attendant

37. **trip** 〔trɪp〕 *n.* 旅行
    strip 〔strɪp〕 *v.* 剝奪
    strip { tease / show 脫衣舞

38. **cream** 〔 krim 〕 *n.* 奶精

   scream 〔 skrim 〕 *v.* 尖叫
   （將奶油丟到你臉上，你就會尖叫）

   black coffee
   不加糖及奶精的咖啡
   white coffee
   加了奶精的咖啡

39. **creation** 〔 krɪˈeʃən 〕 *n.* 創造

   re｜creation 〔ˌrɛkrɪˈeʃən〕
   again　　　　　　*n.* 娛樂
   ＝ entertainment

40. **cure** 〔 kjʊr 〕 *v.* 治療

   se｜cure 〔 sɪˈkjʊr 〕 *adj.* 安全的
   away （遠離治療）

41. **drag** 〔 dræg 〕 *v.* 拖曳

   dragon 〔ˈdrægən 〕 *n.* 龍

42. **tempt** 〔 tɛmpt 〕 *v.* 引誘

   at｜tempt 〔 əˈtɛmpt 〕 *v.* 嘗試
   to （嘗試去引誘）

   con｜tempt 〔 kənˈtɛmpt 〕
   all
   　　　　　　　　n. 輕視
   （所有的人都想引誘，大家就會
   　輕視他）
   ＝ scorn

   Familiarity breeds contempt.
   熟悉易產生輕視。

43. **ob｜tain** 〔 əbˈten 〕 *v.* 獲得
   eye｜keep
   （眼睛一直盯著看，就會獲得）

   con｜tain 〔 kənˈten 〕 *v.* 包含
   all （保有所有的東西）

   maintain 〔 menˈten 〕 *v.* 維持

   sus｜tain 〔 səˈsten 〕 *v.* 支持
   under （保留在下面支持它）

   re｜tain 〔 rɪˈten 〕 *v.* 保留
   back （保留回來）

   de｜tain　*v.* 扣押
   away （隔離於另一處）

44. **evolution** 〔ˌɛvəˈluʃən 〕 *n.*
   進化

   re｜volution 〔ˌrɛvəˈluʃən 〕
   again　　　　　　*n.* 革命
   （革命的目的是要再進化）

45. **efficient** 〔 əˈfɪʃənt 〕 *adj.*
   有效率的

   sufficient 〔 səˈfɪʃənt 〕 *adj.*
   足夠的

   deficient 〔 dɪˈfɪʃənt 〕 *adj.*
   不足的 （不足一個 f）

46. **sub¦stitute** 〔'sʌbstə͵tjut 〕
    under stand   *v.* 代替
    （站在下面等著代替）

    institute 〔'ɪnstə͵tjut 〕 *n.* 學院

    con¦stitute 〔'kɑnstə͵tjut 〕
    all ¦   *v.* 組成

    constitution *n.* 組成；憲法

47. **error** 〔'ɛrə 〕 *n.* 錯誤

    terror 〔'tɛrə 〕 *n.* 恐怖
    （犯錯是很恐怖的）

48. **evil** 〔'ivl̩ 〕 *adj.* 邪惡的

    devil 〔'dɛvl̩ 〕 *n.* 魔鬼
    （魔鬼都很邪惡）

49. **flat** 〔 flæt 〕 *adj.* 平坦的

    flatter 〔'flætə 〕 *v.* 諂媚
    （重覆子音表重覆動作 — 外國學生
    都是以不斷磨亮蘋果，來對老師
    拍馬屁。）

50. **flee** 〔 fli 〕 *v.* 逃跑

    fleet 〔 flit 〕 *n.* 艦隊
    （坐軍艦逃）

● 帶學生唸 ●

$$\left\{\begin{array}{l}\text{ap-}\\\text{sup-}\\\text{re-}\end{array}\right.$$ **ply** $$\left\{\begin{array}{l}\text{im-}\\\text{com-}\\\text{multi-}\end{array}\right.$$

$$\left\{\begin{array}{l}\text{apply 〔 ə'plaɪ 〕 } v.\text{ 申請}\\\text{supply 〔 sə'plaɪ 〕 } v.\text{ 供給}\\\text{reply 〔 rɪ'plaɪ 〕 } v.\text{ 回答}\end{array}\right.$$ $$\left\{\begin{array}{l}\text{imply 〔 ɪm'plaɪ 〕 } v.\text{ 暗示}\\\text{comply 〔 kəm'plaɪ 〕 } v.\text{ 同意}\\\text{multiply 〔'mʌltə͵plaɪ 〕 } v.\text{ 乘}\end{array}\right.$$

Mark the words you don't know.

☐ discount 折扣
☐ coward 懦夫
☐ strip 剝奪
☐ feast 盛宴
☐ encounter 遭遇

☐ fleet 艦隊
☐ recreation 娛樂
☐ secure 安全的
☐ drag 拖曳
☐ scandal 醜聞

☐ badge 徽章
☐ steam 蒸氣
☐ consume 消耗；消費
☐ angle 角度
☐ comply 同意

☐ broadcast 廣播
☐ cellar 地窖
☐ purchase 購買
☐ scold 責罵
☐ cite 引用；召喚

☐ contempt 輕視
☐ obtain 獲得
☐ sustain 支持
☐ retain 保留
☐ maintain 維持

☐ particle 粒子
☐ ointment 藥膏
☐ resume 恢復
☐ exclaim 呼喊
☐ candle 蠟燭

☐ recite 背誦
☐ nuclear 核子的
☐ scorn 輕視
☐ sufficient 足夠的
☐ institute 學院

☐ revolution 革命
☐ dragon 龍
☐ knack 竅門
☐ campus 校園
☐ invest 投資

☐ supply 供給
☐ wrangle 爭吵
☐ ridge 山脊
☐ blanket 毛毯
☐ delirious 精神錯亂的

☐ score 分數
☐ error 錯誤
☐ devil 魔鬼
☐ flatter 諂媚
☐ substitute 代替

☐ recall 記起
☐ scar 疤痕
☐ comedy 喜劇
☐ benefactor 恩人
☐ evolution 進化

☐ camel 駱駝
☐ stable 穩定的
☐ bulletin 佈告
☐ dwell 居住
☐ multiply 乘

Answers to Cycle 1 Exercise

1. A   2. B   3. D   4. C   5. C   6. A   7. A   8. D
9. A   10. A   11. C   12. A   13. C   14. A   15. D

Answers to Look and write

1. wrangle   2. delirious   3. ointment   4. stable
5. cast, Cast   6. scream   7. campus   8. scar, scarf
9. bridge, abridge   10. Dragon

Cycle 2

1. **front** 〔 frʌnt 〕 *n.* 前面

　　　　〔 kənˈfrʌnt 〕 *v.* 面對

2. **gain** 〔 gen 〕 *v.* 獲得

　　　　〔 rɪˈgen 〕 *v.* 恢復

3. **gang** 〔 gæŋ 〕 *n.* 幫派

　　　　〔ˈgæŋstɚ 〕 *n.* 歹徒

4. **go** 〔 go 〕 *v.* 去

　　　　〔ˈigo 〕 *n.* 自我

5. **zone** 〔 zon 〕 *n.* 地帶

　　　　〔ˈozon 〕 *n.* 臭氧

6. **grant** 〔 grænt 〕 *v.* 允許

　　　　〔ˈfregrənt 〕 *adj.* 芳香的

7. **grave** 〔 grev 〕 *n.* 墳墓

　　　　〔 ɪnˈgrev 〕 *v.* 雕刻

8. **ham** 〔 hæm 〕 *n.* 火腿

　　　　〔ˈhæmɚ 〕 *n.* 鐵鎚

9. **hand** 〔 hænd 〕 *n.* 手

　　　　〔ˈhændḷ 〕 *v.* 處理

10. **wit** 〔 wɪt 〕 *n.* 才智

　　　　〔ˈwɪtnɪs 〕 *n.* 目擊者

11. **hill** 〔 hɪl 〕 *n.* 山丘

　　　　〔 tʃɪl 〕 *n.* 寒冷

12. **host** 〔 host 〕 *n.* 主人

　　　　〔 gost 〕 *n.* 鬼

13. **win**〔wɪn〕*v.* 贏

   _____

   〔twɪn〕*n.* 雙胞胎之一

14. **humor**〔'hjumɚ〕*n.* 幽默

   _____〔'rumɚ〕*n.* 謠言

15. **ill**〔ɪl〕*adj.* 生病的

   _____〔pɪl〕*n.* 藥丸

   _____〔spɪl〕*v.* 灑出

16. **lake**〔lek〕*n.* 湖

   _____〔flek〕*n.* 薄片

17. **law**〔lɔ〕*n.* 法律

   _____〔klɔ〕*n.* 爪子

   _____〔flɔ〕*n.* 瑕疵

18. **laughter**〔'læftɚ〕*n.* 笑聲

   _____〔'slɔtɚ〕*n.* 屠殺

19. **listen**〔'lɪsn̩〕*v.* 傾聽

   _____〔'glɪsn̩〕*v.* 閃爍

20. **require**〔rɪ'kwaɪr〕*v.* 需要

   _____

   〔ɪn'kwaɪr〕*v.* 詢問

   _____

   〔ə'kwaɪr〕*v.* 獲得

21. **light**〔laɪt〕*n.* 光線

   _____

   〔dɪ'laɪt〕*n.* 愉快

22. **litter**〔'lɪtɚ〕*v.,n.* (丟) 垃圾

   _____〔'glɪtɚ〕*v.* 閃爍

23. **lock**〔lɑk〕*n.,v.* 鎖

   _____

   〔flɑk〕*n.* (鳥、羊) 群

   _____〔blɑk〕*v.* 阻擋

24. **low**〔lo〕*adj.* 低的

   _____〔glo〕*n.* 光輝

25. **lumber**〔'lʌmbɚ〕*n.* 木材

   _____

   〔'slʌmbɚ〕*v.* 睡眠

26. **mother** 〔'mʌðɚ〕*n.* 母親

_____

〔'smʌðɚ〕*v.* 使窒息

27. **motion** 〔'moʃən〕*n.* 動作

_____

〔ɪ'moʃən〕*n.* 情緒

28. **proper** 〔'prɑpɚ〕*adj.* 適當的

_____

〔'prɑpɚtɪ〕*n.* 財產

29. **oral** 〔'ɔrəl〕*adj.* 口頭的

_____

〔'mɔrəl〕*adj.* 道德的

30. **order** 〔'ɔrdɚ〕*n.* 順序

_____〔'bɔrdɚ〕*n.* 邊界

31. **quality** 〔'kwɑlətɪ〕*n.* 品質

_____

〔ɪ'kwɑlətɪ〕*n.* 平等

32. **nail** 〔nel〕*n.* 指甲

_____〔snel〕*n.* 蝸牛

33. **rain** 〔ren〕*n.* 雨

_____〔bren〕*n.* 大腦

_____〔gren〕*n.* 顆粒

34. **ride** 〔raɪd〕*v.* 騎

_____〔braɪd〕*n.* 新娘

35. **sign** 〔saɪn〕*v.* 簽名

_____〔ə'saɪn〕*v.* 指派

_____〔kən'saɪn〕*v.* 委託

_____〔dɪ'zaɪn〕*v.* 設計

_____〔rɪ'zaɪn〕*v.* 辭職

_____〔'sɪgnḷ〕*n.* 信號

_____

〔'sɪgnətʃɚ〕*n.* 簽名

〔'sɪgnɪt〕*n.* 印章

_____

〔'sɪgnə,faɪ〕*v.* 表示

_____

〔sɪg'nɪfəkənt〕*adj.* 重要的

36. **afraid** 〔ə'fred〕*adj.* 害怕的

_____〔red〕*n.* 襲擊

_____〔bred〕*n.* 辮子

37. **rival** 〔'raɪvl̩ 〕 *n.* 對手

　　＿＿＿＿＿＿＿＿＿

　　　　〔 ə'raɪvl̩ 〕 *n.* 到達

38. **roof** 〔 ruf 〕 *n.* 屋頂

　　＿＿＿＿＿＿〔 pruf 〕 *n.* 證據

39. **room** 〔 rum 〕 *n.* 房間

　　＿＿＿＿＿＿〔 brum 〕 *n.* 掃帚

40. **rush** 〔 rʌʃ 〕 *v.,n.* 匆忙

　　＿＿＿＿＿＿〔 brʌʃ 〕 *n.* 刷子

41. **science** 〔'saɪəns 〕 *n.* 科學

　　＿＿＿＿＿＿＿＿＿

　　　　〔'kɑnʃəns 〕 *n.* 良心

42. **solution** 〔 sə'ljuʃən 〕 *n.* 解決

　　＿＿＿＿＿＿＿＿＿

　　　　〔 ˌrɛzə'ljuʃən 〕 *n.* 決心

43. **source** 〔 sors 〕 *n.* 來源

　　＿＿＿＿＿＿＿＿＿

　　　　〔 rɪ'sors 〕 *n.* 資源

44. **owl** 〔 aʊl 〕 *n.* 貓頭鷹

　　＿＿＿＿＿＿〔 faʊl 〕 *n.* 家禽

45. **weep** 〔 wip 〕 *v.* 哭泣

　　＿＿＿＿＿＿〔 swip 〕 *v.* 掃

46. **stand** 〔 stænd 〕 *v.* 站著

　　＿＿＿＿＿＿＿＿＿

　　　　〔'stændəd 〕 *n.* 標準

47. **start** 〔 stɑrt 〕 *v.* 開始

　　＿＿＿＿＿＿＿＿＿

　　　　〔'stɑrtl̩ 〕 *v.* 使吃驚

48. **under** 〔'ʌndɚ 〕 *prep.*
在～之下

　　＿＿＿＿＿＿〔'θʌndɚ 〕 *n.* 雷

49. **sail** 〔 sel 〕 *v.* 航行

　　＿＿＿＿＿＿〔 ə'sel 〕 *v.* 攻擊

50. **search** 〔 sɝtʃ 〕 *v.* 尋找

　　＿＿＿＿＿＿＿＿＿

　　　　〔 rɪ'sɝtʃ 〕 *n.* 研究

Read at least 5 times a day*!*

1. 前面 _____
   面對 _____

2. 獲得 _____
   恢復 _____

3. 幫派 _____
   歹徒 _____

4. 去 _____
   自我 _____

5. 地帶 _____
   臭氧 _____

6. 允許 _____
   芳香的 _____

7. 墳墓 _____
   雕刻 _____

8. 火腿 _____
   鐵鎚 _____

9. 手 _____
   處理 _____

10. 才智 _____
    目擊者 _____

11. 山丘 _____
    寒冷 _____

12. 主人 _____
    鬼 _____

13. 贏 _____
    雙胞胎之一 _____

14. 幽默 _____
    謠言 _____

15. 生病的 _____
    藥丸 _____
    灑出 _____

16. 湖 _____
    薄片 _____

17. 法律 _____
    爪子 _____
    瑕疵 _____

18. 笑聲 _____
    屠殺 _____

19. 傾聽 _____
    閃爍 _____

20. 需要 _____
    詢問 _____
    獲得 _____

21. 光線 _____
    愉快 _____

22. (丟)垃圾 _____
    閃爍 _____

23. 鎖 _____
    (鳥、羊)群 _____
    阻擋 _____

24. 低的 _____
    光輝 _____

25. 木材 _____
    睡眠 _____

26. 母親 _____
    使窒息 _____

27. 動作 _____
    情緒 _____

28. 適當的 _____
    財產 _____

29. 口頭的 _____
    道德的 _____

30. 順序 _____
    邊界 _____

31. 品質 _____
    平等 _____

32. 指甲 _____
    蝸牛 _____

33. 雨 _____
    大腦 _____
    顆粒 _____

34. 騎 _____
    新娘 _____

35. 簽名 _____
    指派 _____
    委託 _____
    設計 _____
    辭職 _____
    信號 _____
    簽名 _____
    印章 _____
    表示 _____
    重要的 _____

36. 害怕的 _____
    襲擊 _____
    辮子 _____

37. 對手 _____
    到達 _____

38. 屋頂 _____
    證據 _____

39. 房間 _____
    掃帚 _____

40. 匆忙 _____
    刷子 _____

41. 科學 _____
    良心 _____

42. 解決 _____
    決心 _____

43. 來源 _____
    資源 _____

44. 貓頭鷹 _____
    家禽 _____

45. 哭泣 _____
    掃 _____

46. 站著 _____
    標準 _____

47. 開始 _____
    使吃驚 _____

48. 在～之下 _____
    雷 _____

49. 航行 _____
    攻擊 _____

50. 尋找 _____
    研究 _____

Mark the words you don't know.

☐ smother _____   ☐ assail _____   ☐ gang _____

☐ resign _____   ☐ brush _____   ☐ pill _____

☐ require _____   ☐ grain _____   ☐ chill _____

☐ gangster _____   ☐ sweep _____   ☐ hammer _____

☐ slaughter _____   ☐ block _____   ☐ bride _____

☐ fragrant _____   ☐ inquire _____   ☐ equality _____

☐ conscience ___   ☐ handle _____   ☐ glitter _____

☐ owl _____   ☐ grant _____   ☐ acquire _____

☐ lumber _____   ☐ ego _____   ☐ solution _____

☐ ozone _____   ☐ spill _____   ☐ search _____

☐ flaw _____   ☐ standard _____   ☐ moral _____

☐ confront _____   ☐ design _____   ☐ slumber _____

☐ witness _____   ☐ raid _____   ☐ signify _____

☐ twin _____   ☐ property _____   ☐ research _____

☐ glisten _____   ☐ flock _____   ☐ broom _____

☐ thunder _____   ☐ delight _____   ☐ emotion _____

☐ rival _____   ☐ assign _____   ☐ sign _____

☐ glow _____   ☐ proof _____   ☐ resource _____

☐ snail _____   ☐ rumor _____   ☐ resolution _____

☐ quality _____   ☐ host _____   ☐ signal _____

Required Synonyms 2

1. **grant** ﹝ grænt ﹞ *v.* 允許
   - = permit ﹝ pɚˈmɪt ﹞
   - = admit ﹝ ədˈmɪt ﹞

   - = let ﹝ lɛt ﹞
   - = allow ﹝ əˈlaʊ ﹞
   - = consent ﹝ kənˈsɛnt ﹞

2. **glisten** ﹝ˈglɪsn̩ ﹞ *v.* 閃爍
   - = glitter ﹝ˈglɪtɚ ﹞
   - = glimmer ﹝ˈglɪmɚ ﹞

   - = twinkle ﹝ˈtwɪŋkl̩ ﹞
   - = sparkle ﹝ˈspɑrkl̩ ﹞
   - = shine ﹝ ʃaɪn ﹞

3. **litter** ﹝ˈlɪtɚ ﹞ *n.* 垃圾
   - = trash ﹝ træʃ ﹞
   - = scrap ﹝ skræp ﹞
   - = junk ﹝ dʒʌŋk ﹞

   - = garbage ﹝ˈgɑrbɪdʒ ﹞
   - = rubbish ﹝ˈrʌbɪʃ ﹞
   - = clutter ﹝ˈklʌtɚ ﹞

4. **startle** ﹝ˈstɑrtl̩ ﹞ *v.* 使吃驚
   - = surprise ﹝ səˈpraɪz ﹞
   - = shock ﹝ ʃɑk ﹞

   - = alarm ﹝ əˈlɑrm ﹞
   - = frighten ﹝ˈfraɪtn̩ ﹞

5. **proper** ﹝ˈprɑpɚ ﹞ *adj.* 適當的
   - = adequate ﹝ˈædəkwɪt ﹞
   - = appropriate ﹝ əˈproprɪɪt ﹞
   - = suitable ﹝ˈsutəbl̩ ﹞

   - = fit ﹝ fɪt ﹞
   - = correct ﹝ kəˈrɛkt ﹞
   - = decent ﹝ˈdisn̩t ﹞

   - = fitting ﹝ˈfɪtɪŋ ﹞
   - = right ﹝ raɪt ﹞

6. **resign** ﹝ rɪˈzaɪn ﹞ *v.* 辭職
   - = leave ﹝ liv ﹞
   - = quit ﹝ kwɪt ﹞

   - = surrender ﹝ səˈrɛndɚ ﹞
   - = yield ﹝ jild ﹞

   - = renounce ﹝ rɪˈnaʊns ﹞
   - = abandon ﹝ əˈbændən ﹞
   - = waive ﹝ wev ﹞

7. **assign** ﹝ əˈsaɪn ﹞ *v.* 指派
   - = appoint ﹝ əˈpɔɪnt ﹞
   - = apportion ﹝ əˈpɔrʃən ﹞

   - = choose ﹝ tʃuz ﹞
   - = distribute ﹝ dɪˈstrɪbjʊt ﹞

   - = name ﹝ nem ﹞
   - = elect ﹝ ɪˈlɛkt ﹞
   - = allot ﹝ əˈlɑt ﹞

Cycle 2 EXERCISE

1. The fairy will _____ three wishes.
   - (A) scar
   - (B) prove
   - (C) grant
   - (D) grave

2. He is the only _____ to the crime.
   - (A) grain
   - (B) zone
   - (C) devil
   - (D) witness

3. My _____ brother looks and acts much like I do.
   - (A) chill
   - (B) twin
   - (C) front
   - (D) stable

4. Much _____ in a city raises the pollution level.
   - (A) rival
   - (B) broom
   - (C) rumor
   - (D) litter

5. When angry, it is best not to let your _____ show.
   - (A) emotions
   - (B) braid
   - (C) humor
   - (D) hammers

6. The _____ standards of the people have dropped by a great degree in recent times.
   - (A) afraid
   - (B) gang
   - (C) oral
   - (D) moral

7. It is not _____ to chew food with your mouth open.
   - (A) conscience
   - (B) proper
   - (C) brandy
   - (D) oral

8. Chinese companies make very high _____ products.
   - (A) quality
   - (B) scar
   - (C) corn
   - (D) snail

9. The teacher _____ homework to his class.

(A) signs   (B) assigns

(C) consigns   (D) designs

10. Greedy people try to _____ wealth.

(A) acquire   (B) order

(C) property   (D) signify

11. Since Ben made a _____ to give up smoking, he hasn't smoked a single cigarette.

(A) resolution   (B) feast

(C) proof   (D) motion

12. The _____ of the river is the lake.

(A) yeast   (B) flake

(C) source   (D) flaw

13. One must conduct a great deal of _____ before writing an article.

(A) search   (B) ego

(C) terror   (D) research

14. America's recent entry set a high _____ for Olympic basketball.

(A) standard   (B) laughter

(C) benefactor   (D) slaughter

15. Rich in many natural _____, the country began to make great economic progress.

(A) researches   (B) campuses

(C) resources   (D) camps

Cycle 2 詳解

1. **front** 〔 frʌnt 〕 *n.* 前面

   con̩front 〔 kənˈfrʌnt 〕 *v.* 面對
   together
   （大家一起到前面來面對面）

2. **gain** 〔 gen 〕 *v.* 獲得

   re̩gain 〔 rɪˈgen 〕 *v.* 恢復
   again（再次獲得健康）

3. **gang** 〔 gæŋ 〕 *n.* 幫派

   gang̩ster 〔ˈgæŋstɚ〕 *n.* 歹徒
   人

   youngster *n.* 年輕人

   ma̩ster *n.* 主人
   媽（媽媽是家中的主人）

   mini̩ster *n.* 部長（人民的公僕）
   小 人

   monster *n.* 怪物

4. **go** 〔 go 〕 *v.* 去

   ego 〔ˈigo 〕 *n.* 自我

5. **zone** 〔 zon 〕 *n.* 地帶

   o̩zone 〔ˈozon 〕 *n.* 臭氧
   氧（有氧地帶）

   ozone layer 臭氧層

6. **grant** 〔 grænt 〕 *v.* 允許

   fragrant 〔ˈfregrənt 〕
   adj. 芳香的

   take *sth.* for granted
   視～爲理所當然

   Q：爲什麼介系詞 for 之後直接
   　　接過去分詞？

   因爲：
   ① for = to be
   ② 原句爲 take sth. for sth.
   　 granted

7. **grave** 〔 grev 〕 *n.* 墳墓
   adj. 嚴重的

   engrave 〔 ɪnˈgrev 〕 *v.* 雕刻
   （墳墓裏有很多雕刻）
   = carve

8. **ham** 〔 hæm 〕 *n.* 火腿

   hammer 〔ˈhæmɚ〕 *n.* 鐵鎚
   （重覆子音表重覆的動作）

9. **hand** 〔 hænd 〕 *n.* 手

   handle 〔ˈhændḷ〕 *v.* 處理
   n. 把手

10. **wit** 〔 wɪt 〕 *n.* 才智
    <u>**witness**</u> 〔'wɪtnɪs 〕 *n.* 目擊者
    witch *n.* 女巫
    switch *v.* 開關；轉變
    wiz¦ard *n.* 巫師
    wise¦ 人
    lizard *n.* 蜥蜴

11. **hill** 〔 hɪl 〕 *n.* 山丘
    <u>**chill**</u> 〔 tʃɪl 〕 *n.* 寒冷
    （山上很寒冷）

12. **host** 〔 host 〕 *n.* 主人
    <u>**ghost**</u> 〔 gost 〕 *n.* 鬼
    （主人最怕見到鬼）
    hostage *n.* 人質

13. **win** 〔 wɪn 〕 *v.* 贏
    <u>**twin**</u> 〔 twɪn 〕 *n.* 雙胞胎之一
    （生兩個贏一個）

14 **humor** 〔'hjumɚ 〕 *n.* 幽默
    <u>**rumor**</u> 〔'rumɚ 〕 *n.* 謠言
    tumor *n.* 腫瘤

15. **ill** 〔 ɪl 〕 *adj.* 生病的
    <u>**pill**</u> 〔 pɪl 〕 *n.* 藥丸
    （生病了要吃藥丸）
    <u>**spill**</u> 〔 spɪl 〕 *v.* 灑出

16. **lake** 〔 lek 〕 *n.* 湖
    <u>**flake**</u> 〔 flek 〕 *n.* 薄片
    cornflakes *n.pl.* 玉米片

17. **law** 〔 lɔ 〕 *n.* 法律
    <u>**claw**</u> 〔 klɔ 〕 *n.* 爪子
    <u>**flaw**</u> 〔 flɔ 〕 *n.* 瑕疵
    （法律就像爪子一樣，專抓人的
    瑕疵）

18. **laughter** 〔'læftɚ 〕 *n.* 笑聲
    <u>**slaughter**</u> 〔'slɔtɚ 〕 *n.* 屠殺
    manslaughter *n.* 殺人

19. **listen** 〔'lɪsn̩ 〕 *v.* 傾聽
    <u>**glisten**</u> 〔'glɪsn̩ 〕 *v.* 閃爍
    光¦
    = glitter
    = sparkle
    = glimmer
    = twinkle

20. **re¦quire** 〔 rɪ'kwaɪr 〕 *v.* 需要
    again seek
    （需要東西時，便要再尋找）
    <u>**in¦quire**</u> 〔 ɪn'kwaɪr 〕 *v.* 詢問
    into（深入尋找）
    <u>**ac¦quire**</u> 〔 ə'kwaɪr 〕 *v.* 獲得
    to¦
    （去尋找，就會獲得）

21. **light** 〔 laɪt 〕 *n.* 光線
delight 〔 dɪˈlaɪt 〕 *n.* 愉快
flight *n.* 飛行
slight *adj.* 輕微的
plight *n.* 苦境

22. **litter** 〔ˈlɪtɚ 〕 *v.,n.* (丟) 垃圾
glitter 〔ˈglɪtɚ 〕 *v.* 閃爍
光

All is not gold that glitters.
中看的未必中用。原句爲 All that
glitters is not gold. (此句爲部分
否定)

23. **lock** 〔 lɑk 〕 *n.,v.* 鎖
flock 〔 flɑk 〕 *n.* (鳥、羊) 群
block 〔 blɑk 〕 *v.* 阻擋　*n.* 街區

24. **low** 〔 lo 〕 *adj.* 低的
glow 〔 glo 〕 *n.* 光輝
光

slow *adj.* 慢的
flow *v.* 流
blow *n.* 打擊

25. **lumber** 〔ˈlʌmbɚ 〕 *n.* 木材
slumber 〔ˈslʌmbɚ 〕 *n.* 睡眠
= sleep　(睡得像木頭一樣)
number *n.* 數字

26. **mother** 〔ˈmʌðɚ 〕 *n.* 母親
smother 〔ˈsmʌðɚ 〕 *v.* 使窒息
(死 mother，勒死了小孩)

27. **motion** 〔ˈmoʃən 〕 *n.* 動作
emotion 〔 ɪˈmoʃən 〕 *n.* 情緒
out
(情緒要抒發出來)

28. **proper** 〔ˈprɑpɚ 〕 *adj.* 適當的
property 〔ˈprɑpɚtɪ 〕 *n.* 財產
(財產要留給適當的人)
real property　不動產

29. **oral** 〔ˈɔrəl 〕 *adj.* 口頭的
moral 〔ˈmɔrəl 〕 *adj.* 道德的
(人人口頭相傳的，便是道德)
oral test　口試
written test　筆試

30. **order** 〔ˈɔrdɚ 〕 *n.* 順序；命令
border 〔ˈbɔrdɚ 〕 *n.* 邊界

31. **quality** 〔ˈkwɑlətɪ 〕 *n.* 品質
equality 〔 ɪˈkwɑlətɪ 〕 *n.* 平等
equal *adj.* 平等的

32. **nail** 〔 nel 〕 *n.* 指甲；釘子
   snail 〔 snel 〕 *n.* 蝸牛
   snarl *v.* 怒罵

33. **rain** 〔 ren 〕 *n.* 雨
   brain 〔 bren 〕 *n.* 大腦
   grain 〔 gren 〕 *n.* 顆粒
   train *n.* 火車
   drain *n.* 排水管

34. **ride** 〔 raɪd 〕 *v.* 騎
   bride 〔 braɪd 〕 *n.* 新娘
   pride *n.* 驕傲

35. **sign** 〔 saɪn 〕 *v.* 簽名
   as¦sign 〔 ə'saɪn 〕 *v.* 指派
   to¦（簽名指派別人做事）
   con¦sign 〔 kən'saɪn 〕 *v.* 委託
   together
   （委託別人時雙方一起簽名）
   de¦sign 〔 dɪ'zaɪn 〕 *v.* 設計
   down（設計者在作品下方簽名）
   re¦sign 〔 rɪ'zaɪn 〕 *v.* 辭職
   again（要辭職時再簽一次名）
   signal 〔'sɪgnḷ 〕 *n.* 信號
   signature 〔'sɪgnətʃə 〕 *n.* 簽名
   sign¦et 〔'sɪgnɪt 〕 *n.* 印章
   　　　¦東西（用印章代替簽名）
   signify 〔'sɪgnə,faɪ 〕 *v.* 表示
   significant 〔 sɪg'nɪfəkənt 〕
   　　　　　　adj. 有意義的

36. **afraid** 〔 ə'fred 〕 *adj.* 害怕的
   raid 〔 red 〕 *n.* 襲擊
   air raid 空襲
   braid 〔 bred 〕 *n.* 辮子

37. **rival** 〔'raɪvḷ 〕 *n.* 對手
   arrival 〔 ə'raɪvḷ 〕 *n.* 到達

38. **roof** 〔 ruf 〕 *n.* 屋頂
   proof 〔 pruf 〕 *n.* 證據
   re¦proof *n.* 譴責
   again（再一次找到犯罪的證據）

39. **room** 〔 rum 〕 *n.* 房間
   broom 〔 brum 〕 *n.* 掃帚
   groom *n.* 馬夫；新郎
   bride¦groom *n.* 新郎
   新娘 ¦（新娘的馬夫）

40. **rush** 〔 rʌʃ 〕 *v., n.* 匆忙
   brush 〔 brʌʃ 〕 *n.* 刷子
   crush *v.* 壓碎（擬聲字）

41. **science** 〔'saɪəns 〕 *n.* 科學
   con¦science 〔'kɑnʃəns 〕
   all¦ 科學　　　　*n.* 良心
   （大家都認為符合科學的，就是
   　良心）

42. **solution** 〔səˈljuʃən〕 *n.* 解決
    re:solution 〔ˌrɛzəˈljuʃən〕
    again   *n.* 決心
    （再次解決問題要有決心）

43. **source** 〔sors〕 *n.* 來源
    resource 〔rɪˈsors〕 *n.* 資源
    （資源是一切物質的來源）

44. **owl** 〔aʊl〕 *n.* 貓頭鷹
    fowl 〔faʊl〕 *n.* 家禽
    （貓頭鷹和家禽都是鳥類）

45. **weep** 〔wip〕 *v.* 哭泣
    sweep 〔swip〕 *v.* 掃
    A new broom sweeps
    clean. 新官上任三把火。

46. **stand** 〔stænd〕 *v.* 站著
    standard 〔ˈstændəd〕 *n.* 標準

47. **start** 〔stɑrt〕 *v.* 開始
    startle 〔ˈstɑrtḷ〕 *v.* 使吃驚

48. **under** 〔ˈʌndə〕 *prep.* 在～之下
    thunder 〔ˈθʌndə〕 *n.* 雷
    A quiet conscience sleeps
    in thunder. 平日不做虧心事，
    夜半敲門心不驚。

49. **sail** 〔sel〕 *v.* 航行
    assail 〔əˈsel〕 *v.* 攻擊
    = attack

50. **search** 〔sɝtʃ〕 *v.* 尋找
    re:search 〔rɪˈsɝtʃ〕 *n.* 研究
    again（研究就是一再地尋找）

● 帶學生唸 ●

    ⎧ as-
    ⎩ con-   **sign**   ⎧ de-
                                 ⎩ re-

    ⎧ sign 〔saɪn〕 *v.* 簽名
    ⎨ assign 〔əˈsaɪn〕 *v.* 指派
    ⎩ consign 〔kənˈsaɪn〕 *v.* 委託

    ⎧ design 〔dɪˈzaɪn〕 *v.* 設計
    ⎩ resign 〔rɪˈzaɪn〕 *v.* 辭職

Mark the words you don't know.

☐ smother 使窒息
☐ resign 辭職
☐ require 需要
☐ gangster 歹徒
☐ slaughter 屠殺

☐ assail 攻擊
☐ brush 刷子
☐ grain 顆粒
☐ sweep 掃
☐ block 阻擋

☐ gang 幫派
☐ pill 藥丸
☐ chill 寒冷
☐ hammer 鐵鎚
☐ bride 新娘

☐ fragrant 芳香的
☐ conscience 良心
☐ owl 貓頭鷹
☐ lumber 木材
☐ ozone 臭氧

☐ inquire 詢問
☐ handle 處理
☐ grant 允許
☐ ego 自我
☐ spill 灑出

☐ equality 平等
☐ glitter 閃爍
☐ acquire 獲得
☐ solution 解決
☐ search 尋找

☐ flaw 瑕疵
☐ confront 面對
☐ witness 目擊者
☐ twin 雙胞胎之一
☐ glisten 閃爍

☐ standard 標準
☐ design 設計
☐ raid 襲擊
☐ property 財產
☐ flock (鳥、羊)群

☐ moral 道德的
☐ slumber 睡眠
☐ signify 表示
☐ research 研究
☐ broom 掃帚

☐ thunder 雷
☐ rival 對手
☐ glow 光輝
☐ snail 蝸牛
☐ quality 品質

☐ delight 愉快
☐ assign 指派
☐ proof 證據
☐ rumor 謠言
☐ host 主人

☐ emotion 情緒
☐ sign 簽名
☐ resource 資源
☐ resolution 決心
☐ signal 信號

Answers to Cycle 2 Exercise

1. C   2. D   3. B   4. D   5. A   6. D   7. B   8. A
9. B   10. A   11. A   12. C   13. D   14. A   15. C

Cycle 3

1. **dam**〔dæm〕*n.* 水壩

   _____

   〔dæmp〕*adj.* 潮濕的

2. **arm**〔ɑrm〕*n.* 手臂

   _____〔hɑrm〕*n., v.* 傷害

   _____〔tʃɑrm〕*n.* 魅力

   _____

   〔'tʃɑrmɪŋ〕*adj.* 有魅力的

3. **emit**〔ɪ'mɪt〕*v.* 發射

   _____〔o'mɪt〕*v.* 省略

   _____

   〔əd'mɪt〕*v.* 承認;許入

   _____〔pɚ'mɪt〕*v.* 允許

   〔kə'mɪt〕*v.* 委託;犯

   _____

   〔rɪ'mɪt〕*v.* 匯款

   _____

   〔səb'mɪt〕*v.* 屈服;提出

   _____

   〔træns'mɪt〕*v.* 傳送

4. **task**〔tæsk〕*n.* 工作

   _____〔mæsk〕*n.* 面具

5. **aunt**〔ɑnt, ænt〕*n.* 伯母

   _____

   〔dɑnt, dɔnt〕*v.* 恐嚇

   _____

   〔hɑnt, hɔnt〕*v.* (鬼魂) 出沒

6. **bound**〔baʊnd〕*v.* 反彈

   _____

   〔ə'baʊnd〕*v.* 充滿

7. **brief**〔brif〕*adj.* 簡短的

   _____〔grif〕*n.* 悲傷

8. **ten**〔tɛn〕*n.* 十

   _____

   〔'tɛnənt〕*n.* 房客

   _____

   〔lu'tɛnənt〕*n.* 陸軍中尉

9. **collect**〔kə'lɛkt〕*v.* 收集

   〔ˌrɛkə'lɛkt〕*v.* 記起

10. **close** 〔 kloz 〕v. 關閉

_____

〔 ɪn'kloz 〕v.（隨函）附寄

_____ 〔 dɪs'kloz 〕v. 洩漏

11. **cope** 〔 kop 〕v. 應付

_____ 〔 skop 〕n. 範圍

12. **cute** 〔 kjut 〕adj. 可愛的

_____

〔 ə'kjut 〕adj. 急性的

13. **treat** 〔 trit 〕v. 對待

_____ 〔 rɪ'trit 〕v. 撤退

14. **each** 〔 itʃ 〕adj. 每個

_____ 〔 bitʃ 〕n. 海灘

_____ 〔 blitʃ 〕v. 漂白

15. **dense** 〔 dɛns 〕adj. 濃密的

_____ 〔 kən'dɛns 〕v. 濃縮

16. **different** 〔'dɪfərənt 〕adj.
不同的

_____

〔 ɪn'dɪfərənt 〕adj. 漠不關心的

17. **dress** 〔 drɛs 〕n. 服裝

_____ 〔 ə'drɛs 〕n. 地址

18. **ease** 〔 iz 〕n. 舒適

_____ 〔 tiz 〕v. 嘲弄

19. **eight** 〔 et 〕n. 八

_____ 〔 wet 〕n. 重量

_____ 〔 fret 〕n. 貨物

20. **cease** 〔 sis 〕v. 停止

_____ 〔 dɪ'sis 〕v. 死亡

21. **ejection** 〔 ɪ'dʒɛkʃən 〕n.
噴出

_____

〔 dɪ'dʒɛkʃən 〕n. 沮喪

_____

〔 rɪ'dʒɛkʃən 〕n. 拒絕

22. **enter** 〔'ɛntɚ 〕v. 進入

_____

〔ˌɛntɚ'ten 〕v. 娛樂

23. **trait** 〔 tret 〕n. 特性

_____ 〔 stret 〕n. 海峽

24. **famous** 〔'feməs〕 *adj.* 著名的

   _____ 〔'ınfəməs〕 *adj.* 聲名狼藉的

25. **fare** 〔fɛr〕 *n.* 車資

   _____ 〔'wɛl,fɛr〕 *n.* 福祉

26. **fine** 〔faın〕 *adj.* 好的

   _____ 〔dı'faın〕 *v.* 下定義

   _____ 〔rı'faın〕 *v.* 精煉

   _____ 〔kən'faın〕 *v.* 限制

27. **firm** 〔fɝm〕 *adj.* 堅定的

   _____ 〔kən'fɝm〕 *v.* 證實

28. **fit** 〔fıt〕 *v.* 適合

   _____ 〔'prɑfıt〕 *n.* 利潤

29. **force** 〔fors〕 *n.* 力量

   _____ 〔ın'fors〕 *v.* 實施

   _____ 〔,riın'fors〕 *v.* 增強

30. **generate** 〔'dʒɛnə,ret〕 *v.* 產生

   _____ 〔dı'dʒɛnə,ret〕 *v.* 墮落；退化

31. **heat** 〔hit〕 *n.* 熱

   _____ 〔tʃit〕 *v.* 欺騙

   _____ 〔hwit〕 *n.* 小麥

32. **hare** 〔hɛr〕 *n.* 野兔

   _____ 〔ʃɛr〕 *v.* 分享

33. **hell** 〔hɛl〕 *n.* 地獄

   _____ 〔ʃɛl〕 *n.* 貝殼

34. **isle** 〔aıl〕 *n.* 島嶼

   _____ 〔aıl〕 *n.* 走道

35. **ink** 〔ıŋk〕 *n.* 墨水

   _____ 〔lıŋk〕 *v.* 連接

   _____ 〔wıŋk〕 *v.* 眨眼

36. **jury** 〔'dʒʊrı〕 *n.* 陪審團

   _____ 〔'ındʒərı〕 *n.* 傷害

37. **just** 〔 dʒʌst 〕 *adj.* 公正的

_____

〔 ə'dʒʌst 〕 *v.* 調整

38. **knee** 〔 ni 〕 *n.* 膝蓋

_____ 〔 nil 〕 *v.* 下跪

39. **lame** 〔 lem 〕 *adj.* 跛的

_____ 〔 blem 〕 *v.* 責備

_____ 〔 flem 〕 *n.* 火焰

40. **lap** 〔 læp 〕 *n.* 膝部

_____ 〔 klæp 〕 *v.* 拍手

_____

〔 flæp 〕 *v.* 拍動；飄動

_____ 〔 slæp 〕 *v.* 打耳光

41. **lance** 〔 læns 〕 *n.* 長矛

_____

〔 glæns 〕 *n.,v.* 看一眼

42. **league** 〔 lig 〕 *n.* 聯盟

_____ 〔'kɑlig 〕 *n.* 同事

43. **leave** 〔 liv 〕 *v.* 離開

_____ 〔 kliv 〕 *v.* 劈開

44. **lend** 〔 lɛnd 〕 *v.* 借（出）

_____ 〔 blɛnd 〕 *v.* 混合

45. **lender** 〔'lɛndɚ 〕 *n.* 出借人

_____

〔'slɛndɚ 〕 *adj.* 苗條的

46. **less** 〔 lɛs 〕 *adj.* 較少的

_____ 〔 blɛs 〕 *v.* 祝福

47. **lid** 〔 lɪd 〕 *n.* 蓋子

_____

〔'vælɪd 〕 *adj.* 有效的

_____

〔 ɪn'vælɪd 〕 *adj.* 無效的

48. **lip** 〔 lɪp 〕 *n.* 嘴唇

_____ 〔 slɪp 〕 *v.* 滑倒

_____ 〔 klɪp 〕 *v.* 修剪

49. **live** 〔 lɪv 〕 *v.* 生活

_____

〔'ɑlɪv 〕 *n.* 橄欖（樹）

50. **log** 〔 lɔg 〕 *n.* 圓木

_____

〔 klɔg , klɑg 〕 *v.* 堵塞

Read at least 5 times a day!

1. 水壩 _____
   潮濕的 _____

2. 手臂 _____
   傷害 _____
   魅力 _____
   有魅力的 _____

3. 發射 _____
   省略 _____
   承認；許入 _____
   允許 _____

   委託；犯 _____
   匯款 _____
   屈服；提出 _____
   傳送 _____

4. 工作 _____
   面具 _____

5. 伯母 _____
   恐嚇 _____
   (鬼魂)出沒 _____

6. 反彈 _____
   充滿 _____

7. 簡短的 _____
   悲傷 _____

8. 十 _____
   房客 _____
   陸軍中尉 _____

9. 收集 _____
   記起 _____

10. 關閉 _____
    (隨函)附寄 ____
    洩漏 _____

11. 應付 _____
    範圍 _____

12. 可愛的 _____
    急性的 _____

13. 對待 _____
    撤退 _____

14. 每個 _____
    海灘 _____
    漂白 _____

15. 濃密的 _____
    濃縮 _____

16. 不同的 _____
    漠不關心的 ____

17. 服裝 _____
    地址 _____

18. 舒適 _____
    嘲弄 _____

19. 八 _____
    重量 _____
    貨物 _____

20. 停止 _____
    死亡 _____

21. 噴出 _____
    沮喪 _____
    拒絕 _____

22. 進入 _____
    娛樂 _____

23. 特性 _____
    海峽 _____

24. 著名的 _____
    聲名狼藉的 ____

25. 車資 _____
    福祉 _____

26. 好的 _____
    下定義 _____
    精煉 _____
    限制 _____

27. 堅定的 _____
    證實 _____

28. 適合 _____
    利潤 _____

29. 力量 _____
    實施 _____
    增強 _____

30. 產生 _____
    墮落；退化 ____

31. 熱 _____
    欺騙 _____
    小麥 _____

32. 野兔 _____
    分享 _____

33. 地獄 _____
    貝殼 _____

34. 島嶼 _____
    走道 _____

35. 墨水 _____
    連接 _____
    眨眼 _____

36. 陪審團 _____
    傷害 _____

37. 公正的 _____
    調整 _____

38. 膝蓋 _____
    下跪 _____

39. 跛的 _____
    責備 _____
    火焰 _____

40. 膝部 _____
    拍手 _____
    拍動；飄動 ____
    打耳光 _____

41. 長矛 _____
    看一眼 _____

42. 聯盟 _____
    同事 _____

43. 離開 _____
    劈開 _____

44. 借（出） _____
    混合 _____

45. 出借人 _____
    苗條的 _____

46. 較少的 _____
    祝福 _____

47. 蓋子 _____
    有效的 _____
    無效的 _____

48. 嘴唇 _____
    滑倒 _____
    修剪 _____

49. 生活 _____
    橄欖（樹） _____

50. 圓木 _____
    堵塞 _____

Mark the words you don't know.

☐ lieutenant _____   ☐ lance _____   ☐ slip _____

☐ mask _____   ☐ adjust _____   ☐ cleave _____

☐ transmit _____   ☐ wheat _____   ☐ olive _____

☐ slap _____   ☐ refine _____   ☐ colleague _____

☐ hare _____   ☐ condense _____   ☐ reinforce _____

☐ invalid _____   ☐ omit _____   ☐ profit _____

☐ indifferent ____   ☐ tenant _____   ☐ confirm _____

☐ log _____   ☐ charming _____   ☐ strait _____

☐ slender _____   ☐ abound _____   ☐ freight _____

☐ league _____   ☐ scope _____   ☐ cute _____

☐ weight _____   ☐ recollect _____   ☐ lame _____

☐ knee _____   ☐ blame _____   ☐ lap _____

☐ enforce _____   ☐ degenerate ___   ☐ commit _____

☐ ejection _____   ☐ entertain _____   ☐ dam _____

☐ acute _____   ☐ retreat _____   ☐ enclose _____

☐ bleach _____   ☐ kneel _____   ☐ daunt _____

☐ fare _____   ☐ jury _____   ☐ grief _____

☐ aisle _____   ☐ welfare _____   ☐ harm _____

☐ infamous _____   ☐ trait _____   ☐ wink _____

☐ cease _____   ☐ rejection _____   ☐ valid _____

Required Synonyms 3

1. **submit** 〔 səb'mɪt 〕 *v.* 屈服

   ┌ = comply 〔 kəm'plaɪ 〕
   │ = yield 〔 jild 〕
   └ = obey 〔 ə'be 〕

   ┌ = succumb 〔 sə'kʌm 〕
   │ = mind 〔 maɪnd 〕
   └ = surrender 〔 sə'rɛndɚ 〕

2. **harm** 〔 hɑrm 〕 *v.* 傷害

   ┌ = injure 〔 'ɪndʒɚ 〕
   └ = impair 〔 ɪm'pɛr 〕

   ┌ = wrong 〔 rɔŋ 〕
   │ = hurt 〔 hɝt 〕
   └ = damage 〔 'dæmɪdʒ 〕

3. **recollect** 〔 ,rɛkə'lɛkt 〕 *v.* 記起

   ┌ = recall 〔 rɪ'kɔl 〕
   │ = reflect 〔 rɪ'flɛkt 〕
   └ = remember 〔 rɪ'mɛmbɚ 〕

4. **generate** 〔 'dʒɛnə,ret 〕 *v.* 產生

   ┌ = create 〔 krɪ'et 〕
   └ = cause 〔 kɔz 〕

   ┌ = originate 〔 ə'rɪdʒə,net 〕
   └ = produce 〔 prə'djus 〕

5. **trait** 〔 tret 〕 *n.* 特性

   ┌ = pattern 〔 'pætən 〕
   └ = property 〔 'prɑpɚtɪ 〕

   ┌ = attribute 〔 'ætrə,bjut 〕
   │ = quality 〔 'kwɑlətɪ 〕
   └ = type 〔 taɪp 〕

   ┌ = feature 〔 'fitʃɚ 〕
   │ = characteristic
   └   〔 ,kærɪktə'rɪstɪk 〕

6. **firm** 〔 fɝm 〕 *adj.* 堅固的

   ┌ = solid 〔 'sɑlɪd 〕
   │ = secure 〔 sɪ'kjʊr 〕
   └ = stationary 〔 'steʃən,ɛrɪ 〕

   ┌ = inflexible 〔 ɪn'flɛksəbl̩ 〕
   └ = immovable 〔 ɪ'muvəbl̩ 〕

   ┌ = fixed 〔 fɪkst 〕
   └ = rigid 〔 'rɪdʒɪd 〕

7. **league** 〔 lig 〕 *n.* 聯盟

   ┌ = alliance 〔 ə'laɪəns 〕
   └ = association 〔 ə,soʃɪ'eʃən 〕

   ┌ = union 〔 'junjən 〕
   └ = society 〔 sə'saɪətɪ 〕

   ┌ = group 〔 grup 〕
   └ = band 〔 bænd 〕

Cycle 3

Cycle 3 EXERCISE

1. What does this radio station _____ —music or news?
   - (A) remit
   - (B) permit
   - (C) transmit
   - (D) submit

2. Several days after the rain, the shaded garden still remained _____.
   - (A) shell
   - (B) damp
   - (C) acute
   - (D) strait

3. The criminal had _____ several crimes before the police finally caught him.
   - (A) committed
   - (B) degenerated
   - (C) shared
   - (D) entered

4. It is difficult for a teacher to _____ the names of all his past students.
   - (A) enclose
   - (B) disclose
   - (C) tease
   - (D) recollect

5. How can you be so _____ to his needs; he is, after all, your son.
   - (A) infamous
   - (B) charming
   - (C) indifferent
   - (D) valid

6. Don't forget to write the return _____ on the envelope.
   - (A) address
   - (B) strait
   - (C) dress
   - (D) aisle

7. The _____ of the box was too much for the girl so she dropped it.
   - (A) condense
   - (B) weight
   - (C) aisle
   - (D) injury

8. Please _____ us with a song or dance.
   (A) define   (B) cheat
   (C) entertain   (D) wink

9. The government should do everything it can for the _____
   of its people.
   (A) welfare   (B) freight
   (C) weight   (D) wheat

10. Cages _____ animals at the zoo.
    (A) confine   (B) decease
    (C) refine   (D) bless

11. The police are responsible for _____ the law.
    (A) abounding   (B) enclosing
    (C) enforcing   (D) generating

12. The family owned only one car; therefore, the four members
    had to _____.
    (A) share   (B) scope
    (C) bless   (D) clip

13. The students who are unfamiliar with the subject _____
    in order to pass.
    (A) flap   (B) wink
    (C) cheat   (D) kneel

14. It is difficult to _____ to a new culture and language.
    (A) invalid   (B) blend
    (C) adjust   (D) enter

15. It is easy to _____ and fall on slippery surfaces.
    (A) slap   (B) clip
    (C) clap   (D) slip

Cycle 3 詳解

1. **dam** 〔 dæm 〕 *n.* 水壩

   damp 〔 dæmp 〕 *adj.* 潮濕的

   = moist 〔 mɔɪst 〕

   = humid 〔ˋhjumɪd 〕

   damn *v.* 詛咒

2. **arm** 〔 arm 〕 *n.* 手臂

   army *n.* 軍隊

   harm 〔 harm 〕 *n.,v.* 傷害

   charm 〔 tʃarm 〕 *n.* 魅力

   charming 〔ˋtʃarmɪŋ 〕 *adj.*

   有魅力的；迷人的

   = attractive

3. **e¦mit** 〔 ɪˋmɪt 〕 *v.* 發射

   out let go（把它放出去）

   o¦mit 〔 oˋmɪt 〕 *v.* 省略

   away（放走不要）

   ad¦mit 〔 ədˋmɪt 〕 *v.* 承認；許入

   to¦（讓他走）

   admission *n.* 許入；入學許可

   per¦mit 〔 pɚˋmɪt 〕 *v.* 允許

   through（讓他通過）

   com¦mit 〔 kəˋmɪt 〕 *v.* 委託；犯

   together

   commit a crime 犯罪

commit suicide 自殺

committee *n.* 委員會

re¦mit 〔 rɪˋmɪt 〕 *v.* 匯款

back

sub¦mit 〔 səbˋmɪt 〕 *v.* 屈服；

under（讓他從下面通過）

提出

trans¦mit 〔 trænsˋmɪt 〕 *v.*

A→B¦

傳送（從 A 送到 B）

4. ask *v.* 問；要求

   task 〔 tæsk 〕 *n.* 工作

   mask 〔 mæsk 〕 *n.* 面具

5. **aunt** 〔 ant, ænt 〕 *n.* 伯母；

   阿姨

   daunt 〔 dant, dont 〕 *v.* 恐嚇

   haunt 〔 hant, hont 〕 *v.*

   （鬼魂）出沒

   a haunted house 鬼屋

6. **bound** 〔 baund 〕 *v.* 反彈

   abound 〔 əˋbaund 〕 *v.* 充滿

   abound in～ 充滿～

Cycle 3

7. **brief** 〔 brif 〕 *adj.* 簡短的

in brief 簡言之

grief 〔 grif 〕 *n.* 悲傷

8. **ten** 〔 tɛn 〕 *n.* 十

ten|ant 〔'tɛnənt 〕 *n.* 房客
　　｜人

lieu|tenant 〔 lu'tɛnənt 〕 *n.*
　　　　　　　陸軍中尉

in lieu of = instead of 代替

9. **collect** 〔 kə'lɛkt 〕 *v.* 收集

collect call 對方付費電話

re|collect 〔͵rɛkə'lɛkt 〕 *v.* 記起
again (再一次收集)

= remember

= recall

10. **close** 〔 kloz 〕 *v.* 關閉

en|close 〔 ɪn'kloz 〕 *v.* (隨函)
　in ｜(關在裏面)　　　附寄

dis|close 〔 dɪs'kloz 〕 *v.* 洩漏
not ｜(沒有關緊就洩漏出來)

11. **cope** 〔 kop 〕 *v.* 應付

cope with～　應付～

scope 〔 skop 〕 *n.* 範圍
tele|scope *n.* 望遠鏡
far off　look (看遠的地方)

micro|scope *n.* 顯微鏡
　small ｜(看小的東西)

horo|scope *n.* 占星術
　hour ｜

stetho|scope *n.* 聽診器
　breast ｜

12. **cute** 〔 kjut 〕 *adj.* 可愛的

acute 〔 ə'kjut 〕 *adj.* 急性的；
敏銳的

chronic *adj.* 慢性的

13. **treat** 〔 trit 〕 *v.* 對待

treaty *n.* 條約

re|treat 〔 rɪ'trit 〕 *v.* 撤退
back　draw (向後拉)

en|treat *v.* 懇求
　in ｜(吸引人心)

mal|treat *v.* 虐待
badly

14. **each** 〔 itʃ 〕 *adj.* 每個

beach 〔 bitʃ 〕 *n.* 海灘

bleach 〔 blitʃ 〕 *v.* 漂白
(衣物上常有"Do not bleach."
　「請勿漂白。」)

bleacher *n.* 漂白劑；
　(*pl.*) (棒球場) 露天看台

15. **dense** 〔 dɛns 〕 *adj.* 濃密的

con|dense 〔 kən'dɛns 〕 *v.* 濃縮
　all ｜

Cycle 3

16. **different** 〔ˈdɪfərənt 〕 *adj.*
    不同的
    in｜different 〔 ɪnˈdɪfərənt 〕
    not
    adj. 漠不關心的
    （沒有什麼不同）
    be indifferent to～
    對～漠不關心

17. **dress** 〔 drɛs 〕 *n.* 服裝　*v.* 穿
    address 〔 əˈdrɛs 〕 *n.* 地址
    v. 對～演說

18. **ease** 〔 iz 〕 *n.* 舒適
    tease 〔 tiz 〕 *v.* 嘲弄
    strip tease　脫衣舞
    cease　*v.* 停止

19. **eight** 〔 et 〕 *n.* 八
    weight 〔 wet 〕 *n.* 重量
    freight 〔 fret 〕 *n.* 貨物
    = cargo
    = goods

20. **cease** 〔 sis 〕 *v.* 停止
    de｜cease 〔 dɪˈsis 〕 *v.* 死亡
    加強｜停止

21. **e｜ject｜ion** 〔 ɪˈdʒɛkʃən 〕 *n.*
    out　throw　*n.* （往外丟）　噴出
    de｜ject｜ion 〔 dɪˈdʒɛkʃən 〕
    down （丟下去）　*n.* 沮喪

re｜ject｜ion 〔 rɪˈdʒɛkʃən 〕
back （丟回去）　*n.* 拒絕
in｜jection　*n.* 注射
in｜（射入）
inter｜jection
between　*n.* 感歎詞；插入語
（投入其間）
sub｜jection　*n.* 隸屬
under
ob｜jection　*n.* 反對
against

22. **enter** 〔ˈɛntə 〕 *v.* 進入
    entertain 〔ˌɛntəˈten 〕 *v.* 娛樂
    entertainment　*n.* 娛樂
    = recreation

23. **trait** 〔 tret 〕 *n.* 特性
    strait 〔 stret 〕 *n.* 海峽
    portrait　*n.* 肖像

24. **famous** 〔ˈfeməs 〕 *adj.* 著名的
    infamous 〔ˈɪnfəməs 〕
    adj. 聲名狼藉的
    = notorious 〔 noˈtorɪəs 〕

25. **fare** 〔 fɛr 〕 *n.* 車資
    welfare 〔ˈwɛlˌfɛr 〕 *n.* 福祉
    = well-being

Cycle 3

26. **fine** 〔 faɪn 〕 *adj.* 好的

<u>de</u>|**fine** 〔 dɪ'faɪn 〕 *v.* 下定義
down（定下界限）

<u>re</u>|**fine** 〔 rɪ'faɪn 〕 *v.* 精煉；
again　　　　　使優雅
（好還要更好）

<u>con</u>|**fine** 〔 kən'faɪn 〕 *v.* 限制
together（把好的都放在一起）

be confined to bed　臥病在床

27. **firm** 〔 fɜm 〕 *adj.* 堅定的
n. 公司

<u>con</u>|**firm** 〔 kən'fɜm 〕 *v.* 證實
all

28. **fit** 〔 fɪt 〕 *v.* 適合

<u>pro</u>**fit** 〔'prɑfɪt 〕 *n.* 利潤

29. **force** 〔 fors 〕 *n.* 力量

<u>en</u>|**force** 〔 ɪn'fors 〕 *v.* 實施
in（把力量加在其中）

<u>re</u>|**inforce** 〔,riɪn'fors 〕 *v.* 增強
again（再次加入力量）

rein *n.* 繮繩

30. **generate** 〔'dʒɛnə,ret 〕 *v.* 產生
general *n.* 將軍
generation *n.* 產生；世代

<u>de</u>|**generate** 〔 dɪ'dʒɛnə,ret 〕
down　　　　　 *v.* 墮落；退化

31. **heat** 〔 hit 〕 *n.* 熱

<u>c</u>**heat** 〔 tʃit 〕 *v.* 欺騙

<u>w</u>**heat** 〔 hwit 〕 *n.* 小麥

32. **hare** 〔 hɛr 〕 *n.* 野兔

<u>s</u>**hare** 〔 ʃɛr 〕 *v.* 分享
profit sharing　利潤共享

33. **hell** 〔 hɛl 〕 *n.* 地獄
↔ heaven　天堂

<u>s</u>**hell** 〔 ʃɛl 〕 *n.* 貝殼

34. **isle** 〔 aɪl 〕 *n.* 島嶼

<u>a</u>**isle** 〔 aɪl 〕 *n.* 走道（二字同音）
aisle seat　靠走道的座位

35. **ink** 〔 ɪŋk 〕 *n.* 墨水

<u>l</u>**ink** 〔 lɪŋk 〕 *v.* 連接
pink *n.* 粉紅色
rink *n.* 溜冰場
sink *v.* 沈沒

<u>w</u>**ink** 〔 wɪŋk 〕 *v.* 眨眼

36. **jury** 〔'dʒʊrɪ 〕 *n.* 陪審團

<u>in</u>**jury** 〔'ɪndʒərɪ 〕 *n.* 傷害

37. **just** 〔 dʒʌst 〕 *adj.* 公正的

<u>ad</u>**just** 〔 ə'dʒʌst 〕 *v.* 調整

Cycle 3

38. **knee**〔ni〕*n.* 膝蓋
    <u>**kneel**</u>〔nil〕*v.* 下跪

39. **lame**〔lem〕*adj.* 跛的
    <u>**blame**</u>〔blem〕*v.* 責備
    <u>**flame**</u>〔flem〕*n.* 火焰

40. **lap**〔læp〕*n.* 膝部
    <u>**clap**</u>〔klæp〕*v.* 拍手
    <u>**flap**</u>〔flæp〕*v.* 拍動;飄動
    <u>**slap**</u>〔slæp〕*v.* 打耳光

41. **lance**〔læns〕*n.* 長矛
    <u>**glance**</u>〔glæns〕*n., v.* 看一眼
    balance *n.* 平衡
    ambulance *n.* 救護車

42. **league**〔lig〕*n.* 聯盟
    <u>**colleague**</u>〔'kɑlig〕*n.* 同事

43. **leave**〔liv〕*v.* 離開
    <u>**cleave**</u>〔kliv〕*v.* 劈開
    cut(一劈就分開)

44. **lend**〔lɛnd〕*v.* 借(出)
    lend *sb. sth.* = lend *sth.* to *sb.*
    　把某物借給某人
    <u>**blend**</u>〔blɛnd〕*v.* 混合
    = mix = combine

45. **lender**〔'lɛndɚ〕*n.* 出借人
    <u>**slender**</u>〔'slɛndɚ〕*adj.*
    苗條的

46. **less**〔lɛs〕*adj.* 較少的
    <u>**bless**</u>〔blɛs〕*v.* 祝福
    God bless you.
    願上帝保佑你。
    bliss *n.* 幸福

47. **lid**〔lɪd〕*n.* 蓋子
    <u>**valid**</u>〔'vælɪd〕*adj.* 有效的
    <u>**invalid**</u>〔ɪn'vælɪd〕
    　　　　　adj. 無效的

48. **lip**〔lɪp〕*n.* 嘴唇
    lipstick 唇膏
    <u>**slip**</u>〔slɪp〕*v.* 滑倒
    slipper *n.* 拖鞋
    <u>**clip**</u>〔klɪp〕*v.* 修剪
    clippers *n.* 剪刀

49. **live**〔lɪv〕*v.* 生活
    liver *n.* 肝臟
    <u>**olive**</u>〔'ɑlɪv〕*n.* 橄欖(樹)

50. **log**〔lɔg〕*n.* 圓木
    <u>**clog**</u>〔klɔg, klɑg〕*v.* 堵塞
    clogs *n. pl.* 木屐

Mark the words you don't know.

☐ lieutenant 陸軍中尉　　☐ adjust 調整　　☐ slip 滑倒

☐ mask 面具　　☐ wheat 小麥　　☐ cleave 劈開

☐ transmit 傳送　　☐ refine 精煉　　☐ olive 橄欖（樹）

☐ slap 打耳光　　☐ condense 濃縮　　☐ colleague 同事

☐ hare 野兔　　☐ omit 省略　　☐ reinforce 增強

☐ invalid 無效的　　☐ tenant 房客　　☐ profit 利潤

☐ indifferent 漠不關心的　　☐ charming 有魅　　☐ confirm 證實

☐ log 圓木　　　　力的　　☐ strait 海峽

☐ slender 苗條的　　☐ abound 充滿　　☐ freight 貨物

☐ league 聯盟　　☐ scope 範圍　　☐ cute 可愛的

☐ weight 重量　　☐ recollect 記起　　☐ lame 跛的

☐ knee 膝蓋　　☐ blame 責備　　☐ lap 膝部

☐ enforce 實施　　☐ degenerate　　☐ commit 委託；犯

☐ ejection 噴出　　　　墮落；退化　　☐ dam 水壩

☐ acute 急性的　　☐ entertain 娛樂　　☐ enclose （隨函）

☐ bleach 漂白　　☐ retreat 撤退　　　　附寄

☐ fare 車資　　☐ kneel 下跪　　☐ daunt 恐嚇

☐ aisle 走道　　☐ jury 陪審團　　☐ grief 悲傷

☐ infamous 聲名狼藉的　　☐ welfare 福祉　　☐ harm 傷害

☐ cease 停止　　☐ trait 特性　　☐ wink 眨眼

☐ lance 長矛　　☐ rejection 拒絕　　☐ valid 有效的

Cycle 3

Answers to Cycle 3 Exercise

1. C　　2. B　　3. A　　4. D　　5. C　　6. A　　7. B　　8. C

9. A　　10. A　　11. C　　12. A　　13. C　　14. C　　15. D

Cycle 4

1. **lot**〔lɑt〕*n.* 命運

　　　　　　　　〔plɑt〕*n.* 陰謀

　　　　　　　〔slɑt〕*n.* 投幣口

　　　　　　　〔ə'lɑt〕*v.* 分配

2. **luck**〔lʌk〕*n.* 幸運

　　　　　　〔plʌk〕*v.* 摘；拔

3. **main**〔men〕*adj.* 主要的

　　　　　　　〔rɪ'men〕*v.* 仍然

　　　　　　　〔do'men〕*n.* 領域

4. **mark**〔mɑrk〕*n.* 記號

　　　　　　　〔rɪ'mɑrk〕*v.* 評論

　　　　　　〔'tred,mɑrk〕*n.* 商標

5. **men**〔mɛn〕*n. pl.* 男人

　　　　　　〔'omən〕*n.* 預兆

6. **miss**〔mɪs〕*v.* 錯過

　　　　　　〔dɪs'mɪs〕*v.* 下（課）

7. **mission**〔'mɪʃən〕*n.* 使命

　　　　　　〔əd'mɪʃən〕*n.* 入學許可

8. **need**〔nid〕*v.* 需要

　　　　　　　〔'nidl̩〕*n.* 針

9. **mend**〔mɛnd〕*v.* 改正

　　　　　　〔kə'mɛnd〕*v.* 稱讚

　　　　　　〔,rɛkə'mɛnd〕*v.* 推薦

10. **nap**〔næp〕*v.,n.* 小睡

　　　　　　〔snæp〕*v.* 啪的一聲折斷

　　　　　　〔'kɪdnæp〕*v.* 綁架

11. **night** 〔 naɪt 〕 *n.* 夜晚

_____ 〔 naɪt 〕 *n.* 騎士

12. **oar** 〔 or 〕 *n.* 槳

_____ 〔 sor 〕 *v.* 翱翔

_____ 〔 ror 〕 *v.* 吼叫

13. **oil** 〔 ɔɪl 〕 *n.* 油

_____ 〔 bɔɪl 〕 *v.* 沸騰

_____ 〔 sɔɪl 〕 *n.* 土壤

14. **old** 〔 old 〕 *adj.* 老的

_____

〔 bold 〕 *adj.* 大膽的

_____

〔 bɔld 〕 *adj.* 光禿的

15. **pan** 〔 pæn 〕 *n.* 平底鍋

_____

〔 ˈpænɪk 〕 *n.* 恐慌

_____

〔 spæn 〕 *n.* 期間

16. **operate** 〔 ˈɑpəˌret 〕 *v.* 操作

_____

〔 koˈɑpəˌret 〕 *v.* 合作

17. **pair** 〔 pɛr 〕 *n.* 一對

_____ 〔 rɪˈpɛr 〕 *v.* 修理

_____ 〔 ɪmˈpɛr 〕 *v.* 損害

_____ 〔 dɪˈspɛr 〕 *n.* 絕望

18. **passion** 〔 ˈpæʃən 〕 *n.* 熱情

_____

〔 kəmˈpæʃən 〕 *n.* 同情

19. **pleasant** 〔 ˈplɛznt 〕 *adj.*
令人愉快的

_____ 〔 ˈpɛznt 〕 *n.* 農夫

20. **plus** 〔 plʌs 〕 *prep.* 加

_____

〔 ˈsɝplʌs 〕 *n.* 剩餘

21. **pond** 〔 pɑnd 〕 *n.* 池塘

_____ 〔 ˈpɑndɚ 〕 *v.* 沈思

22. **portion** 〔 ˈporʃən 〕 *n.* 部分

_____

〔 prəˈporʃən 〕 *n.* 比例

23. **president** 〔 ˈprɛzədənt 〕 *n.*
總統

_____

〔 ˈrɛzədənt 〕 *n.* 居民

24. **plan** 〔 plæn 〕 *n.* 計劃

　　＿＿＿＿＿ 〔 plænt 〕 *n.* 植物

　　＿＿＿＿＿ 〔'plænɪt 〕 *n.* 行星

25. **prove** 〔 pruv 〕 *v.* 證明

　　＿＿＿＿＿＿＿＿＿

　　　　　　〔 ɪm'pruv 〕 *v.* 改善

26. **public** 〔'pʌblɪk 〕 *adj.* 公共的

　　＿＿＿＿＿＿＿＿＿＿

　　　　〔 rɪ'pʌblɪk 〕 *n.* 共和國

27. **raft** 〔 ræft 〕 *n.* 竹筏

　　＿＿＿＿＿＿＿＿＿＿

　　　　　　〔 dræft 〕 *n.* 草稿

28. **fail** 〔 fel 〕 *v.* 失敗

　　＿＿＿＿＿ 〔 frel 〕 *adj.* 脆弱的

29. **range** 〔 rendʒ 〕 *n.* 範圍

　　＿＿＿＿＿＿＿

　　　　　〔 ə'rendʒ 〕 *v.* 安排

30. **rank** 〔 ræŋk 〕 *n.* 階級

　　＿＿＿＿＿＿＿

　　　　〔 fræŋk 〕 *adj.* 坦白的

31. **ray** 〔 re 〕 *n.* 光線

　　＿＿＿＿＿＿ 〔 pre 〕 *v.* 祈禱

32. **resent** 〔 rɪ'zɛnt 〕 *v.* 憎恨

　　＿＿＿＿＿＿＿＿＿＿

　　　　〔 prɪ'zɛnt 〕 *v.* 呈現

33. **word** 〔 wɝd 〕 *n.* 文字

　　＿＿＿＿ 〔 sord, sɔrd 〕 *n.* 劍

34. **riot** 〔'raɪət 〕 *n.* 暴動

　　＿＿＿＿＿＿＿＿＿＿

　　　　〔'petrɪət 〕 *n.* 愛國者

35. **ripple** 〔'rɪpl̩ 〕 *n.* 漣漪

　　＿＿＿＿＿＿＿＿＿＿

　　　　　〔'krɪpl̩ 〕 *n.* 跛子

36. **rock** 〔 rɑk 〕 *n.* 岩石

　　＿＿＿＿＿＿＿＿＿＿

　　　　　〔'rɑkɪt 〕 *n.* 火箭

37. **risk** 〔 rɪsk 〕 *n.* 風險

　　＿＿＿＿＿＿＿＿＿＿

　　　　〔 brɪsk 〕 *adj.* 輕快的

38. **roll** 〔 rol 〕 *n.* 名冊

　　＿＿＿＿＿ 〔 ɪn'rol 〕 *v.* 註冊

39. **rose** 〔 roz 〕 *n.* 玫瑰

_____ 〔 proz 〕 *n.* 散文

40. **rug** 〔 rʌg 〕 *n.* (小塊) 地毯

_____ 〔 drʌg 〕 *n.* 藥物；毒品

41. **sauce** 〔 sɔs 〕 *n.* 調味料

_____ 〔'sɔsɚ 〕 *n.* 碟子

42. **say** 〔 se 〕 *v.* 說

_____ 〔'ɛse 〕 *n.* 短文

43. **sequence** 〔'sikwəns 〕 *n.* 順序

_____ 〔'kɑnsəˌkwɛns 〕 *n.* 後果

44. **sole** 〔 sol 〕 *adj.* 唯一的

_____ 〔 kən'sol 〕 *v.* 安慰

45. **severe** 〔 sə'vɪr 〕 *adj.* 嚴格的

_____ 〔ˌpɝsə'vɪr 〕 *v.* 堅忍

46. **state** 〔 stet 〕 *n.* 州

_____

〔 ə'stet 〕 *n.* 財產

47. **still** 〔 stɪl 〕 *adv.* 仍然

_____ 〔 ɪn'stɪl 〕 *v.* 灌輸

48. **stress** 〔 strɛs 〕 *n.* 壓力

_____

〔 dɪ'strɛs 〕 *n.* 痛苦

49. **strict** 〔 strɪkt 〕 *adj.* 嚴格的

_____

〔 rɪ'strɪkt 〕 *v.* 限制

50. **spire** 〔 spaɪr 〕 *n.* 尖塔

_____

〔 ɪn'spaɪr 〕 *v.* 激勵

_____

〔 ɪk'spaɪr 〕 *v.* 期滿

_____

〔 kən'spaɪr 〕 *v.* 陰謀

_____ 〔 ə'spaɪr 〕 *v.* 渴望

_____ 〔 pɚ'spaɪr 〕 *v.* 流汗

_____ 〔 rɪ'spaɪr 〕 *v.* 呼吸

Cycle 4

Read at least 5 times a day*!*

1. 命運 ＿＿＿＿＿
   陰謀 ＿＿＿＿＿
   投幣口 ＿＿＿＿＿
   分配 ＿＿＿＿＿

2. 幸運 ＿＿＿＿＿
   摘；拔 ＿＿＿＿＿

3. 主要的 ＿＿＿＿＿
   仍然 ＿＿＿＿＿
   領域 ＿＿＿＿＿

4. 記號 ＿＿＿＿＿
   評論 ＿＿＿＿＿
   商標 ＿＿＿＿＿

5. 男人 ＿＿＿＿＿
   預兆 ＿＿＿＿＿

6. 錯過 ＿＿＿＿＿
   下（課）＿＿＿＿＿

7. 使命 ＿＿＿＿＿
   入學許可 ＿＿＿＿＿

8. 需要 ＿＿＿＿＿
   針 ＿＿＿＿＿

9. 改正 ＿＿＿＿＿
   稱讚 ＿＿＿＿＿
   推薦 ＿＿＿＿＿

10. 小睡 ＿＿＿＿＿
    啪的一聲折斷 ＿＿＿
    綁架 ＿＿＿＿＿

11. 夜晚 ＿＿＿＿＿
    騎士 ＿＿＿＿＿

12. 槳 ＿＿＿＿＿
    翱翔 ＿＿＿＿＿
    吼叫 ＿＿＿＿＿

13. 油 ＿＿＿＿＿
    沸騰 ＿＿＿＿＿
    土壤 ＿＿＿＿＿

14. 老的 ＿＿＿＿＿
    大膽的 ＿＿＿＿＿
    光禿的 ＿＿＿＿＿

15. 平底鍋 ＿＿＿＿＿
    恐慌 ＿＿＿＿＿
    期間 ＿＿＿＿＿

16. 操作 ＿＿＿＿＿
    合作 ＿＿＿＿＿

17. 一對 ＿＿＿＿＿
    修理 ＿＿＿＿＿
    損害 ＿＿＿＿＿
    絕望 ＿＿＿＿＿

18. 熱情 ＿＿＿＿＿
    同情 ＿＿＿＿＿

19. 令人愉快的 ＿＿＿＿＿
    農夫 ＿＿＿＿＿

20. 加 ＿＿＿＿＿
    剩餘 ＿＿＿＿＿

21. 池塘 ＿＿＿＿＿
    沈思 ＿＿＿＿＿

22. 部分 ＿＿＿＿＿
    比例 ＿＿＿＿＿

23. 總統 ＿＿＿＿＿
    居民 ＿＿＿＿＿

Cycle 4

24. 計劃 _____
　　植物 _____
　　行星 _____

25. 證明 _____
　　改善 _____

26. 公共的 _____
　　共和國 _____

27. 竹筏 _____
　　草稿 _____

28. 失敗 _____
　　脆弱的 _____

29. 範圍 _____
　　安排 _____

30. 階級 _____
　　坦白的 _____

31. 光線 _____
　　祈禱 _____

32. 憎恨 _____
　　呈現 _____

33. 文字 _____
　　劍 _____

34. 暴動 _____
　　愛國者 _____

35. 漣漪 _____
　　跛子 _____

36. 岩石 _____
　　火箭 _____

37. 風險 _____
　　輕快的 _____

38. 名冊 _____
　　註冊 _____

39. 玫瑰 _____
　　散文 _____

40. （小塊）地毯 ___
　　藥物；毒品 _____

41. 調味料 _____
　　碟子 _____

42. 說 _____
　　短文 _____

43. 順序 _____
　　後果 _____

44. 唯一的 _____
　　安慰 _____

45. 嚴格的 _____
　　堅忍 _____

46. 州 _____
　　財產 _____

47. 仍然 _____
　　灌輸 _____

48. 壓力 _____
　　痛苦 _____

49. 嚴格的 _____
　　限制 _____

50. 尖塔 _____
　　激勵 _____
　　期滿 _____

　　陰謀 _____
　　渴望 _____

　　流汗 _____
　　呼吸 _____

Cycle 4

Mark the words you don't know.

☐ peasant _____	☐ respire _____	☐ bald _____
☐ knight _____	☐ essay _____	☐ commend ____
☐ conspire ____	☐ brisk _____	☐ remain _____
☐ consequence __	☐ range _____	☐ mission _____
☐ surplus _____	☐ planet _____	☐ passion _____
☐ ponder _____	☐ remark _____	☐ severe _____
☐ pluck _____	☐ admission ____	☐ riot _____
☐ recommend __	☐ bold _____	☐ raft _____
☐ compassion __	☐ despair _____	☐ rank _____
☐ panic _____	☐ span _____	☐ portion _____
☐ oar _____	☐ persevere ____	☐ plant _____
☐ draft _____	☐ ripple _____	☐ roll _____
☐ instill _____	☐ frail _____	☐ restrict _____
☐ sequence ____	☐ aspire _____	☐ stress _____
☐ expire _____	☐ console _____	☐ risk _____
☐ pray _____	☐ patriot _____	☐ repair _____
☐ enroll _____	☐ sauce _____	☐ pond _____
☐ resident ____	☐ estate _____	☐ nap _____
☐ republic ____	☐ drug _____	☐ omen _____
☐ proportion ___	☐ snap _____	☐ slot _____

Cycle 4

Required Synonyms 4

1. **lot** ﹝ lɑt ﹞ *n.* 命運

　= luck ﹝ lʌk ﹞
　= end ﹝ ɛnd ﹞

　= fate ﹝ fet ﹞
　= fortune ﹝ 'fɔrtʃən ﹞

　= chance ﹝ tʃæns ﹞
　= destiny ﹝ 'dɛstənɪ ﹞

2. **main** ﹝ men ﹞ *adj.* 主要的

　= dominant ﹝ 'dɑmənənt ﹞
　= first ﹝ fɜst ﹞
　= foremost ﹝ 'for‚most ﹞

　= primary ﹝ 'praɪ‚mɛrɪ ﹞
　= principal ﹝ 'prɪnsəpḷ ﹞

　= leading ﹝ 'lidɪŋ ﹞
　= chief ﹝ tʃif ﹞

3. **commend** ﹝ kə'mɛnd ﹞ *v.* 稱讚

　= praise ﹝ prez ﹞
　= applaud ﹝ ə'plɔd ﹞
　= compliment
　　﹝ 'kɑmplə‚mɛnt ﹞

4. **repair** ﹝ rɪ'pɛr ﹞ *v.* 修理

　= mend ﹝ mɛnd ﹞
　= fix ﹝ fɪks ﹞

5. **mission** ﹝ 'mɪʃən ﹞ *n.* 使命

　= business ﹝ 'bɪznɪs ﹞
　= errand ﹝ 'ɛrənd ﹞
　= duty ﹝ 'djutɪ ﹞

　= assignment
　　﹝ ə'saɪnmənt ﹞
　= purpose ﹝ 'pɝpəs ﹞
　= task ﹝ tæsk ﹞

　= charge ﹝ tʃɑrdʒ ﹞
　= work ﹝ wɝk ﹞
　= job ﹝ dʒɑb ﹞

6. **pleasant** ﹝ 'plɛzn̩t ﹞ *adj.*
令人愉快的

　= agreeable ﹝ ə'griəbḷ ﹞
　= delightful ﹝ dɪ'laɪtfəl ﹞

　= charming ﹝ 'tʃɑrmɪŋ ﹞
　= cheerful ﹝ 'tʃɪrfəl ﹞

　= joyful ﹝ 'dʒɔɪfəl ﹞
　= joyous ﹝ 'dʒɔɪəs ﹞
　= enjoyable ﹝ ɪn'dʒɔɪəbḷ ﹞

　= pleasing ﹝ 'plizɪŋ ﹞
　= gratifying ﹝ 'grætə‚faɪɪŋ ﹞
　= satisfying ﹝ 'sætɪs‚faɪɪŋ ﹞

Cycle 4　EXERCISE

1. You will have bad _____ if you talk about death too much.
   (A) admission   (B) plot
   (C) luck   (D) span

2. The tourists decided to _____ in Taiwan an extra week because they were enjoying the sights.
   (A) remain   (B) domain
   (C) resent   (D) main

3. The teacher decided to _____ the class only after everyone finished his or her classwork.
   (A) enroll   (B) roll
   (C) dismiss   (D) resent

4. We will _____ the school to our friends because we received excellent training there.
   (A) recommend   (B) commend
   (C) mend   (D) snap

5. It is very difficult to get _____ into a good university in Taiwan.
   (A) ripple   (B) soil
   (C) admission   (D) mission

6. The lion _____ because the children at the zoo threw peanuts into his cage.
   (A) soared   (B) commended
   (C) arranged   (D) roared

7. He was in great _____ because he could not find his young daughter.
   (A) respire   (B) daunt
   (C) despair   (D) haunt

8. According to the cookbook, I should mix milk and water in the _____ of two to one.
   (A) distress   (B) proportion
   (C) prose   (D) state

9. The mechanic will _____ the broken headlamp.
   (A) impair   (B) repair
   (C) pluck   (D) treat

10. Ben is a _____ person; if he doesn't like you, he will tell you so.
   (A) public   (B) severe
   (C) bald   (D) frank

11. I took a _____ and jumped into the water from the bridge.
   (A) risk   (B) ripple
   (C) riot   (D) pray

12. The doctor gave his patient a _____ which would help him feel better.
   (A) portion   (B) ray
   (C) drug   (D) sword

13. Yesterday our teacher asked all of us to write a short _____ on the topic, "Earthquake."
   (A) essay   (B) stress
   (C) saucer   (D) raft

14. The _____ of the criminal act was two years in jail.
   (A) consequence   (B) cleave
   (C) ejection   (D) sequence

15. The boy was the _____ survivor of the plane crash.
   (A) pleasant   (B) public
   (C) sole   (D) console

Cycle 4

Cycle 4 詳解

1. **lot** 〔 lɑt 〕 *n.* 命運；籤
   draw lots 抽籤
   plot 〔 plɑt 〕 *n.* 陰謀；情節
   slot 〔 slɑt 〕 *n.* 投幣口
   slot machine 吃角子老虎
   allot 〔 ə'lɑt 〕 *v.* 分配

2. **luck** 〔 lʌk 〕 *n.* 幸運
   pluck 〔 plʌk 〕 *v.* 摘；拔

3. **main** 〔 men 〕 *adj.* 主要的
   remain 〔 rɪ'men 〕 *v.* 仍然
   do¦main 〔 do'men 〕 *n.* 領域
   home

4. **mark** 〔 mɑrk 〕 *n.* 記號
   re¦mark 〔 rɪ'mɑrk 〕 *v.* 評論
   again
   trade¦mark 〔'tred,mɑrk 〕
   貿易 ¦ 記號   *n.* 商標

5. **men** 〔 mɛn 〕 *n.pl.* 男人
   omen 〔'omən 〕 *n.* 預兆
   amen 阿門

6. **miss** 〔 mɪs 〕 *v.* 錯過；想念
   missile *n.* 飛彈
   dismiss 〔 dɪs'mɪs 〕 *v.* 下（課）；
   解雇；自心中摒除

7. **mission** 〔'mɪʃən 〕 *n.* 使命
   missionary *n.* 傳教士
   admission 〔 əd'mɪʃən 〕 *n.*
   入學許可；准許入場；入場費
   commission *n.* 佣金

8. **need** 〔 nid 〕 *v.* 需要
   needle 〔'nidl̩ 〕 *n.* 針
   noodle *n.* 麵

9. **mend** 〔 mɛnd 〕 *v.* 改正
   It's never too late to mend.
   改過永不嫌遲。
   commend 〔 kə'mɛnd 〕 *v.* 稱讚
   command *v.* 命令；指揮
   commander *n.* 指揮官
   re¦commend 〔,rɛkə'mɛnd 〕
   again（一再稱讚）   *v.* 推薦
   recommendation *n.* 推薦（信）

10. **nap** 〔 næp 〕 *v., n.* 小睡

take a nap 小睡片刻

snap 〔 snæp 〕 *v.* 啪的一聲折斷

kid¦nap 〔 'kɪdnæp 〕 *v.* 綁架
小孩¦
（小孩在睡覺時容易被綁架）

11. **night** 〔 naɪt 〕 *n.* 夜晚

knight 〔 naɪt 〕 *n.* 騎士

12. **oar** 〔 or 〕 *n.* 槳

soar 〔 sor 〕 *v.* 翱翔

roar 〔 ror 〕 *v.* 吼叫

boar *n.* 公豬

13. **oil** 〔 ɔɪl 〕 *n.* 油

boil 〔 bɔɪl 〕 *v.* 沸騰

soil 〔 sɔɪl 〕 *n.* 土壤

foil *v.* 阻礙

toil *n.* 辛勞

toilet *n.* 廁所

= rest room

= lavatory 〔 'lævə,torɪ 〕

14. **old** 〔 old 〕 *adj.* 老的

b¦old 〔 bold 〕 *adj.* 大膽的
¦（老人比較大膽）

bald 〔 bɔld 〕 *adj.* 光禿的

15. **pan** 〔 pæn 〕 *n.* 平底鍋

pain *n.* 痛苦

panic 〔 'pænɪk 〕 *n.* 恐慌

span 〔 spæn 〕 *n.* 期間；持續的
時間

life span 壽命

16. **operate** 〔 'ɑpə,ret 〕 *v.* 操作

operation *n.* 操作；手術

co¦operate 〔 ko'ɑpə,ret 〕
together   *v.* 合作
（一起操作）

17. **pair** 〔 pɛr 〕 *n.* 一對

re¦pair 〔 rɪ'pɛr 〕 *v.* 修理
again（修好再次成為一對）

im¦pair 〔 ɪm'pɛr 〕 *v.* 損害
in¦（介入二人之中，破壞感情）

des¦pair 〔 dɪ'spɛr 〕 *v.* 絕望
apart（拆散一對，使他們絕望）

in despair 陷入絕望中

18. **passion** 〔 'pæʃən 〕 *n.* 熱情

com¦passion 〔 kəm'pæʃən 〕
together   *n.* 同情
（共同擁有的熱情）

= sym¦pathy
     same¦feeling

19. **pleasant** 〔 'plɛznt 〕 *adj.* 令人愉
快的

peasant 〔 'pɛznt 〕 *n.* 農夫

20. **plus** 〔 plʌs 〕 *prep.* 加

    ↔ minus *prep.* 減

    sur¦plus 〔'sɝplʌs 〕 *n.* 剩餘
    over more

21. **pond** 〔 pɑnd 〕 *n.* 池塘

    ponder 〔'pɑndɚ 〕 *v.* 沈思

    = consider
    = contemplate
    = deliberate
    = meditate
    = think over

22. **portion** 〔'porʃən 〕 *n.* 部分

    proportion 〔 prə'porʃən 〕
                   n. 比例

    in proportion to～
    與～成比例

23. **president** 〔'prɛzədənt 〕
                   n. 總統

    resident 〔'rɛzədənt 〕 *n.* 居民
    = inhabitant

24. **plan** 〔 plæn 〕 *n.* 計劃

    plant 〔 plænt 〕 *n.* 植物；工廠
    power plant 發電廠

    planet 〔'plænɪt 〕 *n.* 行星
    star *n.* 恆星
    comet *n.* 彗星

25. **prove** 〔 pruv 〕 *v.* 證明

    improve 〔 ɪm'pruv 〕 *v.* 改善
    reprove *v.* 責罵
    approve *v.* 贊成

26. **public** 〔'pʌblɪk 〕 *adj.* 公共的

    republic 〔 rɪ'pʌblɪk 〕
                   n. 共和國

    the Republic of China
    中華民國（縮寫為 R.O.C.）

27. **raft** 〔 ræft 〕 *n.* 竹筏

    draft 〔 dræft 〕 *n.* 草稿
    in draft 草擬中

28. **fail** 〔 fel 〕 *v.* 失敗

    frail 〔 frel 〕 *adj.* 脆弱的
    frailty *n.* 脆弱
    Frailty, thy name is woman.
               ～Hamlet
    弱者，你的名字是女人。
               ～哈姆雷特

    rail *n.* 欄杆；鐵軌
    railroad *n.* 鐵路

29. **range** 〔 rendʒ 〕 *n.* 範圍

    ar¦range 〔 ə'rendʒ 〕 *v.* 安排
    to ¦（定出範圍）

30. **rank**〔 ræŋk 〕*n.* 階級
    frank〔 fræŋk 〕*adj.* 坦白的
    to be frank
    = frankly speaking 坦白說
    prank *n.* 惡作劇
    = practical joke

31. **ray**〔 re 〕*n.* 光線
    pray〔 pre 〕*v.* 祈禱
    tray *n.* 托盤
    ash tray *n.* 煙灰缸
    　灰
    gray *adj.* 灰色的

32. **resent**〔 rɪ'zɛnt 〕*v.* 憎恨
    present〔 prɪ'zɛnt 〕*v.* 呈現
    　　　　〔'prɛznt 〕*n.* 禮物；現在
    represent *v.* 代表
    representative *n.* 代表人

33. **word**〔 wɜd 〕*n.* 文字
    sword〔 sord, sɔrd 〕*n.* 劍
    The pen is mightier than
    the sword. 文勝於武。

34. **riot**〔'raɪət 〕*n.* 暴動
    pat riot〔'petrɪət 〕*n.* 愛國者
    輕拍
    patriotic *adj.* 愛國的
    patriotism *n.* 愛國主義

35. **ripple**〔'rɪpl̩ 〕*n.* 漣漪
    cripple〔'krɪpl̩ 〕*n.* 跛子

36. **rock**〔 rɑk 〕*n.* 岩石
    rocket〔'rɑkɪt 〕*n.* 火箭
    pocket *n.* 口袋

37. **risk**〔 rɪsk 〕*n.* 風險
    take risks 冒險
    brisk〔 brɪsk 〕*adj.* 輕快的
    brisk walking 快走
    brick *n.* 磚頭

38. **roll**〔 rol 〕*v.* 滾動　　*n.* 名冊
    call the roll 點名
    en roll〔 ɪn'rol 〕*v.* 註冊；登記
    　in （加入名冊中）

39. **rose**〔 roz 〕*n.* 玫瑰
    prose〔 proz 〕*n.* 散文

40. **rug**〔 rʌg 〕*n.* (小塊) 地毯
    carpet *n.* (整片的) 地毯
    drug〔 drʌg 〕*n.* 藥物；毒品
    drug abuse 濫用毒品
    take drugs 吸毒

41. **sauce**〔 sɔs 〕*n.* 調味料
    saucer〔'sɔsɚ 〕*n.* 碟子；
    　　　　　(放咖啡杯的) 茶碟
    flying saucer 飛碟

Cycle 4

42. **say** 〔 se 〕 *v.* 說

 essay 〔'ɛse 〕 *n.* 短文

43. **sequence** 〔'sikwəns 〕 *n.* 順序

 consequence

   〔'kɑnsə͵kwɛns 〕 *n.* 後果

44. **sole** 〔 sol 〕 *adj.* 唯一的

 solo *n.* 獨唱；獨奏

 con¦sole 〔 kən'sol 〕 *v.* 安慰
 together
 （都很孤獨，需要彼此安慰）

 sol- 表 alone:
 solitary *adj.* 孤獨的
 solitude *n.* 孤獨

45. **severe** 〔 sə'vɪr 〕 *adj.* 嚴格的
 = strict

 per¦severe 〔͵pɝsə'vɪr 〕 *v.* 堅忍
 thoroughly
 （通過嚴格的考驗要堅忍）
 persevering *adj.* 不屈不撓的
 perseverance *n.* 毅力

46. **state** 〔 stet 〕 *n.* 州   *v.* 說
 statement *n.* 言論

 estate 〔 ə'stet 〕 *n.* 財產
 = property
 real estate 不動產

47. **still** 〔 stɪl 〕 *adv.* 仍然

 instill 〔 ɪn'stɪl 〕 *v.* 灌輸

48. **stress** 〔 strɛs 〕 *n.* 壓力；強調

 distress 〔 dɪ'strɛs 〕 *n.* 痛苦

49. **strict** 〔 strɪkt 〕 *adj.* 嚴格的
 = severe
 = harsh

 re¦strict 〔 rɪ'strɪkt 〕 *v.* 限制
 again（一再地嚴格）
 district *n.* 地區

50. **spire** 〔 spaɪr 〕 *n.* 尖塔

 in¦spire 〔 ɪn'spaɪr 〕 *v.* 激勵
 in¦breathe（吸進新鮮空氣）
 = encourage

 ex¦pire 〔 ɪk'spaɪr 〕
 out¦   *v.* 期滿；死亡
 （全部的空氣都呼出來了）

 con¦spire 〔 kən'spaɪr 〕
 together   *v.* 陰謀
 （一起呼吸，一鼻孔出氣）

 a¦spire 〔 ə'spaɪr 〕 *v.* 渴望
 to¦（缺氧時渴望呼吸）
 = desire

 per¦spire 〔 pɚ'spaɪr 〕 *v.* 流汗
 through（透過皮膚呼吸）
 = sweat

 re¦spire 〔 rɪ'spaɪr 〕 *v.* 呼吸
 again（一再呼吸）
 = breathe

Mark the words you don't know.

☐ peasant 農夫
☐ knight 騎士
☐ conspire 陰謀
☐ consequence 後果
☐ surplus 剩餘

☐ respire 呼吸
☐ essay 短文
☐ brisk 輕快的
☐ range 範圍
☐ planet 行星

☐ bald 光禿的
☐ commend 稱讚
☐ remain 仍然
☐ mission 使命
☐ passion 熱情

☐ ponder 沈思
☐ pluck 摘；拔
☐ recommend 推薦
☐ compassion 同情
☐ panic 恐慌

☐ remark 評論
☐ admission 入學許可
☐ bold 大膽的
☐ despair 絕望
☐ span 期間

☐ severe 嚴格的
☐ riot 暴動
☐ raft 竹筏
☐ rank 階級
☐ portion 部分

☐ oar 槳
☐ draft 草稿
☐ instill 灌輸
☐ sequence 順序
☐ expire 期滿

☐ persevere 堅忍
☐ ripple 漣漪
☐ frail 脆弱的
☐ aspire 渴望
☐ console 安慰

☐ plant 植物
☐ roll 名冊
☐ restrict 限制
☐ stress 壓力
☐ risk 風險

☐ pray 祈禱
☐ enroll 註冊
☐ resident 居民
☐ republic 共和國
☐ proportion 比例

☐ patriot 愛國者
☐ sauce 調味料
☐ estate 財產
☐ drug 藥物；毒品
☐ snap 啪的一聲折斷

☐ repair 修理
☐ pond 池塘
☐ nap 小睡
☐ omen 預兆
☐ slot 投幣口

Cycle 4

Answers to Cycle 4 Exercise

1. C   2. A   3. C   4. A   5. C   6. D   7. C   8. B
9. B   10. D   11. A   12. C   13. A   14. A   15. C

Cycle 5

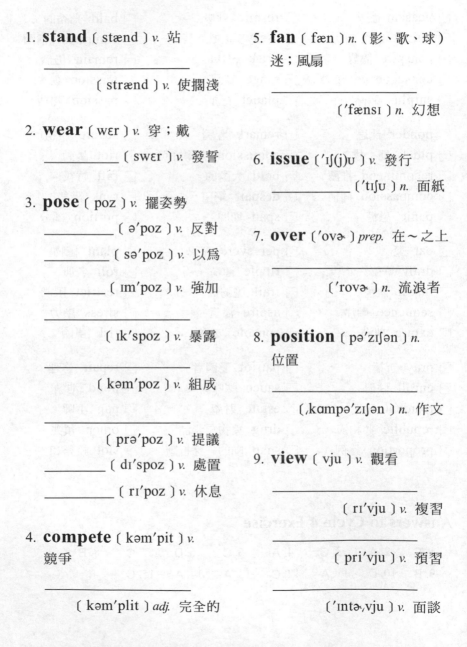

1. **stand** 〔 stænd 〕 v. 站

   _____ 〔 strænd 〕 v. 使擱淺

2. **wear** 〔 wɛr 〕 v. 穿；戴

   _____ 〔 swɛr 〕 v. 發誓

3. **pose** 〔 poz 〕 v. 擺姿勢

   _____ 〔 ə'poz 〕 v. 反對

   _____ 〔 sə'poz 〕 v. 以為

   _____ 〔 ɪm'poz 〕 v. 強加

   _____ 〔 ɪk'spoz 〕 v. 暴露

   _____ 〔 kəm'poz 〕 v. 組成

   _____ 〔 prə'poz 〕 v. 提議

   _____ 〔 dɪ'spoz 〕 v. 處置

   _____ 〔 rɪ'poz 〕 v. 休息

4. **compete** 〔 kəm'pit 〕 v.
   競爭

   _____ 〔 kəm'plit 〕 adj. 完全的

5. **fan** 〔 fæn 〕 n. (影、歌、球)
   迷；風扇

   _____ 〔'fænsɪ 〕 n. 幻想

6. **issue** 〔'ɪʃ(j)u 〕 v. 發行

   _____ 〔'tɪʃu 〕 n. 面紙

7. **over** 〔'ovɚ 〕 prep. 在～之上

   _____ 〔'rovɚ 〕 n. 流浪者

8. **position** 〔 pə'zɪʃən 〕 n.
   位置

   _____ 〔ˌkɑmpə'zɪʃən 〕 n. 作文

9. **view** 〔 vju 〕 v. 觀看

   _____ 〔 rɪ'vju 〕 v. 複習

   _____ 〔 pri'vju 〕 v. 預習

   _____ 〔'ɪntɚˌvju 〕 v. 面談

10. **adapt**〔ə'dæpt〕*v.* 適應

_____〔ə'dɑpt〕*v.* 領養

_____

〔ə'dɛpt〕*adj.* 精通的

11. **bee**〔bi〕*n.* 蜜蜂

_____〔bif〕*n.* 牛肉

12. **thin**〔θɪn〕*adj.* 薄的

_____〔θɪŋ〕*n.* 東西

13. **oat**〔ot〕*n.* 麥片

_____〔oθ〕*n.* 誓言

14. **tax**〔tæks〕*n.* 稅

_____〔'tæksɪ〕*n.* 計程車

15. **cover**〔'kʌvɚ〕*v.* 覆蓋

_____

〔rɪ'kʌvɚ〕*v.* 恢復

16. **art**〔ɑrt〕*n.* 藝術

_____〔dɑrt〕*n.* 飛鏢

17. **strange**〔strendʒ〕*adj.*
奇怪的

_____

〔'stræŋgl̩〕*v.* 勒死

18. **ranch**〔ræntʃ〕*n.* 大農場

_____

〔bræntʃ〕*n.* 樹枝

19. **cash**〔kæʃ〕*n.* 現金

_____〔kæ'ʃɪr〕*n.* 出納員

20. **deter**〔dɪ'tɝ〕*v.* 阻礙

_____

〔dɪ'tɝdʒənt〕*n.* 清潔劑

21. **effect**〔ɪ'fɛkt〕*n.* 影響

_____

〔ə'fɛkt〕*v.* 影響

_____〔dɪ'fɛkt〕*n.* 缺點

_____〔ɪn'fɛkt〕*v.* 傳染

_____

〔'pɝfɪkt〕*adj.* 完美的

22. **claim**〔klem〕*v.* 要求
exclaim〔ɪk'sklem〕*v.* 呼喊

_____〔dɪ'klem〕*v.* 演說

_____

〔rɪ'klem〕*v.* 取回

_____

〔pro'klem〕*v.* 宣布

_____〔ə'klem〕*v.* 歡呼

Cycle 5

23. **whole** 〔 hol 〕 *adj.* 全部的

_____

〔'holsəm 〕 *adj.* 有益健康的

24. **pile** 〔 paɪl 〕 *n.* 堆

_____

〔 kəm'paɪl 〕 *v.* 編輯

25. **skirt** 〔 skɝt 〕 *n.* 裙子

_____

〔'aʊt,skɝts 〕 *n. pl.* 郊區

26. **imitation** 〔,ɪmə'teʃən 〕 *n.* 模仿

_____

〔,lɪmə'teʃən 〕 *n.* 限制

27. **earl** 〔 ɝl 〕 *n.* 伯爵

_____

〔 pɝl 〕 *n.* 珍珠

28. **gust** 〔 gʌst 〕 *n.* 陣風

_____

〔 dɪs'gʌst 〕 *v.* 使厭惡

29. **cost** 〔 kɔst 〕 *n.* 成本

_____

〔'kɑstjum 〕 *n.* 服裝

30. **earn** 〔 ɝn 〕 *v.* 賺

_____

〔'ɝnɪst 〕 *adj.* 認真的

31. **flour** 〔 flaʊr 〕 *n.* 麵粉

_____

〔'flɝʃ 〕 *v.* 繁榮

32. **king** 〔 kɪŋ 〕 *n.* 國王

_____

〔'kɪŋdəm 〕 *n.* 王國

33. **tray** 〔 tre 〕 *n.* 托盤

_____〔 bɪ'tre 〕 *v.* 背叛

34. **form** 〔 fɔrm 〕 *v.* 形成

_____

〔'fɔrmjələ 〕 *n.* 公式

35. **grave** 〔 grev 〕 *n.* 墳墓

_____

〔'grævḷ 〕 *n.* 砂石

36. **govern** 〔'gʌvən 〕 *v.* 統治

_____

〔'gʌvənmənt 〕 *n.* 政府

Cycle 5

37. **treat** 〔 trit 〕 v. 對待

_____ 〔 ɪn'trit 〕 v. 懇求

38. **tower** 〔'tauɚ 〕 n. 塔

_____ 〔'tauəl 〕 n. 毛巾

39. **widow** 〔'wɪdo 〕 n. 寡婦

_____ 〔'wɪdəwɚ 〕 n. 鰥夫

40. **basis** 〔'besɪs 〕 n. 基礎

_____ 〔 o'esɪs 〕 n. 綠洲

41. **tribute** 〔'trɪbjut 〕 n. 貢物

_____ 〔 kən'trɪbjut 〕 v. 貢獻

_____ 〔 dɪ'strɪbjut 〕 v. 分配

_____ 〔 ə'trɪbjut 〕 v. 歸因於

42. **fin** 〔 fɪn 〕 n. 鰭

_____ 〔'kɔfɪn 〕 n. 棺材

43. **brook** 〔 brʊk 〕 n. 小溪

_____ 〔 krʊk 〕 n. 彎曲；騙子

44. **bruise** 〔 bruz 〕 n. 瘀傷

_____ 〔 kruz 〕 v. 巡航

45. **bury** 〔'bɛrɪ 〕 v. 埋葬

_____ 〔'fjʊrɪ 〕 n. 憤怒

46. **trust** 〔 trʌst 〕 v. 信任

_____ 〔 krʌst 〕 n. 外殼

47. **detail** 〔'ditel 〕 n. 細節

_____ 〔'ritel 〕 n. 零售

48. **fierce** 〔 fɪrs 〕 adj. 兇猛的

_____ 〔 pɪrs 〕 v. 刺穿

49. **lizard** 〔'lɪzɚd 〕 n. 蜥蜴

_____ 〔'wɪzɚd 〕 n. 巫師

50. **passage** 〔'pæsɪdʒ 〕 n.
一段（文章）

_____ 〔 mə'sɑʒ 〕 n. 按摩

Read at least 5 times a day!

1. 站 ＿＿＿＿＿＿＿
　 使擱淺 ＿＿＿＿＿

2. 穿；戴 ＿＿＿＿＿
　 發誓 ＿＿＿＿＿＿

3. 擺姿勢 ＿＿＿＿＿
　 反對 ＿＿＿＿＿＿
　 以為 ＿＿＿＿＿＿
　 強加 ＿＿＿＿＿＿
　 暴露 ＿＿＿＿＿＿
　 組成 ＿＿＿＿＿＿
　 提議 ＿＿＿＿＿＿
　 處置 ＿＿＿＿＿＿
　 休息 ＿＿＿＿＿＿

4. 競爭 ＿＿＿＿＿＿
　 完全的 ＿＿＿＿＿

5. （歌、影、球）
　 迷；風扇 ＿＿＿＿
　 幻想 ＿＿＿＿＿＿

6. 發行 ＿＿＿＿＿＿
　 面紙 ＿＿＿＿＿＿

7. 在～之上 ＿＿＿＿
　 流浪者 ＿＿＿＿＿

8. 位置 ＿＿＿＿＿＿
　 作文 ＿＿＿＿＿＿

9. 觀看 ＿＿＿＿＿＿
　 複習 ＿＿＿＿＿＿
　 預習 ＿＿＿＿＿＿
　 面談 ＿＿＿＿＿＿

10. 適應 ＿＿＿＿＿＿
　　 領養 ＿＿＿＿＿＿
　　 精通的 ＿＿＿＿＿

11. 蜜蜂 ＿＿＿＿＿＿
　　 牛肉 ＿＿＿＿＿＿

12. 薄的 ＿＿＿＿＿＿
　　 東西 ＿＿＿＿＿＿

13. 麥片 ＿＿＿＿＿＿
　　 誓言 ＿＿＿＿＿＿

14. 稅 ＿＿＿＿＿＿＿
　　 計程車 ＿＿＿＿＿

15. 覆蓋 ＿＿＿＿＿＿
　　 恢復 ＿＿＿＿＿＿

16. 藝術 ＿＿＿＿＿＿
　　 飛鏢 ＿＿＿＿＿＿

17. 奇怪的 ＿＿＿＿＿
　　 勒死 ＿＿＿＿＿＿

18. 大農場 ＿＿＿＿＿
　　 樹枝 ＿＿＿＿＿＿

19. 現金 ＿＿＿＿＿＿
　　 出納員 ＿＿＿＿＿

20. 阻礙 ＿＿＿＿＿＿
　　 清潔劑 ＿＿＿＿＿

21. 影響 ＿＿＿＿＿＿
　　 影響 ＿＿＿＿＿＿
　　 缺點 ＿＿＿＿＿＿
　　 傳染 ＿＿＿＿＿＿
　　 完美的 ＿＿＿＿＿

22. 要求 ＿＿＿＿＿＿
　　 呼喊 ＿＿＿＿＿＿
　　 演說 ＿＿＿＿＿＿
　　 取回 ＿＿＿＿＿＿
　　 宣布 ＿＿＿＿＿＿
　　 歡呼 ＿＿＿＿＿＿

Cycle 5

23. 全部的 _____
    有益健康的 ____

24. 堆 _____
    編輯 _____

25. 裙子 _____
    郊區 _____

26. 模仿 _____
    限制 _____

27. 伯爵 _____
    珍珠 _____

28. 陣風 _____
    使厭惡 _____

29. 成本 _____
    服裝 _____

30. 賺 _____
    認真的 _____

31. 麵粉 _____
    繁榮 _____

32. 國王 _____
    王國 _____

33. 托盤 _____
    背叛 _____

34. 形成 _____
    公式 _____

35. 墳墓 _____
    砂石 _____

36. 統治 _____
    政府 _____

37. 對待 _____
    懇求 _____

38. 塔 _____
    毛巾 _____

39. 寡婦 _____
    鰥夫 _____

40. 基礎 _____
    綠洲 _____

41. 貢物 _____
    貢獻 _____
    分配 _____
    歸因於 _____

42. 鰭 _____
    棺材 _____

43. 小溪 _____
    彎曲；騙子 ____

44. 瘀傷 _____
    巡航 _____

45. 埋葬 _____
    憤怒 _____

46. 信任 _____
    外殼 _____

47. 細節 _____
    零售 _____

48. 兇猛的 _____
    刺穿 _____

49. 蜥蜴 _____
    巫師 _____

50. 一段（文章）_____
    按摩 _____

Mark the words you don't know.

☐ compose _____	☐ adapt _____	☐ pearl _____
☐ preview _____	☐ fancy _____	☐ compile _____
☐ rover _____	☐ issue _____	☐ recover _____
☐ costume _____	☐ position _____	☐ dart _____
☐ oasis _____	☐ tower _____	☐ strangle _____
☐ exclaim _____	☐ basis _____	☐ gravel _____
☐ cashier _____	☐ earl _____	☐ tribute _____
☐ betray _____	☐ fierce _____	☐ brook _____
☐ widow _____	☐ attribute _____	☐ crust _____
☐ disgust _____	☐ fury _____	☐ passage _____
☐ limitation _____	☐ detail _____	☐ swear _____
☐ flourish _____	☐ lizard _____	☐ fan _____
☐ wholesome _____	☐ repose _____	☐ review _____
☐ wizard _____	☐ tissue _____	☐ kingdom _____
☐ contribute _____	☐ adept _____	☐ effect _____
☐ retail _____	☐ strand _____	☐ detergent _____
☐ coffin _____	☐ widower _____	☐ gust _____
☐ bruise _____	☐ earnest _____	☐ ranch _____
☐ expose _____	☐ formula _____	☐ infect _____
☐ compete _____	☐ outskirts _____	☐ proclaim _____

Required Synonyms 5

1. defect 〔 dɪˈfɛkt 〕 *n.* 缺點

- = fault 〔 fɔlt 〕
- = flaw 〔 flɔ 〕
- = failing 〔ˈfelɪŋ 〕

- = imperfection
  〔ˌɪmpɚˈfɛkʃən 〕
- = weakness 〔ˈwiknɪs 〕

- = deficiency 〔 dɪˈfɪʃənsɪ 〕
- = shortcoming
  〔ˈʃɔrtˌkʌmɪŋ 〕

2. wholesome 〔ˈholsəm 〕
adj. 有益健康的

- = healthful 〔ˈhɛlθfəl 〕
- = beneficial 〔ˌbɛnəˈfɪʃəl 〕

- = sound 〔 saʊnd 〕
- = salutary 〔ˈsæljəˌtɛrɪ 〕

3. suppose 〔 səˈpoz 〕 *v.* 以為

- = assume 〔 əˈsjum 〕
- = presume 〔 prɪˈzum 〕

- = believe 〔 bɪˈliv 〕
- = think 〔 θɪŋk 〕
- = imagine 〔 ɪˈmædʒɪn 〕

- = consider 〔 kənˈsɪdɚ 〕
- = infer 〔 ɪnˈfɝ 〕

4. attribute 〔 əˈtrɪbjʊt 〕 *v.*
歸因於

- = apply 〔 əˈplaɪ 〕
- = assign 〔 əˈsaɪn 〕
- = ascribe 〔 əˈskraɪb 〕

5. recover 〔 rɪˈkʌvɚ 〕 *v.* 恢復

- = regain 〔 rɪˈgen 〕
- = revive 〔 rɪˈvaɪv 〕

- = improve 〔 ɪmˈpruv 〕
- = rally 〔ˈrælɪ 〕

6. fury 〔ˈfjʊrɪ 〕 *n.* 憤怒

- = anger 〔ˈæŋgɚ 〕
- = rage 〔 redʒ 〕

7. deter 〔 dɪˈtɝ 〕 *v.* 阻礙

- = prevent 〔 prɪˈvɛnt 〕
- = stop 〔 stɑp 〕
- = keep 〔 kip 〕

- = prohibit 〔 proˈhɪbɪt 〕
- = discourage 〔 dɪsˈkɝɪdʒ 〕

- = hinder 〔ˈhɪndɚ 〕
- = restrain 〔 rɪˈstren 〕

Cycle 5 EXERCISE

1. Those afraid of change _____ progress.
   (A) swear   (B) oppose
   (C) expose   (D) acclaim

2. The doctor told the young couple that they couldn't have any children, so they decided to _____ one.
   (A) adept   (B) adopt
   (C) adjust   (D) adapt

3. News of the _____ of pollution can be heard every day.
   (A) affects   (B) gusts
   (C) effects   (D) defects

4. I remember being very nervous when I was being _____ for the first time.
   (A) flourished   (B) governed
   (C) interviewed   (D) previewed

5. The doctor advised Ben not to include too much _____ in his diet.
   (A) fancy   (B) tissue
   (C) rover   (D) beef

6. Please add _____ to the clothes washer.
   (A) detergent   (B) tax
   (C) cashier   (D) tray

7. Today, a lot of our work is being done by computers; they have greatly _____ our lives.
   (A) proclaimed   (B) affected
   (C) viewed   (D) entreated

Cycle 5

8. The committee is _____ of 5 members, each from a different country.
   (A) reviewed   (B) deterred
   (C) supposed   (D) composed

9. It is not convenient to live on the _____ of a city.
   (A) position   (B) oasis
   (C) oats   (D) outskirts

10. That's not real; it's only a(n) _____.
    (A) oasis   (B) cabinet
    (C) castle   (D) imitation

11. I trust Ben very much because he has never _____ me.
    (A) stranded   (B) betrayed
    (C) recovered   (D) issued

12. I don't like math because there are too many _____ to remember.
    (A) forms   (B) tissues
    (C) passages   (D) formulas

13. The _____ was so tall that it could be seen from miles away.
    (A) fancy   (B) towel
    (C) flour   (D) tower

14. Science has _____ to our lives in many ways.
    (A) haunted   (B) contributed
    (C) recovered   (D) covered

15. George can explain whatever information you need about our program in _____.
    (A) detail   (B) disgust
    (C) infect   (D) retail

Look and write.

1. <u>伯爵</u>（earl）擁有很多<u>珍珠</u> _____ 。

2. <u>國王</u>（king）統治他的<u>王國</u> _____ 。

3. <u>陣風</u>（gust）把我的頭髮吹亂了，真討厭 _____ 。

4. <u>清潔劑</u> _____ 可<u>阻礙</u>（deter）污垢。

5. 他工作<u>認真</u> _____ ，<u>賺</u>（earn）了很多錢。

6. 他穿（wear）上正式服裝，到法院發誓 _____ 他講眞話。

7. 服裝 _____ 的成本（cost）很高。

8. 沙漠的基礎（basis）在綠洲 _____。

9. 巫師（wizard）養了很多蜥蜴 _____。

10. 箭射得很兇猛（fierce），刺穿 _____ 了木板。

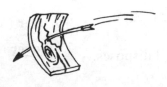

Cycle 5

Cycle 5 詳解

1. **stand** 〔 stænd 〕 *v.* 站
   strand 〔 strænd 〕 *v.* 使擱淺

2. **wear** 〔 wɛr 〕 *v.* 穿；戴
   swear 〔 swɛr 〕 *v.* 發誓
   (穿正式服裝，到法院發誓說
   實話)

3. **pose** 〔 poz 〕 *v.* 擺姿勢
   op¦pose 〔 ə'poz 〕 *v.* 反對
   相反 put (處於相反的位置)
   sup¦pose 〔 sə'poz 〕 *v.* 以為
   under (置於其下)
   im¦pose 〔 ɪm'poz 〕 *v.* 強加
   on¦ (置於～之上)
   ex¦pose 〔 ɪk'spoz 〕 *v.* 暴露；
   out¦ (置於外面)　　使接觸
   com¦pose 〔 kəm'poz 〕 *v.* 組成
   together (放在一起)
   composition　*n.* 作文
   (把文字放在一起，組成一篇作文)
   pro¦pose 〔 prə'poz 〕 *v.* 提議
   forward (放在前面)
   dis¦pose 〔 dɪ'spoz 〕 *v.* 處置
   apart (各別分開放置)
   Man proposes, God disposes.
   謀事在人，成事在天。

   re¦pose 〔 rɪ'poz 〕 *v.* 休息
   back (放回原處)
   (背誦口訣：im-ex-com,
   　　　　　　 pro-dis-re)

4. **compete** 〔 kəm'pit 〕 *v.* 競爭
   complete 〔 kəm'plit 〕
   　　　　　　　adj. 完全的
   = whole
   = entire
   = total

5. **fan** 〔 fæn 〕 *n.* (影、歌、球)
   迷；風扇
   movie fan　影迷
   fancy 〔'fænsɪ 〕 *n.* 幻想
   (歌迷腦中容易產生幻想)

6. **issue** 〔'ɪʃ(j)u 〕 *v.* 發行
   G.I. = Government Issue
   　　　 美國大兵
   tissue 〔'tɪʃu 〕 *n.* 面紙

7. **over** 〔'ovɚ 〕 *prep.* 在～之上
   rover 〔'rovɚ 〕 *n.* 流浪者

8. **position** 〔 pəˈzɪʃən 〕 *n.* 位置

   com┊position 〔ˌkɑmpəˈzɪʃən 〕
   all ┊　　　　　　　　*n.* 作文

9. **view** 〔 vju 〕 *v.* 觀看

   re┊view 〔 rɪˈvju 〕 *v.* 複習
   again　see（再看一次）

   pre┊view 〔 priˈvju 〕 *v.* 預習
   before（事先看過）

   inter┊view 〔ˈɪntɚˌvju 〕 *n.* 面談
   between（兩人面對面）

10. **adapt** 〔 əˈdæpt 〕 *v.* 適應；改編

    adopt 〔 əˈdɑpt 〕 *v.* 領養；採用

    adept 〔 əˈdɛpt 〕 *adj.* 精通的

    be adept in
    = be at home in
    = be good at　精通

11. **bee** 〔 bi 〕 *n.* 蜜蜂

    beef 〔 bif 〕 *n.* 牛肉
    prime beef　上等牛肉

12. **thin** 〔 θɪn 〕 *adj.* 薄的

    thing 〔 θɪŋ 〕 *n.* 東西

13. **oat** 〔 ot 〕 *n.* 麥片

    oath 〔 oθ 〕 *n.* 誓言

14. **tax** 〔 tæks 〕 *n.* 稅

    taxi 〔ˈtæksɪ 〕 *n.* 計程車
    = (taxi) cab
    = yellow cab

15. **cover** 〔ˈkʌvɚ 〕 *v.* 覆蓋
    　　　　　　　　n. 封面
    cover story　封面故事

    recover 〔 rɪˈkʌvɚ 〕 *v.* 恢復
    = restore
    = regain

16. **art** 〔 ɑrt 〕 *n.* 藝術

    dart 〔 dɑrt 〕 *n.* 飛鏢
    part　*n.* 部分

17. **strange** 〔 strendʒ 〕 *adj.*
    　　　　　　　　奇怪的

    strangle 〔ˈstræŋgl̩ 〕 *v.* 勒死

18. **ranch** 〔 ræntʃ 〕 *n.* 大農場
    = farm

    branch 〔 bræntʃ 〕 *n.* 樹枝

19. **cash** 〔 kæʃ 〕 *n.* 現金

    cashi┊er 〔 kæˈʃɪr 〕 *n.* 出納員
    　　　　┊人
    （收現金的人）

    cashbook　*n.* 現金出納簿

Cycle 5

20. **deter** ﹝ dɪˋtɝ ﹞ *v.* 阻礙

　　detergent ﹝ dɪˋtɝdʒənt ﹞
　　（阻礙污垢停留）　　*n.* 清潔劑

　　prevent ~ from⋯

　　{ = stop ~ from⋯
　　{ = keep ~ from⋯

　　{ = prohibit ~ from⋯
　　{ = discourage ~ from⋯
　　{ = deter ~ from⋯

　　{ = hinder ~ from⋯
　　{ = restrain ~ from⋯

　　　　阻止 ~ 做某事

21. **ef¦fect** ﹝ ɪˋfɛkt ﹞ *n.* 影響；效果
　　out¦make（做出來的結果）

　　af¦fect ﹝ əˋfɛkt ﹞ *v.* 影響
　　to ¦（對~加以推動）

　　de¦fect ﹝ dɪˋfɛkt ﹞ *n.* 缺點
　　down
　　= drawback
　　= flaw
　　= shortcoming

　　in¦fect ﹝ ɪnˋfɛkt ﹞ *v.* 傳染；
　　in ¦（從中推動）　　　　　感染

　　per¦fect ﹝ ˋpɝfɪkt ﹞ *adj.* 完美的
　　thoroughly（做得完整的）

　　Practice makes perfect.
　　熟能生巧。

22. **claim** ﹝ klem ﹞ *v.* 要求

　　ex¦claim ﹝ ɪkˋsklem ﹞ *v.* 呼喊
　　out¦（向外要求）

　　de¦claim ﹝ dɪˋklem ﹞ *v.* 演說
　　加強（加強要求）

　　re¦claim ﹝ rɪˋklem ﹞ *v.* 取回
　　back（要求回來）

　　pro¦claim ﹝ proˋklem ﹞ *v.*
　　forward（向前要求）　　　宣布

　　ac¦claim ﹝ əˋklem ﹞ *v.* 歡呼
　　to¦

23. **whole** ﹝ hol ﹞ *adj.* 全部的

　　wholesome ﹝ ˋholsəm ﹞
　　　　　　　　　adj. 有益健康的

　　Bitter pills may have
　　wholesome effects.
　　良藥苦口利於病。

24. **pile** ﹝ paɪl ﹞ *n.* 堆　*v.* 堆積

　　com¦pile ﹝ kəmˋpaɪl ﹞ *v.* 編輯
　　together
　　（把所有的文字放在一起）

25. **skirt** ﹝ skɝt ﹞ *n.* 裙子

　　outskirts ﹝ ˋaʊt͵skɝts ﹞ *n. pl.*
　　郊區
　　on the outskirts
　　= in the suburbs　在郊區

26. **imitation** 〔ˌɪmə'teʃən〕 *n.* 模仿
    limitation 〔ˌlɪmə'teʃən〕
    　　　　　　　n. 限制

27. **earl** 〔ɝl〕 *n.* 伯爵
    pearl 〔pɝl〕 *n.* 珍珠
    （伯爵擁有很多珍珠）
    Cast pearls before swine.
    對牛彈琴。
    the pearl of the orient
    東方之珠（香港）

28. **gust** 〔gʌst〕 *n.* 陣風
    disgust 〔dɪs'gʌst〕 *v.* 使厭惡

29. **cost** 〔kɔst〕 *n.* 成本　*v.* 花費
    costume 〔'kɑstjum〕 *n.* 服裝

30. **earn** 〔ɝn〕 *v.* 賺
    earnest 〔'ɝnɪst〕 *adj.* 認真的
    （賺錢要認真）

31. **flour** 〔flaʊr〕 *n.* 麵粉
    flourish 〔'flɝɪʃ〕 *v.* 繁榮
    = prosper

32. **king** 〔kɪŋ〕 *n.* 國王
    kingdom 〔'kɪŋdəm〕 *n.* 王國
    （國王擁有王國）

In the kingdom of the blind, the one-eyed man is king.
山中無老虎，猴子稱大王。

33. **tray** 〔tre〕 *n.* 托盤
    ashtray *n.* 煙灰缸
    betray 〔bɪ'tre〕 *v.* 背叛
    portray *v.* 畫肖像；描繪
    stray *v.* 迷路

34. **form** 〔fɔrm〕 *v.* 形成
    n. 形式
    formula 〔'fɔrmjələ〕
    　　　　　　n. 公式
    formal *adj.* 正式的

35. **grave** 〔grev〕 *n.* 墳墓
    gravel 〔'grævl̩〕 *n.* 砂石
    gravel truck　砂石車

36. **govern** 〔'gʌvɚn〕 *v.* 統治
    = rule
    = control
    government 〔'gʌvɚnmənt〕
    　　　　　　　n. 政府
    governor *n.* 州長

Cycle 5

37. **treat**〔 trit 〕 *v.* 對待

 <u>en</u>:**treat**〔 ɪn'trit 〕 *v.* 懇求
 in:draw（吸引人心）

 = beg

 re:**treat** *v.* 撤退
 back（向後拉）

 = withdraw

 ill-:**treat** *v.* 虐待
 badly: 對待

 = maltreat

38. **tower**〔'taʊə 〕 *n.* 塔

 <u>towel</u>〔'taʊəl 〕 *n.* 毛巾

 ow 的發音

 a) 在字尾讀 /o/

 　但在下列字中，讀 /aʊ/：
 　　　allow
 　　　brow
 　　　cow
 　　　how
 　　　endow
 　　　plow
 　　　now
 　　　vow

 b) 在字中讀 /aʊ/
 　但 bowl 中，ow 讀 /o/。

39. **widow**〔'wɪdo 〕 *n.* 寡婦

 <u>widower</u>〔'wɪdəwə 〕 *n.* 鰥夫

40. **basis**〔'besɪs 〕 *n.* 基礎（抽象）
 　如思想、主義等的基礎

 base *n.* 基礎（具體）
 　如塔、建築物等的基礎

 <u>oasis</u>〔 o'esɪs 〕 *n.* 綠洲
 （沙漠生活的基礎）

41. **tribute**〔'trɪbjut 〕 *n.* 貢物

 <u>con</u>:**tribute**〔 kən'trɪbjut 〕
 　all :（全部都贈與出來） *v.* 貢獻

 <u>dis</u>:**tribute**〔 dɪ'strɪbjut 〕
 　apart（分配給予） *v.* 分配

 <u>at</u>:**tribute**〔 ə'trɪbjut 〕
 　to: *v.* 歸因於

 owe ~ to…
 　⎧ = attribute ~ to…
 　⎨ = refer ~ to…
 　⎩ = ascribe ~ to…
 　⎧ = set down ~ to…
 　⎨ = put down ~ to…
 　把 ~ 歸因於…

42. **fin**〔 fɪn 〕 *n.* 鰭；（魚）翅

 <u>coffin</u>〔'kɔfɪn 〕 *n.* 棺材

Cycle 5

43. **brook**〔bruk〕*n.* 小溪
crook〔kruk〕*n.* 彎曲；騙子

44. **bruise**〔bruz〕*n.* 瘀傷
cruise〔kruz〕*v.* 巡航
cruiser　*n.* 巡洋艦

45. **bury**〔'bɛrɪ〕*v.* 埋葬
fury〔'fjʊrɪ〕*n.* 憤怒

46. **rust**　*v.* 生銹
trust〔trʌst〕*v.* 信任
crust〔krʌst〕*n.* 外殼
thrust　*v.* 擠進

47. **detail**〔'ditel〕*n.* 細節
in detail　詳細地

re¦tail〔'ritel〕*n.* 零售
again
retailer　*n.* 零售商

cur¦tail　*v.* 削減
cut¦

48. **fierce**〔fɪrs〕*adj.* 兇猛的
pierce〔pɪrs〕*v.* 刺穿

49. **lizard**〔'lɪzəd〕*n.* 蜥蜴
wiz¦ard〔'wɪzəd〕*n.* 巫師
wise¦ 人
（巫師養了很多蜥蜴）

50. **passage**〔'pæsɪdʒ〕*n.* 一段
（文章）；通道
massage〔mə'sɑʒ〕*v. n.* 按摩
message　*n.* 訊息

Cycle 5

● 帶學生唸 ●

{ im-　ex-　com- } **pose** { pro-　dis-　re- }

{ impose〔ɪm'poz〕*v.* 強加
expose〔ɪk'spoz〕*v.* 暴露
compose〔kəm'poz〕*v.* 組成 }

{ propose〔prə'poz〕*v.* 提議
dispose〔dɪ'spoz〕*v.* 處置
repose〔rɪ'poz〕*v.* 休息 }

Mark the words you don't know.

☐ compose 組成　　☐ adapt 適應　　　☐ compile 編輯
☐ preview 預習　　☐ fancy 幻想　　　☐ recover 恢復
☐ rover 流浪者　　☐ issue 發行　　　☐ dart 飛鏢
☐ costume 服裝　　☐ position 位置　　☐ strangle 勒死
☐ oasis 綠洲　　　☐ tower 塔　　　　☐ gravel 砂石

☐ exclaim 呼喊　　☐ basis 基礎　　　☐ tribute 貢物
☐ cashier 出納員　☐ earl 伯爵　　　☐ brook 小溪
☐ betray 背叛　　　☐ fierce 兇猛的　☐ crust 外殼
☐ widow 寡婦　　　☐ attribute 歸因於　☐ passage 一段 (文章)
☐ disgust 使厭惡　☐ fury 憤怒　　　☐ swear 發誓

☐ limitation 限制　☐ detail 細節　　☐ fan （影、歌、球）
☐ flourish 繁榮　　☐ lizard 蜥蜴　　　　迷；風扇
☐ wholesome 有益　☐ repose 休息　　☐ review 複習
　　　健康的　　　☐ tissue 面紙　　☐ kingdom 王國
☐ wizard 巫師　　☐ adept 精通的　☐ effect 影響

☐ contribute 貢獻　☐ strand 使擱淺　☐ detergent 清潔劑
☐ retail 零售　　　☐ widower 鰥夫　☐ gust 陣風
☐ coffin 棺材　　　☐ earnest 認真的　☐ ranch 大農場
☐ bruise 瘀傷　　　☐ formula 公式　☐ infect 傳染
☐ expose 暴露　　　☐ outskirts 郊區　☐ proclaim 宣布
☐ compete 競爭　　☐ pearl 珍珠　　☐ impose 強加

Answers to Cycle 5 Exercise

1. B　　2. B　　3. C　　4. C　　5. D　　6. A　　7. B　　8. D
9. D　　10. D　　11. B　　12. D　　13. D　　14. B　　15. A

Answers to Look and write

1. pearl　　　2. kingdom　　3. disgust　　4. detergent
5. earnest　　6. swear　　　7. costume　　8. oasis
9. lizard　　　10. pierce

Cycle 5

Cycle 6

1. **piece** 〔 pis 〕 *n.* 片；張

   ＿＿＿＿＿＿＿ 〔 nis 〕 *n.* 姪女

2. **packet** 〔'pækɪt 〕 *n.* 小包

   ＿＿＿＿＿＿＿＿＿

   　　　　　〔'rækɪt 〕 *n.* 球拍

3. **rub** 〔 rʌb 〕 *v.* 摩擦

   ＿＿＿＿＿＿＿＿＿

   　　　　　〔'rʌbɪʃ 〕 *n.* 垃圾

4. **goose** 〔 gus 〕 *n.* 鵝

   ＿＿＿＿＿＿＿＿＿

   　　　　　〔 lus 〕 *adj.* 鬆的

5. **assert** 〔 ə'sɝt 〕 *v.* 主張；
   聲稱

   ＿＿＿＿＿＿＿＿＿

   　　　　　〔 ə'sort 〕 *v.* 分類

6. **battle** 〔'bætḷ 〕 *n.* 戰役

   ＿＿＿＿＿＿＿＿＿

   　　　　　〔'batḷ 〕 *n.* 瓶子

7. **complement**
   〔'kɑmpləmənt 〕 *n.* 補充

   ＿＿＿＿＿＿＿＿＿

   　　　　　〔'kɑmpləmənt 〕 *n.* 稱讚

8. **flag** 〔 flæg 〕 *n.* 旗子

   ＿＿＿＿＿＿＿ 〔 flɑg 〕 *v.* 鞭打

9. **fly** 〔 flaɪ 〕 *v.* 飛

   ＿＿＿＿＿＿＿＿＿

   　　　　　〔 fraɪ 〕 *v.* 油炸

10. **awful** 〔'ɔfḷ 〕 *adj.* 可怕的

    ＿＿＿＿＿＿＿＿＿

    　　　　　〔'lɔfəl 〕 *adj.* 合法的

11. **golf** 〔 gɑlf 〕 *n.* 高爾夫球

    ＿＿＿＿＿＿＿＿＿

    　　　　　〔 gʌlf 〕 *n.* 海灣

12. **needle** 〔'nidḷ 〕 *n.* 針

    ＿＿＿＿＿＿＿＿＿

    　　　　　〔'nudḷ 〕 *n.* 麵

Cycle 6

13. **quiet** 〔'kwaɪət〕 *adj.* 安靜的
_____
〔 kwaɪt 〕 *adv.* 相當

14. **robber** 〔'rɑbɚ〕 *n.* 強盜
_____ 〔'rʌbɚ〕 *n.* 橡膠

15. **steal** 〔 stil 〕 *v.* 偷
_____ 〔 stil 〕 *n.* 鋼

16. **wander** 〔'wɑndɚ〕 *v.* 徘徊
_____
〔'wʌndɚ〕 *n.* 驚奇

17. **warship** 〔'wɔr,ʃɪp〕 *n.* 戰艦
_____ 〔'wɝʃəp〕 *n.* 崇拜

18. **loyal** 〔'lɔɪəl〕 *adj.* 忠心的
_____
〔'rɔɪəl〕 *adj.* 皇家的

19. **jump** 〔 dʒʌmp 〕 *v.* 跳
_____ 〔 dʌmp 〕 *v.* 傾倒

20. **action** 〔'ækʃən〕 *n.* 行動
_____
〔'ɔkʃən〕 *n.* 拍賣

21. **age** 〔 edʒ 〕 *n.* 年紀
_____
〔 kedʒ 〕 *n.* 籠子

22. **bit** 〔 bɪt 〕 *n.* 一點
_____ 〔 bɪtʃ 〕 *n.* 母狗

23. **hat** 〔 hæt 〕 *n.* 帽子
_____ 〔 hætʃ 〕 *v.* 孵化

24. **hell** 〔 hɛl 〕 *n.* 地獄
_____ 〔 həˈlo 〕 *int.* 哈囉

25. **cony** 〔'kʌnɪ〕 *n.* 家兔
_____
〔'bælkənɪ〕 *n.* 陽台

26. **oak** 〔 ok 〕 *n.* 橡樹
_____ 〔 sok 〕 *v.* 浸泡

27. **boar** 〔 bor 〕 *n.* 公豬
_____
〔 bord 〕 *n.* 木板

28. **rank** 〔 ræŋk 〕 *n.* 階級
_____
〔 præŋk 〕 *n.* 惡作劇

Cycle 6

29. **pray**〔pre〕*v.* 祈禱

　　　　　　　〔spre〕*v.* 噴灑

30. **vow**〔vaʊ〕*v.* 發誓

　　　　　　　〔ˈvaʊəl〕*n.* 母音

31. **Jew**〔dʒu〕*n.* 猶太人

　　　　　　　〔ˈdʒuəl〕*n.* 珠寶

32. **barren**〔ˈbærən〕*adj.* 貧瘠的

　　　　　　　〔ˈbærəl〕*n.* 一桶

33. **bar**〔bɑr〕*n.* 酒吧

　　　　　　　〔bɛr〕*adj.* 赤裸的

　　　　　　　〔bɑrn〕*n.* 穀倉

34. **bill**〔bɪl〕*n.* 帳單；紙鈔

　　　　　　　〔ˈbɪlɪt〕*n.* 工作

35. **cabin**〔ˈkæbɪn〕*n.* 小木屋

　　　　　　　〔ˈkæbənɪt〕*n.* 櫥櫃

36. **train**〔tren〕*n.* 火車

　　　　　　　〔stren〕*v.* 拉緊

　　　　　　　〔rɪˈstren〕*v.* 克制

37. **go**〔go〕*v.* 去

　　　　　　　〔gol〕*n.* 目標

38. **sad**〔sæd〕*adj.* 傷心的

　　　　　　　〔ˈsædl̩〕*n.* 馬鞍

39. **secret**〔ˈsikrɪt〕*n.* 祕密

　　　　　　　〔ˈsɛkrəˌtɛrɪ〕*n.* 秘書

40. **assess**〔əˈsɛs〕*v.* 評估

　　　　　　　〔əbˈsɛs〕*v.* 使困擾

　　　　　　　〔pəˈzɛs〕*v.* 擁有

41. **ear** 〔 ɪr 〕 *n.* 耳朵

_____ 〔 pɛr 〕 *n.* 梨子

42. **buck** 〔 bʌk 〕 *n.* 美元

_____

〔 'bʌkḷ 〕 *v.* 用扣環扣住

43. **cast** 〔 kæst 〕 *v.* 投擲

_____

〔 'kæsḷ 〕 *n.* 城堡

44. **rid** 〔 rɪd 〕 *v.* 除去

_____

〔 'rɪdḷ 〕 *n.* 謎語

45. **came** 〔 kem 〕 *v.* 來（過去式）

_____

〔 'kæmərə 〕 *n.* 照相機

46. **pea** 〔 pi 〕 *n.* 豌豆

_____

〔 pik 〕 *n.* 山頂

47. **sold** 〔 sold 〕 *v.* 賣（過去式）

_____

〔 'salɪd 〕 *adj.* 固體的

48. **grow** 〔 gro 〕 *v.* 成長

_____

〔 graʊl 〕 *v.* 咆哮

49. **mode** 〔 mod 〕 *n.* 模式

_____

〔 'madḷ 〕 *n.* 模型

50. **press** 〔 prɛs 〕 *v.* 壓

_____

〔 ə'prɛs 〕 *v.* 壓迫

_____

〔 sə'prɛs 〕 *v.* 壓抑

_____

〔 ɪm'prɛs 〕 *v.* 使印象深刻

〔 ɪk'sprɛs 〕 *v.* 表達

_____

〔 kəm'prɛs 〕 *v.* 壓縮

_____

〔 dɪ'prɛs 〕 *v.* 使沮喪

_____

〔 rɪ'prɛs 〕 *v.* 鎮壓

Read at least 5 times a day*!*

1. 片；張 _____
   姪女 _____

2. 小包 _____
   球拍 _____

3. 摩擦 _____
   垃圾 _____

4. 鵝 _____
   鬆的 _____

5. 主張；聲稱 _____
   分類 _____

6. 戰役 _____
   瓶子 _____

7. 補充 _____
   稱讚 _____

8. 旗子 _____
   鞭打 _____

9. 飛 _____
   油炸 _____

10. 可怕的 _____
    合法的 _____

11. 高爾夫球 _____
    海灣 _____

12. 針 _____
    麵 _____

13. 安靜的 _____
    相當 _____

14. 強盜 _____
    橡膠 _____

15. 偷 _____
    鋼 _____

16. 徘徊 _____
    驚奇 _____

17. 戰艦 _____
    崇拜 _____

18. 忠心的 _____
    皇家的 _____

19. 跳 _____
    傾倒 _____

20. 行動 _____
    拍賣 _____

21. 年紀 _____
    籠子 _____

22. 一點 _____
    母狗 _____

23. 帽子 _____
    孵化 _____

24. 地獄 _____
    哈囉 _____

25. 家兔 _____
    陽台 _____

26. 橡樹 _____
    浸泡 _____

27. 公豬 _____
    木板 _____

Cycle 6

28. 階級 _____
　　惡作劇 _____

29. 祈禱 _____
　　噴灑 _____

30. 發誓 _____
　　母音 _____

31. 猶太人 _____
　　珠寶 _____

32. 貧瘠的 _____
　　一桶 _____

33. 酒吧 _____
　　赤裸的 _____
　　穀倉 _____

34. 帳單；紙鈔 _____
　　工作 _____

35. 小木屋 _____
　　櫥櫃 _____

36. 火車 _____
　　拉緊 _____
　　克制 _____

37. 去 _____
　　目標 _____

38. 傷心的 _____
　　馬鞍 _____

39. 祕密 _____
　　秘書 _____

40. 評估 _____
　　使困擾 _____
　　擁有 _____

41. 耳朵 _____
　　梨子 _____

42. 美元 _____
　　用扣環扣住 ____

43. 投擲 _____
　　城堡 _____

44. 除去 _____
　　謎語 _____

45. 來（過去式）_____
　　照相機 _____

46. 豌豆 _____
　　山頂 _____

47. 賣（過去式）_____
　　固體的 _____

48. 成長 _____
　　咆哮 _____

49. 模式 _____
　　模型 _____

50. 壓 _____
　　壓迫 _____
　　壓抑 _____
　　使印象深刻 ____
　　表達 _____
　　壓縮 _____
　　使沮喪 _____
　　鎮壓

Cycle 6

Mark the words you don't know.

☐ compress _____ ☐ board _____ ☐ riddle _____

☐ solid _____ ☐ model _____ ☐ soak _____

☐ spray _____ ☐ castle _____ ☐ camera _____

☐ barren _____ ☐ assess _____ ☐ loyal _____

☐ balcony _____ ☐ billet _____ ☐ flog _____

☐ growl _____ ☐ cony _____ ☐ assort _____

☐ cabinet _____ ☐ suppress _____ ☐ action _____

☐ hatch _____ ☐ saddle _____ ☐ battle _____

☐ assert _____ ☐ jump _____ ☐ obsess _____

☐ complement __ ☐ awful _____ ☐ depress _____

☐ auction _____ ☐ compliment __ ☐ buck _____

☐ robber _____ ☐ goose _____ ☐ pea _____

☐ niece _____ ☐ gulf _____ ☐ bare _____

☐ needle _____ ☐ racket _____ ☐ goal _____

☐ royal _____ ☐ worship _____ ☐ mode _____

☐ wander _____ ☐ possess _____ ☐ oppress _____

☐ repress _____ ☐ peak _____ ☐ rid _____

☐ buckle _____ ☐ prank _____ ☐ wonder _____

☐ jewel _____ ☐ express _____ ☐ rubber _____

☐ vow _____ ☐ oak _____ ☐ noodle _____

Required Synonyms 6

1. **wander** 〔'wɑndɚ〕 v. 徘徊
   = ramble 〔'ræmbḷ〕
   = roam 〔rom〕
   = rove 〔rov〕
   = stray 〔stre〕

2. **quiet** 〔'kwaɪət〕 adj. 安靜的
   = silent 〔'saɪlənt〕
   = still 〔stɪl〕
   = hushed 〔hʌʃt〕
   = peaceful 〔'pisfəl〕
   = calm 〔kɑm〕
   = serene 〔sə'rin〕
   = tranquil 〔'træŋkwɪl〕

3. **possess** 〔pə'zɛs〕 v. 擁有
   = own 〔on〕
   = have 〔hæv〕
   = hold 〔hold〕
   = occupy 〔'ɑkjə,paɪ〕
   = control 〔kən'trol〕
   = maintain 〔men'ten〕

4. **depress** 〔dɪ'prɛs〕 v. 使沮喪
   = sadden 〔'sædn̩〕
   = deject 〔dɪ'dʒɛkt〕
   = discourage 〔dɪs'kɝɪdʒ〕
   = dishearten 〔dɪs'hɑrtn̩〕

5. **awful** 〔'ɔfḷ〕 adj. 可怕的
   = terrible 〔'tɛrəbḷ〕
   = horrible 〔'hɑrəbḷ〕
   = dreadful 〔'drɛdfəl〕
   = wicked 〔'wɪkɪd〕
   = wretched 〔'rɛtʃɪd〕

6. **restrain** 〔rɪ'stren〕 v. 克制
   = confine 〔kən'faɪn〕
   = control 〔kən'trol〕
   = check 〔tʃɛk〕
   = arrest 〔ə'rɛst〕
   = smother 〔'smʌðɚ〕
   = suppress 〔sə'prɛs〕
   = inhibit 〔ɪn'hɪbɪt〕
   = restrict 〔rɪ'strɪkt〕

7. **assert** 〔ə'sɝt〕 v. 主張；聲稱
   = declare 〔dɪ'klɛr〕
   = state 〔stet〕
   = affirm 〔ə'fɝm〕
   = pronounce 〔prə'naʊns〕

8. **loose** 〔lus〕 adj. 鬆的
   = drooping 〔'drupɪŋ〕
   = slack 〔slæk〕
   = unfastened 〔ʌn'fæsn̩d〕
   = untied 〔ʌn'taɪd〕

Cycle 6 EXERCISE

1. Ben tried to _____ his love for Jane; however, she is already in love with someone else.
   - (A) assert
   - (B) cease
   - (C) fierce
   - (D) assort

2. It is polite to exchange _____ with your opponent after a game.
   - (A) vowels
   - (B) flogs
   - (C) complements
   - (D) compliments

3. Rotten eggs smell _____.
   - (A) awful
   - (B) loose
   - (C) lawful
   - (D) perfect

4. _____ is a very strong material; therefore, it is often used for construction work.
   - (A) Steal
   - (B) Needle
   - (C) Rubber
   - (D) Steel

5. The man from the village was filled with _____ when he arrived in the city for the first time.
   - (A) warship
   - (B) wonder
   - (C) wander
   - (D) model

6. Ben is a _____ friend of mine; I can trust him with all of my secrets.
   - (A) loyal
   - (B) royal
   - (C) buckle
   - (D) pleasant

7. The young man tried to _____ his first date.
   - (A) suppress
   - (B) compress
   - (C) impress
   - (D) oppress

8. Although she tried very hard, she never attained her _____.
   (A) goal   (B) oak
   (C) pose   (D) soak

9. A _____ is something you don't tell to another person.
   (A) riddle   (B) vowel
   (C) saddle   (D) secret

10. She was so _____ with the coming exam that she would sometimes stay up all night preparing for it.
    (A) obsessed   (B) assessed
    (C) compressed   (D) quiet

11. She takes pictures with her _____.
    (A) billet   (B) bullet
    (C) pocket   (D) camera

12. Water is a liquid at room temperature; but it turns into a _____ at zero degree Celsius.
    (A) solid   (B) fury
    (C) cabin   (D) jewel

13. South African blacks have been _____ for centuries by their white rulers.
    (A) soaked   (B) hatched
    (C) oppressed   (D) cast

14. Don't _____ the wire too much, lest it should break.
    (A) restrain   (B) growl
    (C) rid   (D) strain

15. It really _____ me to see how much food we waste every day.
    (A) wanders   (B) depresses
    (C) dumps   (D) assesses

Cycle 6 詳解

1. **piece** 〔 pis 〕 *n.* 片；張
   niece 〔 nis 〕 *n.* 姪女

2. **packet** 〔'pækɪt 〕 *n.* 小包
   racket 〔'rækɪt 〕 *n.* 球拍
   pocket *n.* 口袋
   rocket *n.* 火箭

3. **rub** 〔 rʌb 〕 *v.* 摩擦
   rubbish 〔'rʌbɪʃ 〕 *n.* 垃圾
   = litter = trash
   = waste = garbage

4. **goose** 〔 gus 〕 *n.* 鵝
   （複數形為 geese ）
   goose liver 鵝肝
   loose 〔 lus 〕 *adj.* 鬆的
   lose *v.* 失去（失去一個 o ）

5. **assert** 〔 ə'sɝt 〕 *v.* 主張；
   聲稱；斷言
   assort 〔 ə'sɔrt 〕 *v.* 分類
   sort *n.* 種類

6. bat *n.* 蝙蝠　*v.* 打擊
   battle 〔'bætl̩ 〕 *n.* 戰役
   bottle 〔'batl̩ 〕 *n.* 瓶子

7. **complement** 〔'kɑmpləmənt 〕
   　　　　　　　　n. 補充
   compliment 〔'kɑmpləmənt 〕
   　　　　　　　　n. 稱讚
   = praise

8. lag *v. n.* 落後
   flag 〔 flæg 〕 *n.* 旗子
   log *n.* 圓木
   flog 〔 flɑg 〕 *v.* 鞭打

9. **fly** 〔 flaɪ 〕 *v.* 飛　*n.* 蒼蠅
   fry 〔 fraɪ 〕 *v.* 油炸
   French fries 薯條

10. **awful** 〔'ɔfl̩ 〕 *adj.* 可怕的
    lawful 〔'lɔfəl 〕 *adj.* 合法的
    unlawful *adj.* 非法的

11. **golf** 〔 gɑlf 〕 *n.* 高爾夫球
gulf 〔 gʌlf 〕 *n.* 海灣
（ 高爾夫球是圓的，以字母 o
來記 ）

12. **needle** 〔'nidḷ 〕 *n.* 針
noodle 〔'nudḷ 〕 *n.* 麵
instant noodles 速食麵

13. **quiet** 〔'kwaɪət 〕 *adj.* 安靜的
quite 〔 kwaɪt 〕 *adv.* 相當

14. rob *v.* 搶劫
robber 〔'rabɚ 〕 *n.* 強盜
rub *v.* 磨擦
rubber 〔'rʌbɚ 〕 *n.* 橡膠

15. **steal** 〔 stil 〕 *v.* 偷
steel 〔 stil 〕 *n.* 鋼
stainless steel 不銹鋼

16. **wander** 〔'wandɚ 〕 *v.* 徘徊
walk
won *v.* 贏（ 過去式 ）
wonder 〔'wʌndɚ 〕 *n.* 驚奇
no wonder 難怪
wonderful *adj.* 很棒的

17. **warship** 〔'wɔrˌʃɪp 〕 *n.* 戰艦
戰 船
worship 〔'wɝʃəp 〕 *n.* 崇拜

18. **loyal** 〔'lɔɪəl 〕 *adj.* 忠心的
royal 〔'rɔɪəl 〕 *adj.* 皇家的
（ 皇家的人都很忠心 ）
There is no royal road to
learning. 學問無捷徑。

19. **jump** 〔 dʒʌmp 〕 *v.* 跳
dump 〔 dʌmp 〕 *v.* 傾倒（ 垃圾 ）
No dumping.
《告示》禁止傾倒垃圾。

20. **action** 〔'ækʃən 〕 *n.* 行動
auction 〔'ɔkʃən 〕 *n.* 拍賣
（ 一有拍賣，大家就會採取行動 ）

21. **age** 〔 edʒ 〕 *n.* 年紀
cage 〔 kedʒ 〕 *n.* 籠子
page *n.* 頁
rage *n.* 憤怒
sage *n.* 聖賢

22. **bit** 〔 bɪt 〕 *n.* 一點
bitch 〔 bɪtʃ 〕 *n.* 母狗

23. **hat** 〔 hæt 〕 *n.* 帽子

hatch 〔 hætʃ 〕 *v.* 孵化

Don't count your chickens
before they are hatched.
不要打如意算盤。
You count your chickens
again!
你又在打如意算盤了！

24. **hell** 〔 hɛl 〕 *n.* 地獄

hello 〔 həˊlo 〕 *int.* 哈囉

25. **cony** 〔 ˊkʌnɪ 〕 *n.* 家兔

balcony 〔 ˊbælkənɪ 〕 *n.* 陽台
（家兔養在陽台上）

26. **oak** 〔 ok 〕 *n.* 橡樹

soak 〔 sok 〕 *v.* 浸泡

cloak *n.* 斗篷

27. **boar** 〔 bor 〕 *n.* 公豬

board 〔 bord 〕 *n.* 木板

bulletin board 佈告欄
公牛　　　　公豬

28. **rank** 〔 ræŋk 〕 *n.* 階級

prank 〔 præŋk 〕 *n.* 惡作劇
= practical joke

frank *adj.* 坦白的

29. ray *n.* 光線

pray 〔 pre 〕 *v.* 祈禱

spray 〔 spre 〕 *v.* 噴灑　*n.* 噴霧
器；水花

30. **vow** 〔 vau 〕 *v.* 發誓
= swear

vowel 〔 ˊvauəl 〕 *n.* 母音

consonant *n.* 子音

31. **Jew** 〔 dʒu 〕 *n.* 猶太人

jewel 〔 ˊdʒuəl 〕 *n.* 珠寶

jewelry *n.* 珠寶（集合名詞）
（猶太人很有錢，擁有很多珠寶）

32. **barren** 〔 ˊbærən 〕 *adj.* 貧瘠的；
不毛的

barren land 不毛之地

barrel 〔 ˊbærəl 〕 *n.* 一桶

33. **bar** 〔 bɑr 〕 *n.* 酒吧；棒子

bare 〔 bɛr 〕 *adj.* 赤裸的

barehanded *adj.*, *adv.*
空手的（地）

barefooted *adj.*, *adv.*
赤腳的（地）

barn 〔 bɑrn 〕 *n.* 穀倉

34. **bill**〔bɪl〕*n.* 帳單;紙鈔
    Bill, please. 買單。

    billet〔'bɪlɪt〕*n.* 工作
    Every bullet has its billet.
    生死有命,富貴在天。

    billion *n.* 十億

35. cab *n.* 計程車
    cabin〔'kæbɪn〕*n.* 小木屋
    log cabin 小木屋

    cabinet〔'kæbənɪt〕*n.* 櫥櫃

    cable *n.* 電纜

36. **train**〔tren〕*n.* 火車
    v. 訓練

    strain〔stren〕*v.* 拉緊
    (火車每一節車廂都要拉緊)

    re¦strain〔rɪ'stren〕*v.* 克制
    again (再次拉緊)

    con¦strain *v.* 強迫
     all ¦(全部拉緊)

37. **go**〔go〕*v.* 去
    goal〔gol〕*n.* 目標
    goat *n.* 山羊
    gold *n.* 黃金

38. **sad**〔sæd〕*adj.* 傷心的
    saddle〔'sædḷ〕*n.* 馬鞍
    saddle horse 供騎用之馬

39. **secret**〔'sikrɪt〕*n.* 祕密
    secret¦ary〔'sɛkrə,tɛrɪ〕*n.* 秘書
             ¦ 人
    (秘書是幫老板保守祕密的人)

40. **as¦sess**〔ə'sɛs〕*v.* 評估
    to¦ sit (雙方坐下來評估)

    ob¦sess〔əb'sɛs〕*v.* 使困擾
    eye¦ sit
    (坐下來旁邊有人看,覺得很困擾)

    pos¦sess〔pə'zɛs〕*v.* 擁有
    forward sit
    (坐下來,眼前看見的,全都擁有)

    possession *n.* 擁有;(*pl.*)所
    有物;財產

41. **ear**〔ɪr〕*n.* 耳朵
    pear〔pɛr〕*n.* 梨子
    peer〔pɪr〕*n.* 同儕 *v.* 凝視

42. **buck**〔bʌk〕*n.* 美元《俚》
    buckle〔'bʌkḷ〕*v.* 用扣環扣住
    n. 扣環
    bucket *n.* 水桶

43. **cast**〔kæst〕*v.* 投擲
    castle〔'kæsḷ〕*n.* 城堡
    caster *n.* 投擲者

44. **rid**〔rɪd〕*v.* 除去
    get rid of 除去;擺脫
    riddle〔'rɪdḷ〕*n.* 謎語

Cycle 6

45. **came** 〔 kem 〕 *v.* 來 (過去式)

   <u>**camera**</u> 〔'kæmərə 〕 *n.* 照相機

   camel *n.* 駱駝

46. **pea** 〔 pi 〕 *n.* 豌豆

   <u>**peak**</u> 〔 pik 〕 *n.* 山頂；最高峰

   peanut *n.* 花生

   peacock *n.* 雄孔雀

   peahen *n.* 雌孔雀

47. **sold** 〔 sold 〕 *v.* 賣 (過去式)

   <u>**solid**</u> 〔'salɪd 〕 *adj.* 固體的；
堅固的　*n.* 固體

48. **grow** 〔 gro 〕 *v.* 成長

   <u>**growl**</u> 〔 graʊl 〕 *v.* 咆哮

49. **mode** 〔 mod 〕 *n.* 模式

   <u>**model**</u> 〔'madḷ 〕 *n.* 模型；
模特兒

   modern *adj.* 現代的

   modest *adj.* 謙虛的

50. **press** 〔 prɛs 〕 *v.* 壓

   pressure *n.* 壓力

   <u>**op**</u>|**press** 〔 ə'prɛs 〕 *v.* 壓迫
against (對～施加壓力)

   <u>**sup**</u>|**press** 〔 sə'prɛs 〕 *v.* 壓抑
under (壓往下方)

   <u>**im**</u>|**press** 〔 ɪm'prɛs 〕
on| *v.* 使印象深刻
(壓於心上)

   impression *n.* 印象

   <u>**ex**</u>|**press** 〔 ɪk'sprɛs 〕 *v.* 表達
out (壓擠出來)

   <u>**com**</u>|**press** 〔 kəm'prɛs 〕
all|(壓在一起)　　*v.* 壓縮

   <u>**de**</u>|**press** 〔 dɪ'prɛs 〕 *v.* 使沮喪
down (壓往下方)

   depression *n.* 沮喪；不景氣

   <u>**re**</u>|**press** 〔 rɪ'prɛs 〕 *v.* 鎮壓
back (壓迫回去)

Cycle 6

Mark the words you don't know.

- [ ] compress 壓縮
- [ ] solid 固體的
- [ ] spray 噴灑
- [ ] barren 貧瘠的
- [ ] balcony 陽台

- [ ] board 木板
- [ ] model 模型
- [ ] castle 城堡
- [ ] assess 評估
- [ ] billet 工作

- [ ] riddle 謎語
- [ ] soak 浸泡
- [ ] camera 照相機
- [ ] loyal 忠心的
- [ ] flog 鞭打

- [ ] growl 咆哮
- [ ] cabinet 櫥櫃
- [ ] hatch 孵化
- [ ] assert 主張；聲稱
- [ ] complement 補充

- [ ] cony 家兔
- [ ] suppress 壓抑
- [ ] saddle 馬鞍
- [ ] jump 跳
- [ ] awful 可怕的

- [ ] assort 分類
- [ ] action 行動
- [ ] battle 戰役
- [ ] obsess 使困擾
- [ ] depress 使沮喪

- [ ] auction 拍賣
- [ ] robber 強盜
- [ ] niece 姪女
- [ ] needle 針
- [ ] royal 皇家的

- [ ] compliment 稱讚
- [ ] goose 鵝
- [ ] gulf 海灣
- [ ] racket 球拍
- [ ] worship 崇拜

- [ ] buck 美元
- [ ] pea 豌豆
- [ ] bare 赤裸的
- [ ] goal 目標
- [ ] mode 模式

- [ ] wander 徘徊
- [ ] repress 鎮壓
- [ ] buckle 用扣環扣上
- [ ] jewel 珠寶
- [ ] vow 發誓

- [ ] possess 擁有
- [ ] peak 山頂
- [ ] prank 惡作劇
- [ ] express 表達
- [ ] oak 橡樹

- [ ] oppress 壓迫
- [ ] rid 除去
- [ ] wonder 驚奇
- [ ] rubber 橡膠
- [ ] noodle 麵

Cycle 6

Answers to Cycle 6 Exercise

1. A   2. D   3. A   4. D   5. B   6. A   7. C   8. A

9. D   10. A   11. D   12. A   13. C   14. D   15. B

Cycle 7

1. **aid**〔ed〕*v.* 幫助

　　　　〔med〕*n.* 女傭

2. **light**〔laɪt〕*n.* 光線

　　　　〔plaɪt〕*n.* 苦境

3. **road**〔rod〕*n.* 道路

　　　　〔brɔd〕*adj.* 寬的

4. **low**〔lo〕*adj.* 低的

　　　　　〔flo〕*v.* 流

5. **vent**〔vɛnt〕*n.* 通風口

　　　　〔ɪn'vɛnt〕*v.* 發明

6. **coop**〔kup〕*n.* 籠子

　　　　〔skup〕*v.* 舀取；挖起

7. **mess**〔mɛs〕*n.* 亂七八糟

　　　　〔'mɛsɪdʒ〕*n.* 訊息

8. **witch**〔wɪtʃ〕*n.* 女巫

　　　　〔swɪtʃ〕*v.* 轉變

9. **voice**〔vɔɪs〕*n.* 聲音

　　　　〔'ɪnvɔɪs〕*n.* 發票

10. **bark**〔bark〕*v.* 吠叫

　　　　〔ɪm'bark〕*v.* 搭乘

11. **park**〔park〕*n.* 公園

　　　　〔spark〕*n.* 火花

12. **May**〔me〕*n.* 五月

　　　　〔dɪs'me〕*v.* 使驚慌

13. **wing** 〔 wɪŋ 〕 *n.* 翅膀

_____ 〔 swɪŋ 〕 *n.* 鞦韆

14. **tire** 〔 taɪr 〕 *n.* 輪胎

_____

〔 ɪn'taɪr 〕 *adj.* 全部的

= whole 〔 hol 〕

= total 〔'totl 〕

= complete 〔 kəm'plit 〕

15. **doll** 〔 dɑl 〕 *n.* 洋娃娃

_____ 〔'dɑlɚ 〕 *n.* 元

16. **tool** 〔 tul 〕 *n.* 工具

_____ 〔 stul 〕 *n.* 凳子

17. **horn** 〔 hɔrn 〕 *n.* 喇叭

_____ 〔 θɔrn 〕 *n.* 刺

18. **wine** 〔 waɪn 〕 *n.* 酒；
葡萄酒

_____

〔 swaɪn 〕 *n.* 豬

= hogs 〔 hɑgz 〕

= pigs 〔 pɪgz 〕

19. **sweat** 〔 swɛt 〕 *v.* 流汗

_____ 〔'swɛtɚ 〕 *n.* 毛衣

20. **arrow** 〔'æro 〕 *n.* 箭

_____

〔'næro 〕 *adj.* 窄的

_____

〔'spæro 〕 *n.* 麻雀

21. **right** 〔 raɪt 〕 *adj.* 對的

_____

〔 braɪt 〕 *adj.* 明亮的

_____ 〔 fraɪt 〕 *n.* 驚嚇

22. **monkey** 〔'mʌŋkɪ 〕 *n.* 猴子

_____

〔'dɑŋkɪ 〕 *n.* 驢子

23. **gather** 〔'gæðɚ 〕 *v.* 收集

_____

〔'læðɚ 〕 *n.* 肥皂泡沫

24. **card** 〔 kɑrd 〕 *n.* 卡片

_____

〔 dɪs'kɑrd 〕 *v.* 丟棄

25. **rust** 〔 rʌst 〕 *v.* 生鏽

_____ 〔 trʌst 〕 *v.* 信任

_____

〔 ɪn'trʌst 〕 *v.* 委託

26. **prove** 〔 pruv 〕 *v.* 證明

_____ 〔 rɪ'pruv 〕 *v.* 責罵

27. **habit** 〔'hæbɪt 〕 *n.* 習慣

_____ 〔 ɪn'hæbɪt 〕 *v.* 居住

_____ 〔 ko'hæbɪt 〕 *v.* 同居

28. **round** 〔 raʊnd 〕 *adj.* 圓的

_____ 〔 graʊnd 〕 *n.* 地面

_____ 〔 sə'raʊnd 〕 *v.* 環繞

29. **straw** 〔 strɔ 〕 *n.* 稻草

_____ 〔'strɔˌbɛrɪ 〕 *n.* 草莓

30. **nurse** 〔 nɝs 〕 *n.* 護士

_____ 〔 pɝs 〕 *n.* 錢包
_____ 〔 kɝs 〕 *v.* 詛咒

31. **pound** 〔 paʊnd 〕 *n.* 磅

_____ 〔'kɑmpaʊnd 〕 *n.* 化合物

32. **found** 〔 faʊnd 〕 *v.* 建立

_____ 〔 prə'faʊnd 〕 *adj.* 深奧的

33. **plain** 〔 plen 〕 *adj.* 平凡的

_____ 〔 kəm'plen 〕 *v.* 抱怨

34. **reach** 〔 ritʃ 〕 *v.* 到達
_____ 〔 pritʃ 〕 *v.* 說教

35. **pet** 〔 pɛt 〕 *n.* 寵物

_____ 〔'kɑrpɪt 〕 *n.* 地毯
_____ 〔'pʌpɪt 〕 *n.* 木偶

36. **itch** 〔 ɪtʃ 〕 *v.* 發癢
_____ 〔 dɪtʃ 〕 *n.* 水溝

37. **finger** 〔'fɪŋɚ 〕 *n.* 手指
_____ 〔'lɪŋɚ 〕 *v.* 逗留

38. **rape** 〔 rep 〕 *v.* 強暴
_____ 〔 grep 〕 *n.* 葡萄

39. **sure** 〔 ʃʊr 〕 *adj.* 確定的

_____ 〔'sɛnʃɚ 〕 *v.* 譴責

40. **form**〔fɔrm〕v. 形成

_____

〔ɪn'fɔrm〕v. 通知

_____〔pɚ'fɔrm〕v. 表演

_____〔rɪ'fɔrm〕v. 改革

_____

〔dɪ'fɔrm〕v. 使殘廢

_____

〔'junə,fɔrm〕n. 制服

41. **factory**〔'fæktərɪ〕n. 工廠

_____

〔,sætɪs'fæktərɪ〕adj. 令人滿意的

42. **rope**〔rop〕n. 繩子

_____〔'jurəp〕n. 歐洲

43. **serve**〔sɝv〕v. 服務

_____〔kən'sɝv〕v. 節省

_____〔səb'sɝv〕v. 有助於

_____〔dɪs'sɝv〕v. 虐待

_____

〔əb'zɝv〕v. 觀察；遵守

_____

〔dɪ'zɝv〕v. 應得（賞罰）

_____〔prɪ'zɝv〕v. 保存

_____〔rɪ'zɝv〕v. 預訂

44. **vice**〔vaɪs〕n. 邪惡

_____

〔əd'vaɪs〕n. 忠告

_____

〔dɪ'vaɪs〕n. 裝置

45. **weather**〔'wɛðɚ〕n. 天氣

_____〔'fɛðɚ〕n. 羽毛

_____〔'lɛðɚ〕n. 皮革

46. **button**〔'bʌtn̩〕n. 鈕扣

_____

〔'mʌtn̩〕n. 羊肉

47. **simple**〔'sɪmpl̩〕adj. 簡單的

_____〔'dɪmpl̩〕n. 酒窩

48. **rat**〔ræt〕n. 老鼠

_____

〔'rætlɚ〕n. 響尾蛇

49. **mountain**〔'maʊntn̩〕n. 山

_____

〔'faʊntn̩〕n. 噴水池

50. **test**〔tɛst〕n. 測驗

_____

〔prə'tɛst〕v. 抗議

Read at least 5 times a day*!*

1. 幫助 _____
   女傭 _____

2. 光線 _____
   苦境 _____

3. 道路 _____
   寬的 _____

4. 低的 _____
   流 _____

5. 通風口 _____
   發明 _____

6. 籠子 _____
   舀取；挖起 ____

7. 亂七八糟 _____
   訊息 _____

8. 女巫 _____
   轉變 _____

9. 聲音 _____
   發票 _____

10. 吠叫 _____
    搭乘 _____

11. 公園 _____
    火花 _____

12. 五月 _____
    使驚慌 _____

13. 翅膀 _____
    鞦韆 _____

14. 輪胎 _____
    全部的 _____

15. 洋娃娃 _____
    元 _____

16. 工具 _____
    凳子 _____

17. 喇叭 _____
    刺 _____

18. 酒；葡萄酒 ____
    豬 _____

19. 流汗 _____
    毛衣 _____

20. 箭 _____
    窄的 _____
    麻雀 _____

21. 對的 _____
    明亮的 _____
    驚嚇 _____

22. 猴子 _____
    驢子 _____

23. 收集 _____
    肥皂泡沫 _____

24. 卡片 _____
    丟棄 _____

25. 生銹 _____
    信任 _____
    委託 _____

26. 證明 _____
    責罵 _____

27. 習慣 _____
居住 _____
同居 _____

28. 圓的 _____
地面 _____
環繞 _____

29. 稻草 _____
草莓 _____

30. 護士 _____
錢包 _____
詛咒 _____

31. 磅 _____
混合物 _____

32. 建立 _____
深奧的 _____

33. 平凡的 _____
抱怨 _____

34. 到達 _____
說教 _____

35. 寵物 _____
地毯 _____
木偶 _____

36. 發癢 _____
水溝 _____

37. 手指 _____
逗留 _____

38. 強暴 _____
葡萄 _____

39. 確定的 _____
譴責 _____

40. 形成 _____
通知 _____
表演 _____

改革 _____
使殘廢 _____
制服 _____

41. 工廠 _____
令人滿意的 _____

42. 繩子 _____
歐洲 _____

43. 服務 _____
節省 _____
有助於 _____
虐待 _____

觀察；遵守 _____
應得（賞罰）_____
保存 _____
預訂 _____

44. 邪惡 _____
忠告 _____
裝置 _____

45. 天氣 _____
羽毛 _____
皮革 _____

46. 鈕扣 _____
羊肉 _____

47. 簡單的 _____
酒窩 _____

48. 老鼠 _____
響尾蛇 _____

49. 山 _____
噴水池 _____

50. 測驗 _____
抗議 _____

Mark the words you don't know.

☐ switch _____   ☐ conserve _____   ☐ deserve _____
☐ embark _____   ☐ rattler _____   ☐ plight _____
☐ invoice _____   ☐ mutton _____   ☐ cohabit _____
☐ profound _____   ☐ dismay _____   ☐ entrust _____
☐ carpet _____   ☐ invent _____   ☐ uniform _____

☐ swine _____   ☐ satisfactory ___   ☐ found _____
☐ curse _____   ☐ protest _____   ☐ advice _____
☐ observe _____   ☐ maid _____   ☐ serve _____
☐ simple _____   ☐ scoop _____   ☐ bark _____
☐ vice _____   ☐ compound ___   ☐ flow _____

☐ censure _____   ☐ lather _____   ☐ rape _____
☐ reprove _____   ☐ puppet _____   ☐ itch _____
☐ donkey _____   ☐ deform _____   ☐ straw _____
☐ linger _____   ☐ leather _____   ☐ perform _____
☐ preach _____   ☐ device _____   ☐ trust _____

☐ discard _____   ☐ fountain _____   ☐ arrow _____
☐ stool _____   ☐ rope _____   ☐ preserve _____
☐ ditch _____   ☐ witch _____   ☐ strawberry ___
☐ swing _____   ☐ entire _____   ☐ fright _____
☐ message _____   ☐ dimple _____   ☐ thorn _____

Required Synonyms 7

1. **aid** 〔 ed 〕 *v.* 幫助
   - = assist 〔 ə'sɪst 〕
   - = service 〔'sɜvɪs 〕
   - = benefit 〔'bɛnəfɪt 〕
   - = help 〔 hɛlp 〕
   - = remedy 〔'rɛmədɪ 〕

2. **reprove** 〔 rɪ'pruv 〕 *v.* 責罵
   - = scold 〔 skold 〕
   - = blame 〔 blem 〕

3. **inhabit** 〔 ɪn'hæbɪt 〕 *v.* 居住
   - = live 〔 lɪv 〕
   - = lodge 〔 lɑdʒ 〕
   - = dwell 〔 dwɛl 〕
   - = room 〔 rum 〕
   - = reside 〔 rɪ'zaɪd 〕
   - = stay 〔 ste 〕
   - = occupy 〔'ɑkjə,paɪ 〕

4. **censure** 〔'sɛnʃə 〕 *v.* 譴責
   - = criticize 〔'krɪtə,saɪz 〕
   - = condemn 〔 kən'dɛm 〕
   - = denounce 〔 dɪ'naʊns 〕
   - = reproach 〔 rɪ'protʃ 〕
   - = blame 〔 blem 〕

5. **switch** 〔 swɪtʃ 〕 *v.* 轉變
   - = change 〔 tʃendʒ 〕
   - = exchange 〔 ɪks'tʃendʒ 〕
   - = replace 〔 rɪ'ples 〕
   - = trade 〔 tred 〕
   - = turn 〔 tɜn 〕
   - = shift 〔 ʃɪft 〕
   - = substitute 〔'sʌbstə,tjut 〕

6. **dismay** 〔 dɪs'me 〕 *v.* 使驚慌
   - = frighten 〔'fraɪtn̩ 〕
   - = terrify 〔'tɛrə,faɪ 〕
   - = alarm 〔 ə'lɑrm 〕
   - = horrify 〔'hɑrə,faɪ 〕
   - = appall 〔 ə'pɔl 〕
   - = scare 〔 skɛr 〕
   - = daunt 〔 dɑnt 〕

7. **fright** 〔 fraɪt 〕 *n.* 驚嚇
   - = fear 〔 fɪr 〕
   - = terror 〔'tɛrə 〕
   - = alarm 〔 ə'lɑrm 〕
   - = dismay 〔 dɪs'me 〕
   - = dread 〔 drɛd 〕
   - = awe 〔 ɔ 〕
   - = horror 〔'hɑrə 〕
   - = panic 〔'pænɪk 〕

Cycle 7 EXERCISE

1. He _____ many new products using his creativity and knowledge.
   (A) plighted   (B) invented
   (C) embarked   (D) lingered

2. The baby made a _____ of his meal all over his face and the floor.
   (A) mess   (B) dollar
   (C) swing   (D) coop

3. It was a _____ night because all the stars were shining.
   (A) bright   (B) simple
   (C) light   (D) close

4. Ben _____ all his dirty clothes and put them in the laundry bag.
   (A) gathered   (B) preached
   (C) censured   (D) lathered

5. I _____ the man because he looked honest.
   (A) trusted   (B) rusted
   (C) reproved   (D) compounded

6. The old broken-down house has not been _____ for years.
   (A) inhabited   (B) reproved
   (C) cohabited   (D) subserved

7. The crowd _____ the politician and shouted questions at him.
   (A) suppressed   (B) switched
   (C) surrounded   (D) deserved

8. Our neighbors were so noisy that we had to _____ to the police about it.
   (A) complain   (B) complete
   (C) discard   (D) bark

9. You must _____ the police of a robbery.
   (A) form   (B) curse
   (C) inform   (D) deform

10. The apartment was clean, so it was a _____ place to live.
    (A) satisfactory   (B) nuclear
    (C) narrow   (D) simple

11. The _____ produced televisions and radios.
    (A) advice   (B) device
    (C) factory   (D) vent

12. I had wanted to watch Phil Collins _____ live on stage, but the tickets were too expensive.
    (A) reform   (B) attempt
    (C) perform   (D) scorn

13. Electricity is expensive and should be _____.
    (A) disserved   (B) conserved
    (C) observed   (D) reserved

14. We _____ good seats for the concert.
    (A) reserved   (B) conserved
    (C) subserved   (D) persevered

15. If you _____ the painting carefully, you will realize that it's a fake.
    (A) observe   (B) protest
    (C) linger   (D) transmit

Cycle 7 詳解

1. **aid**〔ed〕*v.,n.* 幫助 = help
   maid〔med〕*n.* 女傭；少女
   bridesmaid *n.* 伴娘
   raid *n.* 襲擊

2. **light**〔laɪt〕*n.* 光線 *adj.* 輕的
   p̣light〔plaɪt〕*n.* 苦境
   poor
   blight *n.* 荒蕪
   flight *n.* 飛行
   slight *adj.* 輕微的

3. **road**〔rod〕*n.* 道路
   broad〔brɔd〕*adj.* 寬的
   abroad *adv.* 在國外
   go abroad 出國

4. **low**〔lo〕*adj.* 低的
   flow〔flo〕*v.* 流
   比較 flow 與 fly 的三態變化：
   ⎰ flow-flowed-flowed
   ⎱ fly-flew-flown
   blow *n.* 打擊
   glow *n.* 光輝
   slow *adj.* 慢的

5. **vent**〔vɛnt〕*n.* 通風口
   invent〔ɪn'vɛnt〕*v.* 發明
   event *n.* 事件
   pre̦vent *v.* 預防
   before（事先預防）

6. **coop**〔kup〕*n.* 籠子
   scoop〔skup〕*v.* 舀取；挖起
   n. 杓子；獨家報導

7. **mess**〔mɛs〕*n.* 亂七八糟；
   雜亂
   in a mess 亂七八糟
   message〔'mɛsɪdʒ〕*n.* 訊息
   相同變化的字：
   mass *adj.* 大量的
   mass production 大量生產
   massage *v. n.* 按摩

8. **witch**〔wɪtʃ〕*n.* 女巫
   switch〔swɪtʃ〕*v.* 轉變
   （女巫善於轉變） *n.* 開關
   itch *n.,v.* 發癢
   ditch *n.* 水溝
   pitch *v.* 投；扔
   stitch *n.* 一針

Cycle 7

9. **voice** 〔 vɔɪs 〕 *n.* 聲音
   invoice 〔 ˈɪnvɔɪs 〕 *n.* 發票

10. **bark** 〔 bark 〕 *v.* 吠叫
    embark 〔 ɪmˈbark 〕
                   v. 搭乘；上（船，飛機）
    Barking dogs seldom bite.
    會叫的狗不咬人。

11. **park** 〔 park 〕 *n.* 公園　 *v.* 停車
    spark 〔 spark 〕 *n.* 火花
    sparkle *v.* 閃爍

12. **May** 〔 me 〕 *n.* 五月
    dismay 〔 dɪsˈme 〕 *v.* 使驚慌
                 n. 驚慌
    mayday *n.* 求救信號

13. **wing** 〔 wɪŋ 〕 *n.* 翅膀
    swing 〔 swɪŋ 〕 *n.* 鞦韆　 *v.* 搖擺

14. **tire** 〔 taɪr 〕 *n.* 輪胎　 *v.* 使疲倦
    entire 〔 ɪnˈtaɪr 〕 *adj.* 全部的；
    整個的
    = whole 〔 hol 〕
    = total 〔 ˈtotḷ 〕
    = complete 〔 kəmˈplit 〕
    retire *v.* 退休

15. **doll** 〔 dal 〕 *n.* 洋娃娃
    dollar 〔 ˈdalɚ 〕 *n.* 元
    = buck

16. **tool** 〔 tul 〕 *n.* 工具
    stool 〔 stul 〕 *n.* 凳子
    cool *adj.* 涼的
    fool *n.* 笨蛋
    pool *n.* 水池
    wool *n.* 羊毛

17. **horn** 〔 hɔrn 〕 *n.* 喇叭；角
    thorn 〔 θɔrn 〕 *n.* 刺
    thorny *adj.* 棘手的

18. **wine** 〔 waɪn 〕 *n.* 酒；
    萄葡酒
    swine 〔 swaɪn 〕 *n.* 豬
    （單複數同形）
    = hogs 〔 hagz 〕
    = pigs 〔 pɪgz 〕
    Cast pearls before swine.
    對牛彈琴。

19. **sweat** 〔 swɛt 〕 *v.,n.* 流汗
    No sweat! 輕而易舉的事！
    sweater 〔 ˈswɛtɚ 〕 *n.* 毛衣
    （穿毛衣會流汗）

20. row *v.* 划　*n.* 排

  arrow 〔'æro 〕 *n.* 箭

  narrow 〔'næro 〕 *adj.* 窄的

  marrow *n.* 骨髓；精髓；精華

  sparrow 〔'spæro 〕 *n.* 麻雀

21. right 〔 raɪt 〕 *adj.* 對的

  　　　　　　n. 權利

  bright 〔 braɪt 〕 *adj.* 明亮的

  fright 〔 fraɪt 〕 *n.* 驚嚇

  stage fright　怯場

  upright *adj.* 正直的

22. monk *n.* 和尚；修道士

  monkey 〔'mʌŋkɪ 〕 *n.* 猴子

  donkey 〔'dɑŋkɪ 〕 *n.* 驢子

23. **gather** 〔'gæðɚ 〕 *v.* 收集

  lather 〔'læðɚ 〕 *n.* 肥皂泡沫

  rather *adv.* 相當；寧願

24. **card** 〔 kɑrd 〕 *n.* 卡片

  dis¦card 〔 dɪs'kɑrd 〕 *v.* 丟棄
  not¦

  　（不要的牌丟出來）

25. **rust** 〔 rʌst 〕 *v.* 生銹　*n.* 銹

  trust 〔 trʌst 〕 *v.* 信任

  en¦trust 〔 ɪn'trʌst 〕 *v.* 委託
  in¦（信任你所以委託你）

  = commit

  dis¦trust *v.* 不相信；懷疑
  not¦

26. **prove** 〔 pruv 〕 *v.* 證明

  reprove 〔 rɪ'pruv 〕 *v.* 責罵

  = scold = blame

  approve *v.* 贊成

  improve *v.* 改善

27. **habit** 〔'hæbɪt 〕 *n.* 習慣

  in¦habit 〔 ɪn'hæbɪt 〕 *v.* 居住
  in¦（住在裏面）

  co¦habit 〔 ko'hæbɪt 〕 *v.* 同居
  together（住在一起）

  inhabit~ = live in~

  = dwell in~　住在~

28. **round** 〔 raʊnd 〕 *adj.* 圓的

  around *adv.* 到處

  ground 〔 graʊnd 〕 *n.* 地面

  surround 〔 sə'raʊnd 〕 *v.* 環繞

  surroundings *n. pl.* 環境

29. **straw** 〔 strɔ 〕 *n.* 稻草
berry *n.* 漿果
straw︱berry 〔ˋstrɔˏbɛrɪ 〕
　草　莓　　　　　　*n.* 草莓
blueberry *n.* 藍莓

30. **nurse** 〔 nɝs 〕 *n.* 護士
purse 〔 pɝs 〕 *n.* 錢包
curse 〔 kɝs 〕 *v.* 詛咒
（護士偷錢包被詛咒）
Curses come home to roost.
害人反害己。

31. **pound** 〔 paʊnd 〕 *n.* 磅
com︱pound 〔ˋkɑmpaʊnd 〕
together　put　　　　*n.* 化合物
〔 kɑmˊpaʊnd 〕 *v.* 混合
（放在一起）
= blend = mix

32. **found** 〔 faʊnd 〕 *v.* 建立
pro︱found 〔 prəˊfaʊnd 〕
forward　base　　　　*adj.* 深奧的
= deep
confound *v.* 使混亂
= confuse

33. **plain** 〔 plen 〕 *adj.* 平凡的
n. 平原
complain 〔 kəmˊplen 〕 *v.* 抱怨
explain *v.* 解釋；說明

34. **reach** 〔 ritʃ 〕 *v.* 到達
preach 〔 pritʃ 〕 *v.* 說敎
Practice what you preach.
躬行己說。

35. **pet** 〔 pɛt 〕 *n.* 寵物
carpet 〔ˊkɑrpɪt 〕 *n.* 地毯
puppet 〔ˊpʌpɪt 〕 *n.* 木偶
trumpet *n.* 小喇叭

36. **itch** 〔 ɪtʃ 〕 *v.* 發癢　*n.* 癢
ditch 〔 dɪtʃ 〕 *n.* 水溝
（掉進水溝，全身發癢）
witch *n.* 女巫
switch *v.* 轉變　*n.* 開關

37. **finger** 〔ˊfɪŋgɚ 〕 *n.* 手指
linger 〔ˊlɪŋgɚ 〕 *v.* 逗留

38. rap *v.* 敲擊　*n.* 饒舌歌
rape 〔 rep 〕 *v.* 強暴
grape 〔 grep 〕 *n.* 葡萄
grapefruit *n.* 葡萄柚

39. **sure** 〔 ʃur 〕 *adj.* 確定的
censure 〔ˊsɛnʃɚ 〕 *v.* 譴責
= reprove
= scold
= blame

40. **form**〔fɔrm〕*v.* 形成

in form〔ɪn'fɔrm〕*v.* 通知
in（在心中造形）

per form〔pɚ'fɔrm〕*v.* 表演
thoroughly（完全的造形）

re form〔rɪ'fɔrm〕*v.* 改革
again（再一次的造形）

de form〔dɪ'fɔrm〕*v.* 使殘廢
away（使變形）

trans form *v.* 轉變
A→B（變成另一種形狀）

uni form〔'junə,fɔrm〕
one（一個形式的）
n. 制服

41. **factory**〔'fæktərɪ〕*n.* 工廠

satisfactory〔,sætɪs'fæktərɪ〕
adj. 令人滿意的

42. **rope**〔rop〕*n.* 繩子

Europe〔'jurəp〕*n.* 歐洲

grope *v.* 摸索

43. **serve**〔sɝv〕*v.* 服務

con serve〔kən'sɝv〕*v.* 節省
together keep（保存在一起）
（指保育、節約、儲存起來）

conserva tory *n.* 溫室
地

sub serve〔səb'sɝv〕
under serve *v.* 有助於
（私下服務）

dis serve〔dɪs'sɝv〕*v.* 虐待
apart serve（不好好服務）

ob serve〔əb'zɝv〕*v.* 觀察；
eye keep 遵守
（眼睛盯著看）

observa tory *n.* 天文台
地

de serve〔dɪ'zɝv〕
加強 serve *v.* 應得（賞罰）
（加強服務）

pre serve〔prɪ'zɝv〕*v.* 保存
before keep（保存在之前的狀態）
（保存東西，使其不變質）

re serve〔rɪ'zɝv〕*v.* 預訂
back keep（保留回來）

44. **vice**〔vaɪs〕*n.* 邪惡

advice〔əd'vaɪs〕*n.* 忠告

device〔dɪ'vaɪs〕*n.* 裝置

45. **weather**〔'wɛðɚ〕*n.* 天氣

feather〔'fɛðɚ〕*n.* 羽毛

leather〔'lɛðɚ〕*n.* 皮革

46. **button** 〔'bʌtn̩〕*n.* 鈕扣

    mutton 〔'mʌtn̩〕*n.* 羊肉

47. **simple** 〔'sɪmpl̩〕*adj.* 簡單的

    dimple 〔'dɪmpl̩〕*n.* 酒窩

    p¦imple *n.* 青春痘
    爆裂（擬聲）

48. **rat** 〔ræt〕*n.* 老鼠

    rattler 〔'rætlɚ〕*n.* 響尾蛇

49. **mountain** 〔'maʊntn̩〕*n.* 山

    fountain 〔'faʊntn̩〕*n.* 噴水池

    water fountain 飲水機

50. **test** 〔tɛst〕*n.* 測驗

    protest 〔prə'tɛst〕*v.* 抗議

    attest *v.* 證明

    contest *v.* 競爭 *n.* 比賽

    detest *v.* 憎惡

    (dislike < detest < hate)

● 帶學生唸 ●

serve 〔sɜv〕*v.* 服務

conserve 〔kən'sɜv〕*v.* 節省

subserve 〔səb'sɜv〕*v.* 有助於

disserve 〔dɪs'sɜv〕*v.* 虐待

observe 〔əb'zɜv〕*v.* 觀察；遵守

deserve 〔dɪ'zɜv〕*v.* 應得（賞罰）

preserve 〔prɪ'zɜv〕*v.* 保存

reserve 〔rɪ'zɜv〕*v.* 預訂

Cycle 7

Mark the words you don't know.

☐ switch 轉變
☐ embark 搭乘
☐ invoice 發票
☐ profound 深奧的
☐ carpet 地毯

☐ swine 豬
☐ curse 詛咒
☐ observe 觀察；
　遵守
☐ simple 簡單的

☐ vice 邪惡
☐ censure 譴責
☐ reprove 責罵
☐ donkey 驢子
☐ linger 逗留

☐ preach 說教
☐ discard 丟棄
☐ stool 凳子
☐ ditch 水溝
☐ swing 鞦韆
☐ message 訊息

☐ conserve 節省
☐ rattler 響尾蛇
☐ mutton 羊肉
☐ dismay 使驚慌
☐ invent 發明

☐ satisfactory 令人滿
　意的
☐ protest 抗議
☐ maid 女傭
☐ scoop 舀取；挖起

☐ compound 化合物
☐ lather 肥皂泡沫
☐ puppet 木偶
☐ deform 使殘廢
☐ leather 皮革

☐ device 裝置
☐ fountain 噴水池
☐ rope 繩子
☐ witch 女巫
☐ entire 全部的
☐ dimple 酒窩

☐ deserve 應得
　（賞罰）
☐ plight 苦境
☐ cohabit 同居
☐ entrust 委託

☐ uniform 制服
☐ found 建立
☐ advice 忠告
☐ serve 服務
☐ bark 吠叫

☐ flow 流
☐ rape 強暴
☐ itch 發癢
☐ straw 稻草
☐ perform 表演

☐ trust 信任
☐ arrow 箭
☐ preserve 保存
☐ strawberry 草莓
☐ fright 驚嚇
☐ thorn 刺

Answers to Cycle 7 Exercise

1. B　　2. A　　3. A　　4. A　　5. A　　6. A　　7. C　　8. A
9. C　　10. A　　11. C　　12. C　　13. B　　14. A　　15. A

Cycle 8

1. **boss** 〔 bɔs〕 *n.* 老板

  _____ 〔 mɔs 〕 *n.* 苔

  _____ 〔 tɔs 〕 *v.* 投擲

2. **onion** 〔ˋʌnjən 〕 *n.* 洋蔥

  _____

  〔ˋjunjən 〕 *n.* 聯盟

3. **corn** 〔 kɔrn 〕 *n.* 玉米

  _____

  〔ˋpɑpˏkɔrn 〕 *n.* 爆米花

4. **insist** 〔 ɪnˋsɪst 〕 *v.* 堅持

  _____

  〔 pɚˋsɪst 〕 *v.* 堅持

  _____ 〔 əˋsɪst 〕 *v.* 幫助

  _____ 〔 səbˋsɪst 〕 *v.* 生存

  _____

  〔 kənˋsɪst 〕 *v.* 組成

  _____ 〔 ɪgˋzɪst 〕 *v.* 存在

  _____ 〔 dɪˋzɪst 〕 *v.* 停止

  _____ 〔 rɪˋzɪst 〕 *v.* 抵抗

5. **alley** 〔ˋælɪ 〕 *n.* 巷子

  _____

  〔ˋvælɪ 〕 *n.* 山谷

6. **promise** 〔ˋprɑmɪs 〕 *v.* 保證

  _____

  〔ˋprɛmɪs 〕 *n.* 前提

7. **control** 〔 kənˋtrol 〕 *v.* 控制

  _____

  〔 pəˋtrol 〕 *v. n.* 巡邏

8. **success** 〔 səkˋsɛs 〕 *n.* 成功

  _____

  〔 ɪkˋsɛs 〕 *n.* 超過

  _____

  〔 rɪˋsɛs 〕 *n.* 休會期

  _____

  〔ˋæksɛs 〕 *n.* 接近或使用權

9. **long** 〔 lɔŋ 〕 *adj.* 長的

  _____

  〔 lʌŋ 〕 *n.* 肺

10. **fence** 〔 fɛns 〕 *n.* 籬笆

_____ 〔 əˈfɛns 〕 *n.* 違反

11. **receive** 〔 rɪˈsiv 〕 *v.* 收到

_____ 〔 dɪˈsiv 〕 *v.* 欺騙

_____ 〔 pəˈsiv 〕 *v.* 察覺

_____ 〔 kənˈsiv 〕 *v.* 以為

12. **sense** 〔 sɛns 〕 *n.* 感覺；意義

_____

〔ˈnɑnsɛns 〕 *n.* 無意義

13. **spin** 〔 spɪn 〕 *v.* 紡織

_____

〔ˈspɪnɪdʒ 〕 *n.* 菠菜

14. **port** 〔 port 〕 *n.* 港口

_____

〔 səˈport 〕 *v.* 支持

_____

〔 rɪˈport 〕 *v.* 報導

_____

〔 ɪmˈport 〕 *v.* 進口

_____

〔 ɪksˈport 〕 *v.* 出口

15. **them** 〔 ðɛm 〕 *pron.* 他們

_____ 〔 θim 〕 *n.* 主題

16. **perish** 〔ˈpɛrɪʃ 〕 *v.* 喪生

_____

〔ˈpærɪʃ 〕 *n.* 教區

17. **vocation** 〔 voˈkeʃən 〕 *n.*
職業

_____

〔ˌævoˈkeʃən 〕 *n.* 副業

18. **settle** 〔ˈsɛtl̩ 〕 *v.* 定居；解決

_____ 〔ˈkɛtl̩ 〕 *n.* 茶壺

19. **custom** 〔ˈkʌstəm 〕 *n.* 習俗

_____

〔ˈkʌstəmɚ 〕 *n.* 顧客

20. **ward** 〔 word 〕 *n.* 病房；
牢房

_____

〔 əˈword 〕 *v.* 頒發 *n.* 獎賞

21. **apart** 〔 əˈpart 〕 *adv.* 分開

_____

〔 əˈpartmənt 〕 *n.* 公寓

Cycle 8

22. **cancer** 〔'kænsɚ〕 *n.* 癌症

_____

〔'kænsḷ〕 *v.* 取消

23. **rot** 〔rɑt〕 *v.* 腐爛

_____

〔'kærət〕 *n.* 紅蘿蔔

24. **hew** 〔hju〕 *v.* 砍伐

_____

〔tʃu〕 *v.* 咀嚼

25. **lean** 〔lin〕 *v.* 傾斜

_____ 〔klin〕 *adj.* 乾淨的

26. **feat** 〔fit〕 *n.* 功績

_____

〔'fitʃɚ〕 *n.* 特徵

27. **jack** 〔dʒæk〕 *n.* 千斤頂

_____

〔'haɪˌdʒæk〕 *v.* 劫機

28. **surge** 〔sɝdʒ〕 *n.* 巨浪

_____

〔'sɝdʒən〕 *n.* 外科醫生

29. **best** 〔bɛst〕 *adj.* 最好的

_____

〔bɪ'sto〕 *v.* 贈與

30. **fell** 〔fɛl〕 *v.* 砍伐

_____ 〔'fɛlo〕 *n.* 傢伙；同伴

31. **pill** 〔pɪl〕 *n.* 藥丸

_____ 〔'pɪlo〕 *n.* 枕頭

32. **shall** 〔ʃæl〕 *aux.* 將要

_____ 〔'ʃælo〕 *adj.* 淺的

33. **will** 〔wɪl〕 *n.* 意志力

_____ 〔'wɪlo〕 *n.* 柳樹

34. **adore** 〔ə'dor〕 *v.* 非常喜愛

_____ 〔ə'dɔrn〕 *v.* 裝飾

35. **rush** 〔rʌʃ〕 *n.,v.* 匆忙

_____ 〔krʌʃ〕 *v.* 壓碎

36. **broke** 〔brok〕 *adj.* 破產的

_____

〔'brokɚ〕 *n.* 經紀人

37. **each** 〔 itʃ 〕 *adj. pron.* 每個

_____

〔 pitʃ 〕 *n.* 桃子

38. **tea** 〔 ti 〕 *n.* 茶

_____ 〔 tɪr 〕 *n.* 眼淚

39. **close** 〔 kloz 〕 *v.* 關閉

_____

〔'klɑzɪt 〕 *n.* 衣櫥

40. **tempo** 〔'tɛmpo 〕 *n.* 步調

_____

〔'tɛmpə,rɛrɪ 〕 *adj.* 暫時的

41. **die** 〔 daɪ 〕 *v.* 死

_____ 〔'daɪət 〕 *n.* 飲食

42. **vague** 〔 veg 〕 *adj.* 模糊的

_____ 〔 vog 〕 *n.* 流行

43. **bread** 〔 brɛd 〕 *n.* 麵包

_____

〔 brɛdθ 〕 *n.* 寬度

44. **cop** 〔 kɑp 〕 *n.* 警察

_____ 〔'kɑpɪ 〕 *v.* 影印

45. **should** 〔 ʃud 〕 *aux.* 應該

_____

〔'ʃoldə 〕 *n.* 肩膀

46. **fair** 〔 fɛr 〕 *adj.* 公平的

_____ 〔'fɛrɪ 〕 *n.* 仙女

47. **fort** 〔 fɔrt 〕 *n.* 堡壘

_____ 〔'fɔrtɪ 〕 *n.* 四十

48. **miser** 〔'maɪzə 〕 *n.* 守財奴

_____

〔'mɪzərɪ 〕 *n.* 悲慘

49. **naught** 〔 nɔt 〕 *n.* 無

_____

〔'nɔtɪ 〕 *adj.* 頑皮的

50. **slipper** 〔'slɪpə 〕 *n.* 拖鞋

_____

〔'slɪpərɪ 〕 *adj.* 滑的

Read at least 5 times a day*!*

1. 老板 _____
   苔 _____
   投擲 _____

2. 洋蔥 _____
   聯盟 _____

3. 玉米 _____
   爆米花 _____

4. 堅持 _____
   堅持 _____
   幫助 _____
   生存 _____
   組成 _____
   存在 _____
   停止 _____
   抵抗 _____

5. 巷子 _____
   山谷 _____

6. 保證 _____
   前提 _____

7. 控制 _____
   巡邏 _____

8. 成功 _____
   超過 _____
   休會期 _____
   接近或使用權 ___

9. 長的 _____
   肺 _____

10. 籬笆 _____
    違反 _____

11. 收到 _____
    欺騙 _____
    察覺 _____
    以為 _____

12. 感覺；意義 ___
    無意義 _____

13. 紡織 _____
    菠菜 _____

14. 港口 _____
    支持 _____
    報導 _____
    進口 _____
    出口 _____

15. 他們 _____
    主題 _____

16. 喪生 _____
    教區 _____

17. 職業 _____
    副業 _____

18. 定居；解決 ___
    茶壺 _____

19. 習俗 _____
    顧客 _____

20. 病房；牢房 ___
    頒發；獎 ___

21. 分開 _____
    公寓 _____

Cycle 8

22. 癌症 _____
    取消 _____

23. 腐爛 _____
    紅蘿蔔 _____

24. 砍伐 _____
    咀嚼 _____

25. 傾斜 _____
    乾淨的 _____

26. 功績 _____
    特徵 _____

27. 千斤頂 _____
    刧機 _____

28. 巨浪 _____
    外科醫生 _____

29. 最好的 _____
    贈與 _____

30. 砍伐 _____
    傢伙；同伴 _____

31. 藥丸 _____
    枕頭 _____

32. 將要 _____
    淺的 _____

33. 意志力 _____
    柳樹 _____

34. 非常喜愛 _____
    裝飾 _____

35. 匆忙 _____
    壓碎 _____

36. 破產的 _____
    經紀人 _____

37. 每個 _____
    桃子 _____

38. 茶 _____
    眼淚 _____

39. 關閉 _____
    衣櫥 _____

40. 步調 _____
    暫時的 _____

41. 死 _____
    飲食 _____

42. 模糊的 _____
    流行 _____

43. 麵包 _____
    寬度 _____

44. 警察 _____
    影印 _____

45. 應該 _____
    肩膀 _____

46. 公平的 _____
    仙女 _____

47. 堡壘 _____
    四十 _____

48. 守財奴 _____
    悲慘 _____

49. 無 _____
    頑皮的 _____

50. 拖鞋 _____
    滑的 _____

Mark the words you don't know.

☐ import _____　☐ naughty _____　☐ peach _____

☐ premise _____　☐ adore _____　☐ fellow _____

☐ onion _____　☐ tempo _____　☐ recess _____

☐ fence _____　☐ ward _____　☐ export _____

☐ spinach _____　☐ perish _____　☐ parish _____

☐ slipper _____　☐ conceive ____　☐ shallow _____

☐ feature _____　☐ miser _____　☐ fairy _____

☐ carrot _____　☐ vogue _____　☐ copy _____

☐ surgeon _____　☐ bestow _____　☐ kettle _____

☐ settle _____　☐ willow _____　☐ rot _____

☐ chew _____　☐ hijack _____　☐ feat _____

☐ closet _____　☐ excess _____　☐ crush _____

☐ vocation ____　☐ persist _____　☐ breadth _____

☐ diet _____　☐ theme _____　☐ report _____

☐ desist _____　☐ fort _____　☐ deceive _____

☐ nonsense ____　☐ temporary ____　☐ assist _____

☐ offence _____　☐ pillow _____　☐ spin _____

☐ subsist _____　☐ cancel _____　☐ consist _____

☐ access _____　☐ avocation ____　☐ control _____

☐ patrol _____　☐ vague _____　☐ naught _____

Cycle 8

Required Synonyms 8

1. **toss** 〔 tɔs 〕 *v.* 投擲

 = throw 〔 θro 〕
 = pitch 〔 pɪtʃ 〕
 = cast 〔 kæst 〕

2. **desist** 〔 dɪ'zɪst 〕 *v.* 停止

 = stop 〔 stɑp 〕
 = cease 〔 sis 〕
 = end 〔 ɛnd 〕

 = halt 〔 hɔlt 〕
 = discontinue 〔 ,dɪskən'tɪnju 〕
 = abandon 〔 ə'bændən 〕

3. **hew** 〔 hju 〕 *v.* 砍伐

 = cut 〔 kʌt 〕
 = chop 〔 tʃɑp 〕
 = cleave 〔 kliv 〕

 = split 〔 splɪt 〕
 = fell 〔 fɛl 〕

4. **temporary** 〔 'tɛmpə,rɛrɪ 〕
 adj. 暫時的

 = passing 〔 'pæsɪŋ 〕
 = momentary 〔 'momən,tɛrɪ 〕
 = short-lived 〔 'ʃɔrt'laɪvd 〕

5. **perceive** 〔 pɚ'siv 〕 *v.* 察覺

 = feel 〔 fil 〕
 = sense 〔 sɛns 〕
 = observe 〔 əb'zɝv 〕

 = experience 〔 ɪk'spɪrɪəns 〕
 = distinguish 〔 dɪ'stɪŋgwɪʃ 〕

 = detect 〔 dɪ'tɛkt 〕
 = recognize 〔 'rɛkəg,naɪz 〕

6. **adore** 〔 ə'dor 〕 *v.* 非常喜愛

 = idolize 〔 'aɪdl̩,aɪz 〕
 = worship 〔 'wɝʃəp 〕

 = cherish 〔 'tʃɛrɪʃ 〕
 = admire 〔 əd'maɪr 〕

7. **naught** 〔 nɔt 〕 *n.* 無

 = nothing 〔 'nʌθɪŋ 〕
 = zero 〔 'zɪro 〕
 = nil 〔 nɪl 〕

8. **naughty** 〔 'nɔtɪ 〕 *adj.* 頑皮的

 = mischievous 〔 'mɪstʃɪvəs 〕
 = disobedient
  〔 ,dɪsə'bidɪənt 〕
 = misbehaving
  〔 ,mɪsbɪ'hevɪŋ 〕

Cycle 8 EXERCISE

1. The organization was started just a year ago, but today it
   already _____ of more than 500 members.
   (A) crushes   (B) cancels
   (C) consists   (D) searches

2. When the troops could no longer _____ the enemy's
   attack, they retreated to the coast.
   (A) resist   (B) assist
   (C) copy   (D) chew

3. You should not _____ to do something that is impossible.
   (A) spin   (B) promise
   (C) premise   (D) toss

4. Most people _____ the importance of education only
   after they have given up their studies.
   (A) perceive   (B) receive
   (C) lean   (D) adore

5. South Korea will begin to _____ foreign rice.
   (A) import   (B) fell
   (C) adorn   (D) spin

6. The severity of the drought has caused both crops and
   animals to _____.
   (A) perish   (B) bestow
   (C) parish   (D) conceive

7. The American Indians were either the original inhabitants
   of America or the earliest group of people to _____ there.
   (A) hew   (B) bestow
   (C) settle   (D) hijack

8. The technical school provides training for students in various _____.
   - (A) carrots
   - (B) avocations
   - (C) surges
   - (D) vocations

9. In a service business, the _____ is always right.
   - (A) customer
   - (B) surge
   - (C) fellow
   - (D) fort

10. Eric Clapton's "Tears in Heaven" won the Grammy _____ for 1993's best song.
    - (A) Invoice
    - (B) Alley
    - (C) Award
    - (D) Ward

11. _____ is a major cause of death in the United States.
    - (A) Valley
    - (B) Cancer
    - (C) Vogue
    - (D) Corn

12. Ben does not want to buy a house in Taiwan because he's just a _____ resident here.
    - (A) vogue
    - (B) vague
    - (C) tempo
    - (D) temporary

13. As soon as the bell rang, the students _____ out of their classrooms.
    - (A) rotted
    - (B) coped
    - (C) crushed
    - (D) rushed

14. The baseball game was _____ because of the rain.
    - (A) raped
    - (B) bestowed
    - (C) cleaned
    - (D) canceled

15. The teacher punished the child for being _____ in class.
    - (A) naught
    - (B) clean
    - (C) broke
    - (D) naughty

Cycle 8 詳解

1. **boss** 〔 bɔs 〕 *n.* 老板

   moss 〔 mɔs 〕 *n.* 苔

   toss 〔 tɔs 〕 *v.* 投擲

   loss *n.* 損失

   A rolling stone gathers no
   moss. 滾石不生苔。

2. **onion** 〔'ʌnjən 〕 *n.* 洋蔥

   uni¦on 〔'junjən 〕 *n.* 聯盟；
   one¦ (結合爲一)　　　　工會

3. **corn** 〔 kɔrn 〕 *n.* 玉米

   pop¦corn 〔'pɑp͵kɔrn 〕
   爆裂 (擬聲)　　　*n.* 爆米花

4. **insist** 〔 ɪn'sɪst 〕 *v.* 堅持

   persist 〔 pɚ'sɪst 〕 *v.* 堅持

   insist on = persist in

   = stick to　堅持

   as¦sist 〔 ə'sɪst 〕 *v.* 幫助
   to¦ stand (站在一旁協助)

   assistant *n.* 助手

   subsist 〔 səb'sɪst 〕 *v.* 生存

   con¦sist 〔 kən'sɪst 〕 *v.* 組成
   together (站在一起)

   ex¦ist 〔 ɪg'zɪst 〕 *v.* 存在
   out¦ (站出來，表示存在)

5. **de¦sist** 〔 dɪ'zɪst 〕 *v.* 停止
   away (走開)

   = stop = cease = halt

   re¦sist 〔 rɪ'zɪst 〕 *v.* 抵抗
   against (站在反方向)

6. **alley** 〔'ælɪ 〕 *n.* 巷子

   valley 〔'vælɪ 〕 *n.* 山谷

7. **promise** 〔'prɑmɪs 〕 *v.* 保證

   premise 〔'prɛmɪs 〕 *n.* 前提

   premises
   　　　　n. 房屋及其產權範圍空地

8. **control** 〔 kən'trol 〕 *n. v.* 控制

   patrol 〔 pə'trol 〕 *n. v.* 巡邏
   (巡邏是爲了控制治安)

   patrol car　巡邏車

9. **success** 〔 sək'sɛs 〕 *n.* 成功

   ex¦cess 〔 ɪk'sɛs 〕 *n.* 超過
   out¦ go (超出來的)

   re¦cess 〔 rɪ'sɛs 〕
   back　　　*n.* 休會期；休息
   (回去休息)

   ac¦cess 〔'æksɛs 〕 *n.* 接近或
   to¦ (去的路程)　　　使用權

   pro¦cess *n.* 過程
   forward (向前走)

9. **long** 〔 lɔŋ 〕 *adj.* 長的
   lung 〔 lʌŋ 〕 *n.* 肺

10. **fence** 〔 fɛns 〕 *n.* 籬笆
    offence 〔 ə'fɛns 〕 *n.* 違反
    （爬籬笆違反校規）
    The grass is always greener
    on the other side of the fence.
    外國的月亮比較圓。

11. **re¦ceive** 〔 rɪ'siv 〕 *v.* 收到
    back take (拿回來)
    de¦ceive 〔 dɪ'siv 〕 *v.* 欺騙
    away (偷偷拿走)
    perceive 〔 pɚ'siv 〕 *v.* 察覺
    = observe = feel = sense
    conceive 〔 kən'siv 〕 *v.* 以為
    = assume = presume
    = suppose = think

12. **sense** 〔 sɛns 〕 *n.* 感覺；意義
    non¦sense 〔'nɑnsɛns 〕
    no ¦
    　　　　　　　 n. 無意義
    common sense　常識

13. **spin** 〔 spɪn 〕 *v.* 紡織
    spin¦ster *n.* 老處女
    　　 ¦ 人
    （一直嫁不出去，只好在家紡織）
    spinach 〔'spɪnɪʒ 〕 *n.* 菠菜

14. **port** 〔 pɔrt 〕 *n.* 港口
    sup¦port 〔 sə'port 〕 *v.* 支持
    under carry (在下面支撐著)
    re¦port 〔 rɪ'port 〕 *v.* 報導
    back (將現場消息帶回來)
    im¦port 〔 ɪm'port 〕 *v.* 進口
    in ¦ (帶進來)
    ex¦port 〔 ɪks'port 〕 *v.* 出口
    out¦ (帶出去)
    trans¦port *v.* 運輸
    A→B¦ (從 A 地帶到 B 地)
    air¦port *n.* 機場
    空 ¦ 港
    port¦er *n.* 挑夫
    　　 ¦ 人
    portable *adj.* 可攜帶的；
    　　　　　　 手提式的

15. **them** 〔 ðɛm 〕 *pron.* 他們
    theme 〔 θim 〕 *n.* 主題
    theme song　主題曲

16. **perish** 〔'pɛrɪʃ 〕 *v.* 喪生
    parish 〔'pærɪʃ 〕 *n.* 教區

17. **vocation** 〔 vo'keʃən 〕
    　　　　　　　 n. 職業
    a¦vocation 〔 ˌævo'keʃən 〕
    not
    　　　　　　 n. 副業

18. **settle** 〔ˈsɛtl̩ 〕 *v.* 定居；解決；
殖民
kettle 〔ˈkɛtl̩ 〕 *n.* 茶壺

19. **custom** 〔ˈkʌstəm 〕 *n.* 習俗
customer 〔ˈkʌstəmɚ 〕 *n.*
顧客
customs *n.* 海關

20. **ward** 〔 wɔrd 〕 *n.* 病房；牢房
v. 躲避
award 〔 əˈwɔrd 〕 *v.* 頒發
n. 獎
reward *n.* 報酬；獎賞

21. **apart** 〔 əˈpart 〕 *adv.* 分開
apartment 〔 əˈpartmənt 〕
n. 公寓
department *n.* 部門；科系

22. **cancer** 〔ˈkænsɚ 〕 *n.* 癌症
cancel 〔ˈkænsl̩ 〕 *v.* 取消

23. **rot** 〔 rat 〕 *v.* 腐爛
carrot 〔ˈkærət 〕 *n.* 紅蘿蔔
parrot *n.* 鸚鵡
One rotten apple spoils
the whole lot. 害群之馬。

24. **hew** 〔 hju 〕 *v.* 砍伐
chew 〔 tʃu 〕 *v.* 咀嚼
chewing gum 口香糖
Don't bite off more than you
can chew. 不要自不量力。

25. **lean** 〔 lin 〕 *v.* 傾斜
clean 〔 klin 〕 *adj.* 乾淨的
v. 清理

26. **feat** 〔 fit 〕 *n.* 功績
= deed = achievement
= accomplishment
feature 〔ˈfitʃɚ 〕 *n.* 特徵

27. **jack** 〔 dʒæk 〕 *n.* 千斤頂
hijack 〔ˈhaɪ,dʒæk 〕 *v.* 劫機
jacket *n.* 夾克

28. urge *v.* 催促
surge 〔 sɝdʒ 〕 *n.* 巨浪
surgeon 〔ˈsɝdʒən 〕 *n.* 外科醫生
physician *n.* 內科醫生

29. **best** 〔 bɛst 〕 *adj.* 最好的
best man 伴郎
bestow 〔 bɪˈsto 〕 *v.* 贈與
（將最好的贈與他人）
= give = present = award

30. **fell** 〔 fɛl 〕 *v.* 砍伐

    fellow 〔'fɛlo 〕 *n.* 傢伙；同伴

    比較 fell 與 fall 的三態變化

    - fell-felled-felled
    - fall-fell-fallen

31. **ill** *adj.* 生病的

    pill 〔 pɪl 〕 *n.* 藥丸

    spill *v.* 灑出

    pillow 〔'pɪlo 〕 *n.* 枕頭

32. **shall** 〔 ʃæl 〕 *aux.* 將要

    shallow 〔'ʃælo 〕 *adj.* 淺的

33. **will** 〔 wɪl 〕 *n.* 意志力

    willow 〔'wɪlo 〕 *n.* 柳樹

    Where there is a will, there
    is a way. 有志者，事竟成。

34. **adore** 〔 ə'dor 〕 *v.* 非常喜愛

    adorn 〔 ə'dɔrn 〕 *v.* 裝飾

    = decorate

35. **rush** 〔 rʌʃ 〕 *n.,v.* 匆忙

    crush 〔 krʌʃ 〕 *v.* 壓碎

    have a crush on *sb.*
    迷戀某人

    brush *n.* 刷子

36. **broke** 〔 brok 〕 *adj.* 破產的

    broker 〔'brokɚ 〕 *n.* 經紀人

    （經紀人害我破產了）

    I'm broke! 我沒錢！

37. **each** 〔 itʃ 〕 *adj. pron.* 每個

    peach 〔 pitʃ 〕 *n.* 桃子

    beach *n.* 海灘

    reach *v.* 到達

    preach *v.* 說教

38. **tea** 〔 ti 〕 *n.* 茶

    tear 〔 tɪr 〕 *n.* 眼淚

    　　　　〔 tɛr 〕 *v.* 撕裂

39. **close** 〔 kloz 〕 *v.* 關閉

    closet 〔'klɑzɪt 〕 *n.* 衣櫥

    W.C. (water closet) 廁所

    = rest room（美）

    = toilet

    = lavatory

40. **tempo** 〔'tɛmpo 〕 *n.* 步調

    temporary 〔'tɛmpə,rɛrɪ 〕
    　　　　　　　　adj. 暫時的

    con¦temporary *adj.*
    together　同時代的；當代的

Cycle 8

41. **die** 〔 daɪ 〕 *v.* 死
    diet 〔'daɪət 〕 *n.* 飲食；節食
    on a diet 節食

42. **vague** 〔 veg 〕 *adj.* 模糊的
    vogue 〔 vog 〕 *n.* 流行
    = fashion

43. **bread** 〔 brɛd 〕 *n.* 麵包
    breadth 〔 brɛdθ 〕 *n.* 寬度
    = width
    broad *adj.* 寬的

44. **cop** 〔 kɑp 〕 *n.* 警察
    copy 〔'kɑpɪ 〕 *v.* 影印
    copyright *n.* 著作權

45. **should** 〔 ʃud 〕 *aux.* 應該
    shoulder 〔'ʃoldɚ 〕 *n.* 肩膀

46. **fair** 〔 fɛr 〕 *adj.* 公平的；
    美麗的
    In fair weather, prepare
    for foul. 未雨綢繆。
    fair-weather friend 酒肉朋友

fairy 〔'fɛrɪ 〕 *n.* 仙女
fairy tale 童話故事

47. **fort** 〔 fɔrt 〕 *n.* 堡壘
    forty 〔'fɔrtɪ 〕 *n.* 四十

48. **miser** 〔'maɪzɚ 〕 *n.* 守財奴
    miserly *adj.* 吝嗇的
    misery 〔'mɪzərɪ 〕 *n.* 悲慘
    Misery loves company.
    同病相憐；禍不單行。

49. **naught** 〔 nɔt 〕 *n.* 無
    = nothing
    naughty 〔'nɔtɪ 〕 *adj.* 頑皮的
    = mischievous

50. slip *v.* 滑倒
    slipper 〔'slɪpɚ 〕 *n.* 拖鞋
    slippery 〔'slɪpərɪ 〕 *adj.*
    滑的
    （地很滑要穿拖鞋）

Mark the words you don't know.

☐ import 進口
☐ premise 前提
☐ onion 洋蔥
☐ fence 籬笆
☐ spinach 菠菜

☐ naughty 頑皮的
☐ adore 非常喜愛
☐ tempo 步調
☐ ward 病房；牢房
☐ perish 喪生

☐ peach 桃子
☐ fellow 傢伙；同伴
☐ recess 休會期
☐ export 出口
☐ parish 教區

☐ slipper 拖鞋
☐ feature 特徵
☐ carrot 紅蘿蔔
☐ surgeon 外科醫生
☐ settle 定居；解決

☐ conceive 以為
☐ miser 守財奴
☐ vogue 流行
☐ bestow 贈與
☐ willow 柳樹

☐ shallow 淺的
☐ fairy 仙女
☐ copy 影印
☐ kettle 茶壺
☐ rot 腐爛

☐ chew 咀嚼
☐ closet 衣櫥
☐ vocation 職業
☐ diet 飲食
☐ desist 停止

☐ hijack 劫機
☐ excess 超過
☐ persist 堅持
☐ theme 主題
☐ fort 堡壘

☐ feat 功績
☐ crush 壓碎
☐ breadth 寬度
☐ report 報導
☐ deceive 欺騙

☐ nonsense 無意義
☐ offence 違反
☐ subsist 生存
☐ access 接近或使用權
☐ patrol 巡邏

☐ temporary 暫時的
☐ pillow 枕頭
☐ cancel 取消
☐ avocation 副業
☐ vague 模糊的

☐ assist 幫助
☐ spin 紡織
☐ consist 組成
☐ control 控制
☐ naught 無

Answers to Cycle 8 Exercise

1. C   2. A   3. B   4. A   5. A   6. A   7. C   8. D
9. A   10. C   11. B   12. D   13. D   14. D   15. D

Cycle 9

1. **ice** 〔 aɪs 〕 *n.* 冰

   _____ 〔 daɪs 〕 *n. pl.* 骰子

2. **male** 〔 mel 〕 *adj.* 男性的

   _____ 〔ˈfimel 〕 *adj.* 女性的

3. **rifle** 〔ˈraɪf!〕 *n.* 來福槍

   _____ 〔ˈtraɪf!〕 *n.* 瑣事

4. **scribe** 〔 skraɪb 〕 *n.* 抄寫者

   _____ 〔 əˈskraɪb 〕 *v.* 歸因於

   _____ 〔 ɪnˈskraɪb 〕 *v.* 銘刻

   _____ 〔 kənˈskraɪb 〕 *v.* 徵召

   _____ 〔 dɪˈskraɪb 〕 *v.* 描述

   _____ 〔 prɪˈskraɪb 〕 *v.* 開藥方

   _____ 〔 proˈskraɪb 〕 *v.* 禁止

   _____ 〔 səbˈskraɪb 〕 *v.* 訂閱

5. **ramble** 〔ˈræmb!〕 *v.* 漫步

   _____ 〔ˈskræmb!〕 *v.* 攀登

6. **middle** 〔ˈmɪd!〕 *adj.* 中間的

   _____ 〔ˈmɛd!〕 *v.* 干涉

7. **simple** 〔ˈsɪmp!〕 *adj.* 簡單的

   _____ 〔ˈpɪmp!〕 *n.* 青春痘

8. **motion** 〔ˈmoʃən 〕 *n.* 動作
   emotion 〔 ɪˈmoʃən 〕 *n.* 情緒

   _____ 〔 kəˈmoʃən 〕 *n.* 暴動

   _____ 〔 prəˈmoʃən 〕 *n.* 升遷；促進

   _____ 〔ˌlokəˈmoʃən 〕 *n.* 移動

9. **diligence** 〔ˈdɪlədʒəns 〕 *n.* 勤勉

   _____ 〔 ɪnˈtɛlədʒəns 〕 *n.* 智力；情報

   _____ 〔ˈnɛglədʒəns 〕 *n.* 疏忽

10. **vine** 〔 vaɪn 〕 *n.* 葡萄樹

_____

〔 də'vaɪn 〕 *adj.* 神的

11. **pare** 〔 pɛr 〕 *v.* 剝皮

_____ 〔 prɪ'pɛr 〕 *v.* 準備

_____

〔 kəm'pɛr 〕 *v.* 比較

12. **rope** 〔 rop 〕 *n.* 繩子

_____ 〔 grop 〕 *v.* 摸索

13. **tall** 〔 tɔl 〕 *adj.* 高的

_____ 〔 stɔl 〕 *n.* 攤位

_____ 〔 ɪn'stɔl 〕 *v.* 安裝

14. **tail** 〔 tel 〕 *n.* 尾巴

_____

〔'kɑk,tel 〕 *n.* 雞尾酒

15. **rink** 〔 rɪŋk 〕 *n.* 溜冰場

_____ 〔 drɪŋk 〕 *v.* 喝

_____ 〔 ʃrɪŋk 〕 *v.* 縮水

16. **rain** 〔 ren 〕 *n.* 雨

_____ 〔 dren 〕 *n.* 排水管

17. **bar** 〔 bɑr 〕 *n.* 酒吧；棒子

_____ 〔'bærɪɚ 〕 *n.* 障礙

_____

〔 ɪm'bærəs 〕 *v.* 使困窘

18. **read** 〔 rɛd 〕 *v.* 閱讀（過去式）

_____ 〔 brɛd 〕 *n.* 麵包

_____ 〔 drɛd 〕 *v.* 害怕

_____ 〔 sprɛd 〕 *v.* 散播

19. **rag** 〔 ræg 〕 *n.* 破布

_____ 〔 bræg 〕 *v.* 吹牛

20. **average** 〔'ævərɪdʒ 〕 *adj.* 平均的

_____

〔'bɛvərɪdʒ 〕 *n.* 飲料

21. **telegram** 〔'tɛlə,græm 〕 *n.* 電報

_____

〔'progræm 〕 *n.* 節目

_____

〔'daɪə,græm 〕 *n.* 圖表

_____

〔'rediə,græm 〕 *n.* 無線電報

Cycle 9

22. **attract** 〔ə'trækt〕 v. 吸引

_____

〔ɪk'strækt〕 v. 拔出

_____

〔dɪ'strækt〕 v. 使分心

23. **draw** 〔drɔ〕 v. 畫；拉

_____

〔wɪθ'drɔ〕 v. 撤退；提 (款)

24. **dam** 〔dæm〕 n. 水壩

_____〔dæm〕 v. 詛咒

25. **Easter** 〔'istɚ〕 n. 復活節

_____

〔'istɚn〕 adj. 東方的

26. **law** 〔lɔ〕 n. 法律

_____〔lɔn〕 n. 草地

27. **fad** 〔fæd〕 n. 一時的流行

_____〔fed〕 v. 褪色

28. **ore** 〔or〕 n. 礦物

_____〔bor〕 v. 使厭煩

29. **ignore** 〔ɪg'nor〕 v. 忽視

_____〔snor〕 v. 打呼

30. **raw** 〔rɔ〕 adj. 生的

_____〔brɔl〕 v. 爭吵

_____〔krɔl〕 v. 爬

31. **store** 〔stor〕 n. 商店

_____〔rɪ'stor〕 v. 恢復

32. **procure** 〔pro'kjur〕 v. 獲得

_____

〔əb'skjur〕 adj. 模糊的

33. **hop** 〔hɑp〕 v. 跳

_____〔ʃɑp〕 v. 購物

_____〔tʃɑp〕 v. 砍；剁碎

34. **attack** 〔ə'tæk〕 v. 攻擊

_____〔ə'tætʃ〕 v. 附上

35. **naughty** 〔'nɔtɪ〕 adj. 頑皮的

_____

〔'hɔtɪ〕 adj. 傲慢的

36. **ease** 〔iz〕 n. 舒適

_____〔dɪ'ziz〕 n. 疾病

37. **phase** 〔fez〕 n. 階段

_____〔frez〕 n. 片語

Cycle 9

38. **raise** 〔 rez 〕 *v.* 舉起
   _____ 〔 prez 〕 *v.* 稱讚

39. **precise** 〔 prɪ'saɪs 〕 *adj.*
   精確的
   _____ 〔 kən'saɪs 〕 *adj.* 簡明的

40. **cane** 〔 ken 〕 *n.* 手杖
   _____ 〔'hɝɪ,ken 〕 *n.* 颶風

41. **mare** 〔 mɛr 〕 *n.* 母馬
   _____ 〔'naɪt,mɛr 〕 *n.* 惡夢

42. **ware** 〔 wɛr 〕 *n.* 用品
   _____ 〔 ə'wɛr 〕 *adj.* 知道的

43. **hip** 〔 hɪp 〕 *n.* 臀部
   _____ 〔 tʃɪp 〕 *n.* 碎片

44. **coarse** 〔 kors 〕 *adj.* 粗糙的
   _____ 〔 hors 〕 *adj.* 刺耳的

45. **tour** 〔 tʊr 〕 *n.* 旅行
   _____ 〔'ditʊr 〕 *v.* 改道

46. **tense** 〔 tɛns 〕 *adj.* 緊張的
   _____ 〔 ɪn'tɛns 〕 *adj.* 強烈的

47. **dominate** 〔'dɑmə,net 〕 *v.*
   統治
   _____ 〔'nɑmə,net 〕 *v.* 提名

48. **terminate** 〔'tɝmə,net 〕 *v.*
   終止
   _____ 〔 dɪ'tɝmənɪt 〕 *adj.* 堅決的

49. **migrate** 〔'maɪgret 〕 *v.* 遷移
   _____ 〔'ɛmə,gret,〕 *v.* 移出
   _____ 〔'ɪmə,gret 〕 *v.* 移入

50. **mate** 〔 met 〕 *n.* 伴侶
   _____ 〔'ʌltəmɪt 〕 *adj.* 最後的
   _____ 〔'ɪntəmɪt 〕 *adj.* 親密的
   _____ 〔'ɛstə,met,〕 *v.* 估計

Read at least 5 times a day*!*

1. 冰 ＿＿＿＿＿＿
   骰子 ＿＿＿＿＿

2. 男性的 ＿＿＿＿
   女性的 ＿＿＿＿

3. 來福槍 ＿＿＿＿
   瑣事 ＿＿＿＿

4. 抄寫者 ＿＿＿＿
   歸因於 ＿＿＿＿
   銘刻 ＿＿＿＿
   徵召 ＿＿＿＿
   描述 ＿＿＿＿
   開藥方 ＿＿＿＿
   禁止 ＿＿＿＿
   訂閱 ＿＿＿＿

5. 漫步 ＿＿＿＿
   攀登 ＿＿＿＿

6. 中間的 ＿＿＿＿
   干涉 ＿＿＿＿

7. 簡單的 ＿＿＿＿
   青春痘 ＿＿＿＿

8. 動作 ＿＿＿＿
   情緒 ＿＿＿＿
   暴動 ＿＿＿＿
   升遷；促進 ＿＿
   移動 ＿＿＿＿

9. 勤勉 ＿＿＿＿
   智力；情報 ＿＿
   疏忽 ＿＿＿＿

10. 葡萄樹 ＿＿＿＿
    神的 ＿＿＿＿

11. 剝皮 ＿＿＿＿
    準備 ＿＿＿＿
    比較 ＿＿＿＿

12. 繩子 ＿＿＿＿
    摸索 ＿＿＿＿

13. 高的 ＿＿＿＿
    攤位 ＿＿＿＿
    安裝 ＿＿＿＿

14. 尾巴 ＿＿＿＿
    雞尾酒 ＿＿＿＿

15. 溜冰場 ＿＿＿＿
    喝 ＿＿＿＿
    縮水 ＿＿＿＿

16. 雨 ＿＿＿＿
    排水管 ＿＿＿＿

17. 酒吧；棒子 ＿＿
    障礙 ＿＿＿＿
    使困窘 ＿＿＿＿

18. 閱讀（過去式）＿＿
    麵包 ＿＿＿＿
    害怕 ＿＿＿＿
    散播 ＿＿＿＿

19. 破布 ＿＿＿＿
    吹牛 ＿＿＿＿

20. 平均的 ＿＿＿＿
    飲料 ＿＿＿＿

21. 電報 ＿＿＿＿
    節目 ＿＿＿＿
    圖表 ＿＿＿＿
    無線電報 ＿＿＿

22. 吸引 _____
    拔出 _____
    使分心 _____

23. 畫；拉 _____
    撤退；提（款）__

24. 水壩 _____
    詛咒 _____

25. 復活節 _____
    東方的 _____

26. 法律 _____
    草地 _____

27. 一時的流行 _____
    褪色 _____

28. 礦物 _____
    使厭煩 _____

29. 忽視 _____
    打呼 _____

30. 生的 _____
    爭吵 _____
    爬 _____

31. 商店 _____
    恢復 _____

32. 獲得 _____
    模糊的 _____

33. 跳 _____
    購物 _____
    砍；剁碎 _____

34. 攻擊 _____
    附上 _____

35. 頑皮的 _____
    傲慢的 _____

36. 舒適 _____
    疾病 _____

37. 階段 _____
    片語 _____

38. 舉起 _____
    稱讚 _____

39. 精確的 _____
    簡明的 _____

40. 手杖 _____
    颶風 _____

41. 母馬 _____
    惡夢 _____

42. 用品 _____
    知道的 _____

43. 臀部 _____
    碎片 _____

44. 粗糙的 _____
    刺耳的 _____

45. 旅行 _____
    改道 _____

46. 緊張的 _____
    強烈的 _____

47. 統治 _____
    提名 _____

48. 終止 _____
    堅決的 _____

49. 遷移 _____
    移出 _____
    移入 _____

50. 伴侶 _____
    最後的 _____
    親密的 _____
    估計 _____

Mark the words you don't know.

☐ diligence _____   ☐ dice _____   ☐ praise _____

☐ ramble _____   ☐ ascribe _____   ☐ obscure _____

☐ naughty _____   ☐ pimple _____   ☐ concise _____

☐ bore _____   ☐ meddle _____   ☐ emigrate _____

☐ beverage _____   ☐ ignore _____   ☐ ultimate _____

☐ procure _____   ☐ dam _____   ☐ hoarse _____

☐ migrate _____   ☐ brag _____   ☐ detour _____

☐ hip _____   ☐ coarse _____   ☐ diagram _____

☐ precise _____   ☐ barrier _____   ☐ crawl _____

☐ dominate _____   ☐ cocktail _____   ☐ attach _____

☐ rifle _____   ☐ vine _____   ☐ intimate _____

☐ proscribe _____   ☐ determinate __   ☐ nominate _____

☐ commotion ___   ☐ hurricane _____   ☐ inscribe _____

☐ middle _____   ☐ intelligence __   ☐ negligence ___

☐ phase _____   ☐ disease _____   ☐ scramble _____

☐ distract _____   ☐ withdraw _____   ☐ phrase _____

☐ chop _____   ☐ snore _____   ☐ haughty _____

☐ tense _____   ☐ install _____   ☐ fad _____

☐ tour _____   ☐ compare _____   ☐ restore _____

☐ mare _____   ☐ embarrass ____   ☐ immigrate ___

Required Synonyms 9

1. **describe** (dɪ'skraɪb) *v.* 描述
   - = define (dɪ'faɪn)
   - = picture ('pɪktʃə)
   - = portray (por'tre)
   - = characterize ('kærɪktə,raɪz)
   - = represent (,rɛprɪ'zɛnt)
   - = paint (pent)
   - = tell (tɛl)

2. **restore** (rɪ'stor) *v.* 恢復
   - = repair (rɪ'pɛr)
   - = regain (rɪ'gen)
   - = renew (rɪ'nju)
   - = fix (fɪks)
   - = mend (mɛnd)
   - = overhaul (,ovə'hɔl)

3. **precise** (prɪ'saɪs) *adj.* 精確的
   - = accurate ('ækjərɪt)
   - = absolute ('æbsə,lut)
   - = exact (ɪg'zækt)
   - = definite ('dɛfənɪt)
   - = strict (strɪkt)
   - = detailed (dɪ'teld)
   - = positive ('pazətɪv)
   - = clear-cut ('klɪr'kʌt)

4. **meddle** ('mɛdl̩) *v.* 干涉
   - = interfere (,ɪntə'fɪr)
   - = intrude (ɪn'trud)
   - = interrupt (,ɪntə'rʌpt)
   - = intervene (,ɪntə'vin)
   - = trespass ('trɛspəs)

5. **draw** (drɔ) *v.* 拖
   - = drag (dræg)
   - = pull (pʊl)
   - = tow (to)
   - = tug (tʌg)

6. **attack** (ə'tæk) *v.* 攻擊
   - = charge (tʃɑrdʒ)
   - = drive (draɪv)
   - = assail (ə'sel)
   - = assault (ə'sɔlt)
   - = offend (ə'fɛnd)

7. **promotion** (prə'moʃən) *n.* 升遷；促進
   - = advancement (əd'vænsmənt)
   - = improvement (ɪm'pruvmənt)
   - = lift (lɪft)
   - = rise (raɪz)

Cycle 9 EXERCISE

1. I don't understand why most secretaries are _____.
   (A) male   (B) female
   (C) divine   (D) vine

2. The author _____ the scenery so well that I feel as if I have seen it with my own eyes.
   (A) ascribes   (B) inscribes
   (C) conscribes   (D) describes

3. When buying movie tickets, I make sure my seat is in the _____ row
   (A) pimple   (B) middle
   (C) meddle   (D) needle

4. Although Ben has worked for his company for more than two years, he still hasn't received a _____.
   (A) motion   (B) commotion
   (C) promotion   (D) locomotion

5. Don't _____ your lifestyle with others'; learn to be satisfied with what you have.
   (A) pare   (B) repair
   (C) prepare   (D) compare

6. The _____ is clogged again; someone must have dropped something into the sink.
   (A) rain   (B) brain
   (C) grain   (D) drain

7. The Great Wall of China was built to serve as a _____ to foreign invaders.
   (A) stall   (B) rink
   (C) barrier   (D) fad

8. The doctor had to _____ another medicine for me as the first one didn't help me much.
   (A) distract
   (B) prescribe
   (C) proscribe
   (D) subscribe

9. In many poor countries, _____ are more widely used than telephones.
   (A) telegrams
   (B) programs
   (C) diagrams
   (D) intelligence

10. Don't bother about him; he does anything to _____ others' attention.
    (A) crawl
    (B) brawl
    (C) extract
    (D) attract

11. When you _____ your children, you are giving them a chance to develop bad habits.
    (A) ignore
    (B) snore
    (C) praise
    (D) raise

12. We refer to all our _____ friends by their first names or by their nicknames.
    (A) intimate
    (B) estimate
    (C) tense
    (D) intense

13. Nowadays, men no longer _____ women as they used to do in the past.
    (A) dominate
    (B) nominate
    (C) terminate
    (D) determinate

14. Most _____ spread more easily in summer than in winter.
    (A) eases
    (B) diseases
    (C) phases
    (D) phrases

15. You have just five minutes for your speech, so please try to make it as _____ as possible.
    (A) concise
    (B) precise
    (C) dread
    (D) spread

Look and write.

1. 晚上（night）夢見母馬（mare），真是一場惡夢 _____。

2. 此路不通，我們的旅行（tour）只好改道 _____。

3. 他在路上踢到棒子（bar）而跌倒，使他覺得很困窘 _____。

4. 這家商店（store），恢復 _____ 了營業。

5. 他帶飲料到溜冰場 _____ 去喝（drink）。

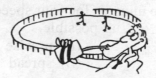

Cycle 9

6. 粗糙的（coarse）表面磨擦時，聲音很刺耳 ＿＿＿＿＿＿＿＿。

7. 他覺得不舒適（ease），可能是得了某種疾病 ＿＿＿＿＿＿＿＿。

8. 老師舉起（raise）拇指稱讚 ＿＿＿＿＿＿＿＿他。

9. 他們兩人是親密的 ＿＿＿＿＿＿＿＿ 伴侶（mate）。

10. 他讀（read）了一篇鬼故事，心裏很害怕 ＿＿＿＿＿＿＿＿。

Cycle 9　詳解

1. **ice** 〔 aɪs 〕 *n.* 冰
   break the ice　打破僵局

   dice 〔 daɪs 〕 *n.* 骰子（複數）
   die *n.* 骰子（單數）
   The die is cast. 木已成舟。

   rice *n.* 米；飯
   price *n.* 價格
   vice *n.* 邪惡

2. **male** 〔 mel 〕 *adj.* 男性的
   female 〔ˈfimel 〕 *adj.* 女性的

3. **rifle** 〔ˈraɪfḷ 〕 *n.* 來福槍；步槍
   trifle 〔ˈtraɪfḷ 〕 *n.* 瑣事

4. **scribe** 〔 skraɪb 〕 *n.* 抄寫者

   a¦scribe 〔 əˈskraɪb 〕
   to¦ write（寫於～）　　*v.* 歸因於
   ascribe A to B
   把 A 歸因於 B

   in¦scribe 〔 ɪnˈskraɪb 〕 *v.* 銘刻
   on¦（寫在～之上）

   con¦scribe 〔 kənˈskraɪb 〕
   together　　　　　 *v.* 徵召
   （把名字一起寫下來）

   de¦scribe 〔 dɪˈskraɪb 〕 *v.* 描述
   加強（詳細地寫下來）

   pre¦scribe 〔 prɪˈskraɪb 〕
   before　　　　　　*v.* 開藥方
   （先寫藥方，再配藥）

   prescription *n.* 藥方

   pro¦scribe 〔 proˈskraɪb 〕
   publicly　　　　　*v.* 禁止
   （把罪犯的名字公佈出來）

   sub¦scribe 〔 səbˈskraɪb 〕
   down（寫在下面）
   　　　　　　　v. 訂閱；署名

5. **ramble** 〔ˈræmbḷ 〕 *v.* 漫步
   gamble *v.* 賭博

   scramble 〔ˈskræmbḷ 〕
   　　　　　　v. 攀登；炒（蛋）
   scrambled eggs　炒蛋

6. **middle** 〔ˈmɪdḷ 〕 *adj.* 中間的
   meddle 〔ˈmɛdḷ 〕 *v.* 干涉
   = interfere = intervene
   <同音字> medal　*n.* 獎牌

7. **simple** 〔ˈsɪmpḷ 〕 *adj.* 簡單的
   dimple *n.* 酒窩
   pimple 〔ˈpɪmpḷ 〕 *n.* 青春痘
   （/p/,/p/,/p/ 就像青春痘冒出來
   的聲音）

8. **motion** 〔'moʃən 〕 *n.* 動作

 emotion 〔 ɪ'moʃən 〕 *n.* 情緒

 com¦motion 〔 kə'moʃən 〕
 together
 n. 暴動
 （大家一起亂動）

 pro¦motion 〔 prə'moʃən 〕
 forward
 n. 升遷；促進
 （往前動）

 loco¦motion 〔 ,lokə'moʃən 〕
 place（移動位置）
 n. 移動

 locomotive *n.* 火車頭

9. **diligence** 〔'dɪlədʒəns 〕 *n.* 勤勉

 intelligence 〔 ɪn'tɛlədʒəns 〕
 n. 智力；情報

 negligence 〔'nɛglədʒəns 〕
 n. 疏忽

 CIA (the Central Intelligence
 Agency) 美國中央情報局

10. **vine** 〔 vaɪn 〕 *n.* 葡萄樹

 divine 〔 də'vaɪn 〕 *adj.* 神的

 To err is human, to forgive
 divine.
 犯錯是人，寬恕是神。

11. **pare** 〔 pɛr 〕 *v.* 剝皮

 pre¦pare 〔 prɪ'pɛr 〕 *v.* 準備
 before

 com¦pare 〔 kəm'pɛr 〕
 together
 v. 比較

 compare A with B
 比較 A 和 B

12. **rope** 〔 rop 〕 *n.* 繩子

 grope 〔 grop 〕 *v.* 摸索

 Europe *n.* 歐洲

13. **tall** 〔 tɔl 〕 *adj.* 高的

 stall 〔 stɔl 〕 *n.* 攤位

 install 〔 ɪn'stɔl 〕 *v.* 安裝

 installment *n.* 分期付款

14. **tail** 〔 tel 〕 *n.* 尾巴

 tailor *n.* 裁縫師

 tailcoat *n.* 燕尾服

 cock¦tail 〔'kɑk,tel 〕
 公雞
 n. 雞尾酒

 cocktail party 雞尾酒會

15. ink *n.* 墨水

    rink ﹝ rɪŋk ﹞ *n.* 溜冰場

    drink ﹝ drɪŋk ﹞ *v.* 喝

    shrink ﹝ ʃrɪŋk ﹞ *v.* 縮水

16. **rain** ﹝ ren ﹞ *n.* 雨

    drain ﹝ dren ﹞ *n.* 排水管

    train *n.* 火車

    strain *v.* 拉緊

17. **bar** ﹝ bɑr ﹞ *n.* 酒吧；棒子

                        v. 禁止；阻礙

    barrier ﹝ 'bærɪə ﹞ *n.* 障礙

    embarrass ﹝ ɪm'bærəs ﹞

                        v. 使困窘

18. **read** ﹝ rɛd ﹞ *v.* 閱讀（過去式）

    tread *v.* 踐踏

    bread ﹝ brɛd ﹞ *n.* 麵包

    dread ﹝ drɛd ﹞ *v.* 害怕

    spread ﹝ sprɛd ﹞ *v.* 散播

19. **rag** ﹝ ræg ﹞ *n.* 破布

    brag ﹝ bræg ﹞ *v.* 吹牛

    = boast

    drag *v.* 拖曳

    dragon *n.* 龍

20. **average** ﹝ 'ævərɪdʒ ﹞ *adj.* 平均的

    beverage ﹝ 'bɛvərɪdʒ ﹞ *n.* 飲料

21. gram *n.* 公克

    tele｜gram ﹝ 'tɛlə͵græm ﹞ *n.*
     far ｜ write
    電報（從遠方寫來的）

    pro｜gram ﹝ 'progræm ﹞ *n.*
    before
    節目（寫在前面）

    dia｜gram ﹝ 'daɪə͵græm ﹞ *n.*
    through
    圖表（透過圖表寫出來）

    radio｜gram ﹝ 'redɪə͵græm ﹞
    無線電 ｜
    n. 無線電報（用無線電寫）

    tele- (far):

    tele｜graph *n.* 電報
        ｜write

    tele｜phone *n.* 電話
        ｜sound

    tele｜scope *n.* 望遠鏡
        ｜ look

    tele｜vision *n.* 電視
        ｜ 影像

22. **at｜tract** 〔əˋtrækt〕 *v.* 吸引
to｜draw（拉）

ex｜tract 〔ɪkˋstrækt〕 *v.* 拔出
out｜（拉出來）

dis｜tract 〔dɪˋstrækt〕 *v.* 使分心
apart（拉往別的方向）

sub｜tract *v.* 扣除
under（往下拉）

con｜tract *v.* 收縮　*n.* 合約
together（一起拉）

abs｜tract *adj.* 抽象的
from（從～拉走）

23. **draw** 〔drɔ〕 *v.* 畫；拉

with｜draw 〔wɪθˋdrɔ〕 *v.* 撤退；
back｜（往後拉）
提（款）

drawback *n.* 缺點
drawer *n.* 抽屜

24. **dam** 〔dæm〕 *n.* 水壩

damn 〔dæm〕 *v.* 詛咒
damp *adj.* 潮濕的
Damn it! 該死！

25. **Easter** 〔ˋistɚ〕 *n.* 復活節

eastern 〔ˋistɚn〕 *adj.* 東方的
east *n.* 東方
↔ west *n.* 西方
western *adj.* 西方的

26. **law** 〔lɔ〕 *n.* 法律
claw *n.* 爪子
flaw *n.* 瑕疵

lawn 〔lɔn〕 *n.* 草地

27. **fad** 〔fæd〕 *n.* 一時的流行
lad *n.* 少年

fade 〔fed〕 *v.* 褪色；消失

28. **ore** 〔or〕 *n.* 礦物

bore 〔bor〕 *v.* 使厭煩
bored *adj.* 覺得無聊的
boring *adj.* 無聊的
core *n.* 核心
sore *adj.* 疼痛的
sore throat 喉嚨痛

29. **ignore** 〔ɪgˋnor〕 *v.* 忽視

snore 〔snor〕 *v.* 打呼
score *n.* 分數

30. **raw** 〔rɔ〕 *adj.* 生的

brawl 〔brɔl〕 *v.* 爭吵
= wrangle
= quarrel

crawl 〔krɔl〕 *v.* 爬

Cycle 9

31. **store** 〔 stor 〕 *n.* 商店
    v. 儲存
    restore 〔 rɪ'stor 〕 *v.* 恢復
    = resume = regain
    = recover

32. **procure** 〔 pro'kjur 〕 *v.* 獲得
    secure *adj.* 安全的
    obscure 〔 əb'skjur 〕
    adj. 模糊的
    = vague

33. **hop** 〔 hɑp 〕 *v.* 跳
    shop 〔 ʃɑp 〕 *v.* 購物 *n.* 商店
    window-shopping 逛街瀏
    覽櫥窗 (只看不買)
    chop 〔 tʃɑp 〕 *v.* 砍;剁碎
    chopsticks *n. pl.* 筷子

34. **attack** 〔 ə'tæk 〕 *v.* 攻擊
    n. (病) 發作
    = assail
    heart attack 心臟病發作
    attach 〔 ə'tætʃ 〕 *v.* 附上;
    貼上;繫上

35. naught 〔 nɔt 〕 *n.* 無
    naughty 〔 'nɔtɪ 〕 *adj.* 頑皮的
    haughty 〔 'hɔtɪ 〕 *adj.* 傲慢的
    = arrogant
    = proud

36. **ease** 〔 iz 〕 *n.* 舒適
    tease *v.* 嘲弄
    cease *v.* 停止
    decease *v.* 死亡
    disease 〔 dɪ'ziz 〕 *n.* 疾病
    not

37. **phase** 〔 fez 〕 *n.* 階段
    phrase 〔 frez 〕 *n.* 片語

38. **raise** 〔 rez 〕 *v.* 舉起 *n.* 加薪
    praise 〔 prez 〕 *v.* 稱讚
    = commend = compliment

39. **precise** 〔 prɪ'saɪs 〕 *adj.* 精確的
    concise 〔 kən'saɪs 〕 *adj.* 簡明的

40. can *aux.* 能夠 *n.* 罐頭
    cane 〔 ken 〕 *n.* 手杖
    sugarcane *n.* 甘蔗
    cane sugar 蔗糖
    hurricane 〔 'hɝɪ,ken 〕 *n.* 颶風

41. **mare** 〔 mɛr 〕 *n.* 母馬
    nightmare 〔 'naɪt,mɛr 〕
    晚上 *n.* 惡夢
    (晚上夢見母馬→惡夢)

    Money makes the mare go.
    有錢能使鬼推磨。

Cycle 9

42. **ware** 〔 wɛr 〕 *n.* 用品
warehouse *n.* 倉庫
tableware *n.* 餐具
hardware *n.* 硬體
software *n.* 軟體
aware 〔 ə'wɛr 〕 *adj.* 知道的
be aware of~ 知道~

43. **hip** 〔 hɪp 〕 *n.* 臀部
chip 〔 tʃɪp 〕 *n.* 碎片
potato chips 洋芋片

44. **coarse** 〔 kors 〕 *adj.* 粗糙的
hoarse 〔 hors 〕 *adj.* 刺耳的

45. **tour** 〔 tʊr 〕 *n.* 旅行
tourist *n.* 觀光客
detour 〔'ditʊr , dɪ'tʊr 〕 *v.*
改道
（在美國，修路時會擺出告示
牌，上面寫著字母"D"，意指
detour，要行人車輛改道。）

46. **tense** 〔 tɛns 〕 *adj.* 緊張的
n. 時態
intense 〔 ɪn'tɛns 〕 *adj.* 強烈的
intense heat 酷熱
intense pain 劇痛

47. **dom**|**inate** 〔'damə,net 〕
rule   *v.* 統治
nom|**inate** 〔'namə,net 〕
name   *v.* 提名

48. **terminate** 〔't3mə,net 〕
v. 終止
terminator *n.* 終結者
determinate 〔 dɪ't3mənɪt 〕
adj. 堅決的
determination *n.* 決心
determine *v.* 決定

49. **migrate** 〔'maɪgret 〕 *v.* 遷移
e|**migrate** 〔'ɛmə,gret 〕 *v.*
out
移出（往外遷移）
im|**migrate** 〔'ɪmə,gret 〕 *v.*
in
移入（往內遷移）

50. **mate** 〔 met 〕 *n.* 伴侶
classmate *n.* 同班同學
roommate *n.* 室友
ultimate 〔'ʌltəmɪt 〕
= final   *adj.* 最後的
intimate 〔'ɪntəmɪt 〕
= close   *adj.* 親密的
estimate 〔'ɛstə,met 〕 *v.* 估計

Mark the words you don't know.

☐ diligence 勤勉
☐ ramble 漫步
☐ naughty 頑皮的
☐ bore 使厭煩
☐ beverage 飲料

☐ ascribe 歸因於
☐ pimple 青春痘
☐ meddle 干涉
☐ ignore 忽視
☐ dam 水壩

☐ obscure 模糊的
☐ concise 簡明的
☐ emigrate 移出
☐ ultimate 最後的
☐ emotion 情緒

☐ procure 獲得
☐ migrate 遷移
☐ hip 臀部
☐ precise 精確的
☐ dominate 統治

☐ brag 吹牛
☐ coarse 粗糙的
☐ barrier 障礙
☐ cocktail 雞尾酒
☐ vine 葡萄樹

☐ hoarse 刺耳的
☐ detour 改道
☐ diagram 圖表
☐ crawl 爬
☐ attach 附上

☐ rifle 來福槍
☐ proscribe 禁止
☐ commotion 暴動
☐ middle 中間的
☐ phase 階段

☐ determinate 堅決的
☐ hurricane 颶風
☐ intelligence 智力；
　　情報
☐ disease 疾病

☐ intimate 親密的
☐ nominate 提名
☐ inscribe 銘刻
☐ negligence 疏忽
☐ scramble 攀登

☐ distract 使分心
☐ chop 砍；剁碎
☐ tense 緊張的
☐ tour 旅行
☐ mare 母馬
☐ dice 骰子

☐ withdraw 撤退；提(款)
☐ snore 打呼
☐ install 安裝
☐ compare 比較
☐ embarrass 使困窘
☐ praise 稱讚

☐ phrase 片語
☐ haughty 傲慢的
☐ fad 一時的流行
☐ restore 恢復
☐ immigrate 移入
☐ spread 散播

Answers to Cycle 9 Exercise

1. B   2. D   3. B   4. C   5. D   6. D   7. C   8. B
9. A   10. D   11. A   12. A   13. A   14. B   15. A

Answers to Look and write

1. nightmare   2. detour   3. embarrass   4. restore
5. rink   6. hoarse   7. disease   8. praise
9. intimate   10. dread

Cycle 10

1. **ascend** 〔ə'sɛnd〕 *v.* 上升

   _____

   　　　〔dɪ'sɛnd〕 *v.* 下降

   _____

   　　　〔træn'sɛnd〕 *v.* 超越

2. **rural** 〔'rʊrəl〕 *adj.* 鄉下的

   _____

   　　　〔'plʊrəl〕 *adj.* 複數的

3. **compute** 〔kəm'pjut〕 *v.*
   計算

   _____

   　　　〔dɪ'spjut〕 *v.* 爭論

4. **dialogue** 〔'daɪəˌlɔg〕 *n.*
   對話

   _____

   　　　〔'kætḷˌɔg〕 *n.* 目錄

5. **avenue** 〔'ævəˌnju〕 *n.*
   大街

   _____

   　　　〔'rɛvəˌnju〕 *n.* 歲收

6. **eel** 〔il〕 *n.* 鰻魚

   _____

   　　　〔fil〕 *v.* 感覺

7. **believe** 〔bɪ'liv〕 *v.* 相信

   _____

   　　　〔rɪ'liv〕 *v.* 減輕

8. **warm** 〔wɔrm〕 *adj.* 溫暖的

   _____

   　　　〔swɔrm〕 *n.* (昆蟲)群

9. **beef** 〔bif〕 *n.* 牛肉

   _____

   　　　〔rif〕 *n.* 暗礁

10. **intensive** 〔ɪn'tɛnsɪv〕 *adj.*
    激烈的

    _____

    　　　〔ɪk'stɛnsɪv〕 *adj.* 廣泛的

11. **sting** 〔stɪŋ〕 *v.* 叮；螫

    _____

    　　　〔'stɪndʒɪ〕 *adj.* 吝嗇的

12. **freeze** 〔 friz 〕 *v.* 結冰

   _____

   　　　　　〔 briz 〕 *n.* 微風

13. **analyze** 〔'ænḷ‚aɪz 〕 *v.* 分析

   _____

   　　　　〔'pærə‚laɪz 〕 *v.* 使麻痺

14. **stuff** 〔 stʌf 〕 *n.* 東西

   _____ 〔 stɪf 〕 *adj.* 硬的

15. **tension** 〔'tɛnʃən 〕 *n.* 緊張

   _____

   　　　　〔 ɪk'stɛnʃən 〕 *n.* 延伸

16. **prize** 〔 praɪz 〕 *n.* 獎金

   _____

   　　　　〔 praɪs 〕 *n.* 價格

17. **them** 〔 ðɛm 〕 *pron.* 他們

   _____

   　　　　〔'ænθəm‚〕 *n.* 聖歌

18. **cap** 〔 kæp 〕 *n.* (無邊的) 帽子

   _____

   　　　　〔'hændɪ‚kæp 〕 *n.* 障礙

19. **heap** 〔 hip 〕 *n.* 堆

   _____

   　　　　〔 tʃip 〕 *adj.* 便宜的

20. **leap** 〔 lip 〕 *v.* 跳

   _____ 〔 rip 〕 *v.* 收割

21. **rap** 〔 ræp 〕 *v.* 敲擊

   _____

   　　　　〔 træp 〕 *n.* 陷阱

   _____ 〔 ræp 〕 *v.* 包；裹

22. **grim** 〔 grɪm 〕 *adj.* 冷酷的

   _____

   　　　　〔'pɪlgrɪm 〕 *n.* 朝聖者

23. **ray** 〔 re 〕 *n.* 光線

   _____

   　　　　〔'rean 〕 *n.* 人造絲

24. **match** 〔 mætʃ 〕 *n.* 火柴

   _____ 〔 lætʃ 〕 *n.* 門閂

25. **anguish** 〔'æŋgwɪʃ 〕 *n.* 痛苦

   _____

   　　　　〔'læŋgwɪʃ‚〕 *v.* 憔悴；枯萎

26. **clutch** 〔 klʌtʃ 〕 *n.* 離合器

_____

〔 krʌtʃ 〕 *n.* 拐杖

27. **ouch** 〔 autʃ 〕 *int.* 哎唷

_____

〔 kautʃ 〕 *n.* 長沙發

_____

〔 krautʃ 〕 *v.* 蹲伏

28. **lash** 〔 læʃ 〕 *n.* 睫毛

_____

〔 flæʃ 〕 *n.* 閃光

29. **fresh** 〔 frɛʃ 〕 *adj.* 新鮮的

_____

〔 rɪˈfrɛʃ 〕 *v.* 使提神

30. **dish** 〔 dɪʃ 〕 *n.* 盤子

_____

〔ˈrædɪʃ 〕 *n.* 小蘿蔔

31. **game** 〔 gem 〕 *n.* 遊戲

_____

〔ˈgæmbḷ 〕 *v.* 賭博

32. **distinguish** 〔 dɪˈstɪŋgwɪʃ 〕 *v.* 區別

_____

〔 ɪkˈstɪŋgwɪʃ 〕 *v.* 熄滅

33. **acre** 〔ˈekɚ 〕 *n.* 英畝

_____

〔ˈmæsəkɚ 〕 *n.* 大屠殺

34. **wink** 〔 wɪŋk 〕 *v.* 眨眼

_____〔ˈwɪŋkḷ 〕 *v.* 挑出

35. **apple** 〔ˈæpḷ 〕 *n.* 蘋果

_____

〔ˈgræpḷ 〕 *v.* 扭打

36. **tooth** 〔 tuθ 〕 *n.* 牙齒

_____

〔 buθ 〕 *n.* 攤位

37. **single** 〔ˈsɪŋgḷ 〕 *adj.* 單一的

_____

〔ˈtɪŋgḷ 〕 *v. n.* 刺痛

_____

〔ˈmɪŋgḷ 〕 *v.* 混合

38. **birth** 〔 bɝθ 〕 *n.* 出生

_____

〔 mɝθ 〕 *n.* 歡樂

39. **post** 〔 post 〕 *n.* 郵政

_____

〔 post'pon 〕 *v.* 延期

40. **truck** 〔 trʌk 〕 *n.* 卡車

〔 strʌk 〕 *v.* 打擊（過去式）

_____

〔'θʌndɚ,strʌk 〕 *adj.* 嚇呆的

41. **lag** 〔 læg 〕 *v. n.* 落後

_____

〔 flæg 〕 *n.* 旗子

42. **render** 〔'rɛndɚ 〕 *v.* 給與

_____

〔 sə'rɛndɚ 〕 *v.* 投降

43. **inch** 〔 ɪntʃ 〕 *n.* 吋

_____

〔 pɪntʃ 〕 *v.* 捏

44. **arch** 〔 ɑrtʃ 〕 *n.* 拱門

_____

〔'ɑrtʃərɪ 〕 *n.* 箭術

45. **rich** 〔 rɪtʃ 〕 *adj.* 富有的

_____

〔'ɔstrɪtʃ 〕 *n.* 鴕鳥

46. **foam** 〔 fom 〕 *n.* 泡沫

_____ 〔 rom 〕 *v.* 閒逛

47. **torch** 〔 tɔrtʃ 〕 *n.* 火把

_____

〔 pɔrtʃ 〕 *n.* 門廊

48. **utter** 〔'ʌtɚ 〕 *v.* 說出

_____

〔'bʌtɚ 〕 *n.* 奶油

49. **kin** 〔 kɪn 〕 *n.* 家族

_____ 〔 skɪn 〕 *n.* 皮膚

50. **mental** 〔'mɛntl̩ 〕 *adj.* 心理的

_____

〔,fʌndɚ'mɛntl̩ 〕 *adj.* 基礎的

Read at least 5 times a day!

1. 上升 _____
   下降 _____
   超越 _____

2. 鄉下的 _____
   複數的 _____

3. 計算 _____
   爭論 _____

4. 對話 _____
   目錄 _____

5. 大街 _____
   歲收 _____

6. 鰻魚 _____
   感覺 _____

7. 相信 _____
   減輕 _____

8. 溫暖的 _____
   （昆蟲）群 _____

9. 牛肉 _____
   暗礁 _____

10. 激烈的 _____
    廣泛的 _____

11. 叮；螫 _____
    沓齒的 _____

12. 結冰 _____
    微風 _____

13. 分析 _____
    使麻痺 _____

14. 東西 _____
    硬的 _____

15. 緊張 _____
    延伸 _____

16. 獎金 _____
    價格 _____

17. 他們 _____
    聖歌 _____

18. （無邊的）帽子 __
    障礙 _____

19. 堆 _____
    便宜的 _____

20. 跳 _____
    收割 _____

21. 敲擊 _____
    陷阱 _____
    包；裹 _____

22. 冷酷的 _____
    朝聖者 _____

23. 光線 _____
    人造絲 _____

24. 火柴 _____
    門閂 _____

Cycle 10

25. 痛苦 _____
　　憔悴；枯萎 _____

26. 離合器 _____
　　拐杖 _____

27. 哎唷 _____
　　長沙發 _____
　　蹲伏 _____

28. 睫毛 _____
　　閃光 _____

29. 新鮮的 _____
　　使提神 _____

30. 盤子 _____
　　小蘿蔔 _____

31. 遊戲 _____
　　賭博 _____

32. 區別 _____
　　熄滅 _____

33. 英畝 _____
　　大屠殺 _____

34. 眨眼 _____
　　挑出 _____

35. 蘋果 _____
　　扭打 _____

36. 牙齒 _____
　　攤位 _____

37. 單一的 _____
　　刺痛 _____
　　混合 _____

38. 出生 _____
　　歡樂 _____

39. 郵政 _____
　　延期 _____

40. 卡車 _____
　　打擊（過去式） ____
　　嚇呆的 _____

41. 落後 _____
　　旗子 _____

42. 給與 _____
　　投降 _____

43. 吋 _____
　　捏 _____

44. 拱門 _____
　　箭術 _____

45. 富有的 _____
　　鴕鳥 _____

46. 泡沫 _____
　　閒逛 _____

47. 火把 _____
　　門廊 _____

48. 說出 _____
　　奶油 _____

49. 家族 _____
　　皮膚 _____

50. 心理的 _____
　　基礎的 _____

Mark the words you don't know.

☐ intensive _____   ☐ sting _____   ☐ clutch _____
☐ rural _____   ☐ compute _____   ☐ grim _____
☐ stuff _____   ☐ avenue _____   ☐ wrap _____
☐ ascend _____   ☐ descend _____   ☐ latch _____
☐ anthem _____   ☐ roam _____   ☐ massacre _____

☐ beef _____   ☐ single _____   ☐ foam _____
☐ dialogue _____   ☐ ray _____   ☐ surrender _____
☐ mental _____   ☐ lash _____   ☐ booth _____
☐ grapple _____   ☐ utter _____   ☐ swarm _____
☐ handicap _____   ☐ rap _____   ☐ revenue _____

☐ anguish _____   ☐ refresh _____   ☐ transcend _____
☐ render _____   ☐ torch _____   ☐ dispute _____
☐ crutch _____   ☐ postpone _____   ☐ stingy _____
☐ distinguish _____   ☐ pilgrim _____   ☐ stiff _____
☐ wink _____   ☐ winkle _____   ☐ tingle _____

☐ ostrich _____   ☐ extinguish _____   ☐ mingle _____
☐ acre _____   ☐ languish _____   ☐ gamble _____
☐ match _____   ☐ archery _____   ☐ lag _____
☐ heap _____   ☐ fundamental _____   ☐ crouch _____
☐ kin _____   ☐ radish _____   ☐ trap _____

Required Synonyms 10

1. **compute** (kəm'pjut) *v.* 計算
   - = calculate ('kælkjə,let)
   - = count (kaʊnt)

   - = figure ('fɪgɚ)
   - = estimate ('ɛstə,met)
   - = reckon ('rɛkən)

2. **stingy** ('stɪndʒɪ) *adj.* 吝嗇的
   - = ungenerous
     (ʌn'dʒɛnərəs)
   - = miserly ('maɪzɚlɪ)
   - = cheap (tʃip)

3. **mingle** ('mɪŋgl̩) *v.* 混合
   - = mix (mɪks)
   - = blend (blɛnd)

   - = associate (ə'soʃɪ,et)
   - = combine (kəm'baɪn)

4. **fundamental**
   (,fʌndə'mɛntl̩) *adj.* 基本的
   - = basic ('besɪk)
   - = essential (ə'sɛnʃəl)

   - = elementary (,ɛlə'mɛntərɪ)
   - = primary ('praɪ,mɛrɪ)

5. **anguish** ('æŋgwɪʃ) *n.* 痛苦
   - = torment ('tɔrmɛnt)
   - = torture ('tɔrtʃɚ)
   - = woe (wo)

   - = agony ('ægənɪ)
   - = grief (grif)
   - = pain (pen)

   - = suffering ('sʌfrɪŋ)
   - = distress (dɪ'strɛs)
   - = heartache ('hart,ek)

6. **mirth** (mɝθ) *n.* 歡樂
   - = fun (fʌn)
   - = joy (dʒɔɪ)
   - = laughter ('læftɚ)

   - = amusement
     (ə'mjuzmənt)
   - = merriment ('mɛrɪmənt)

7. **postpone** (post'pon) *v.*
   延期
   - = delay (dɪ'le)
   - = defer (dɪ'fɝ)

   - = suspend (sə'spɛnd)
   - = stall (stɔl)
   - = table ('tebl̩)

Cycle 10 EXERCISE

1. The customer _____ the amount of the check with the waiter.
   (A) spread   (B) transcend
   (C) disputed   (D) refresh

2. Having lived all his life in the city, Ben found it difficult to adapt himself to _____ life.
   (A) lag   (B) stuff
   (C) plural   (D) rural

3. One of the responsibilities of the accounting department was to _____ the salaries of the employees.
   (A) compute   (B) surrender
   (C) ascend   (D) gamble

4. The _____, lined with trees on both sides, looked beautiful in the morning sunlight.
   (A) dialogue   (B) catalogue
   (C) avenue   (D) revenue

5. The boss _____ himself of the problem by passing it over to his secretary.
   (A) believed   (B) relieved
   (C) analyzed   (D) paralyzed

6. From the top of Yang Ming Shan, we can get an _____ view of Taipei.
   (A) expensive   (B) impressed
   (C) extensive   (D) intensive

7. Ben is generally quite a _____ person, but when it comes to food, he spends a lot of money.
   (A) mental   (B) plural
   (C) sting   (D) stingy

8. ＿＿＿＿＿＿ filled the air as the judge got up from his chair to announce the name of the winner.
   - (A) Tension
   - (B) Anthem
   - (C) Extension
   - (D) Pilgrim

9. ＿＿＿＿＿＿ of garbage piled up on the sidewalks are a common sight in Taipei.
   - (A) Heaps
   - (B) Cheap
   - (C) Leaps
   - (D) Reaps

10. The twins look so much alike that it is difficult to ＿＿＿＿＿＿ between them.
    - (A) distinguish
    - (B) extinguish
    - (C) tingle
    - (D) mingle

11. If you buy an item from a gift shop, the sales clerk will ＿＿＿＿＿＿ it up for you for free.
    - (A) rap
    - (B) clutch
    - (C) wrap
    - (D) winkle

12. The ＿＿＿＿＿＿ was designed in such a way as not to injure the animals caught in it.
    - (A) cap
    - (B) wrap
    - (C) trap
    - (D) rap

13. The flight attendant kindly asked the passenger to ＿＿＿＿＿＿ his cigarette.
    - (A) crouch
    - (B) extinguish
    - (C) roam
    - (D) pinch

14. Due to financial problems, the couple ＿＿＿＿＿＿ their wedding by another year.
    - (A) posted
    - (B) postponed
    - (C) rendered
    - (D) uttered

15. The soldiers are so dedicated to their mission that they would rather die than ＿＿＿＿＿＿ to enemy forces.
    - (A) winkle
    - (B) wink
    - (C) languish
    - (D) surrender

Cycle 10 詳解

1. **a¦scend** 〔ə'sɛnd〕 *v.* 上升
   to¦climb（爬上去）

   de¦scend 〔dɪ'sɛnd〕 *v.* 下降
   down（爬下來）

   tran¦scend 〔træn'sɛnd〕
   beyond   *v.* 超越
   （爬到範圍之外）

2. **rural** 〔'rʊrəl〕 *adj.* 鄉下的
   = rustic
   ↔ urban *adj.* 都市的

   plural 〔'plʊrəl〕 *adj.* 複數的
   ↔ singular *adj.* 單數的

3. **compute** 〔kəm'pjut〕 *v.* 計算
   = calculate
   = count
   = figure
   computer *n.* 電腦

   dispute 〔dɪ'spjut〕 *v.* 爭論
   = wrangle
   = quarrel
   = argue

4. **dia¦logue** 〔'daɪə,lɔg〕 *n.* 對話
   between speak
   （兩個人之間的交談）

   cata¦logue 〔'kætḷ,ɔg〕 *n.* 目錄
   fully¦（仔細說明，介紹產品）

   mono¦logue *n.* 獨白
   one

   pro¦logue *n.* 前言
   before

   epi¦logue *n.* 結語
   upon（在上面附加的言語）

5. **a¦ven¦ue** 〔'ævə,nju〕 *n.* 大街
   to¦come

   re¦ven¦ue 〔'rɛvə,nju〕 *n.* 歲收
   back
   （國家一年的收入）

6. **eel** 〔il〕 *n.* 鰻魚

   feel 〔fil〕 *v.* 感覺
   heel *n.* 腳跟
   steel *n.* 鋼

7. **believe** 〔bɪ'liv〕 *v.* 相信

   relieve 〔rɪ'liv〕 *v.* 減輕

8. **warm** 〔wɔrm〕 *adj.* 溫暖的
   worm *n.* 蟲
   warn *v.* 警告

   swarm 〔swɔrm〕 *n.* （昆蟲）群
   a swarm of bees 一群蜜蜂

9. **beef** 〔 bif 〕 *n.* 牛肉
(beef)steak *n.* 牛排
reef 〔 rif 〕 *n.* 暗礁
coral reef 珊瑚礁

10. **in｜tens｜ive** 〔 ɪn'tɛnsɪv 〕
in｜ stretch
adj. 激烈的；密集的
ex｜tens｜ive 〔 ɪk'stɛnsɪv 〕
out｜
adj. 廣泛的
intensive course 密集課程
intensive reading 精讀
extensive reading 博覽

11. **sting** 〔 stɪŋ 〕 *v.* 叮；螫 *n.* 刺
stingy 〔 'stɪndʒɪ 〕 *adj.* 吝嗇的
= miserly

12. **freeze** 〔 friz 〕 *v.* 結冰
breeze 〔 briz 〕 *n.* 微風
sneeze *v.* 打噴嚏

13. **ana｜lyze** 〔 'ænl͵aɪz 〕 *v.* 分析
back loosen（放鬆回到原處）
para｜lyze 〔 'pærə͵laɪz 〕
beside（鬆弛而脫離） *v.* 使麻痺
polio *n.* 小兒麻痺症

14. **stuff** 〔 stʌf 〕 *n.* 東西
v. 裝填；塞入
food stuffs 食品
stuffed toy 填充玩具
stuffy *adj.* 通風不良的；
（鼻子）塞住的
stiff 〔 stɪf 〕 *adj.* 硬的
staff *n.* 職員（集合名詞）

15. tense *adj.* 緊張的
tension 〔 'tɛnʃən 〕 *n.* 緊張
ex｜tens｜ion 〔 ɪk'stɛnʃən 〕
out｜ stretch
n. 延伸；分機

16. **prize** 〔 praɪz 〕 *n.* 獎金
price 〔 praɪs 〕 *n.* 價格

17. **them** 〔 ðɛm 〕 *pron.* 他們
anthem 〔 'ænθəm 〕 *n.* 聖歌
national anthem 國歌

18. **cap** 〔 kæp 〕 *n.* （無邊的）帽子
cape *n.* 披肩
captive *n.* 俘虜
handicap 〔 'hændɪ͵kæp 〕
n. 障礙
the handicapped 殘障人士

19. **heap**〔hip〕*n.* 堆
in a heap　成堆地
<u>**cheap**</u>〔tʃip〕*adj.* 便宜的

20. **leap**〔lip〕*v.* 跳
Look before you leap.
三思而後行。
<u>**reap**</u>〔rip〕*v.* 收割
As you sow, so shall you
reap. 種瓜得瓜，種豆得豆。

21. **rap**〔ræp〕*v.* 敲擊
　　　　n. 繞舌歌
<u>**trap**</u>〔træp〕*n.* 陷阱
<u>**wrap**</u>〔ræp〕*v.* 包；裏

22. **grim**〔grɪm〕*adj.* 冷酷的
<u>**pilgrim**</u>〔ˈpɪlgrɪm〕*n.* 朝聖者

23. **ray**〔re〕*n.* 光線
<u>**rayon**</u>〔ˈreɑn〕*n.* 人造絲
X-rays　X 光

24. **match**〔mætʃ〕*n.* 火柴；對手
　　　　　v. 相配；匹敵
matchbox　*n.* 火柴盒

<u>**latch**</u>〔lætʃ〕*n.* 門閂
latchkey child　鑰匙兒童

25. **anguish**〔ˈæŋgwɪʃ〕*n.* 痛苦
<u>**languish**</u>〔ˈlæŋgwɪʃ〕
　　　　　　v. 憔悴；枯萎

26. **clutch**〔klʌtʃ〕*n.* 離合器
　　　　　v. 抓住
<u>**crutch**</u>〔krʌtʃ〕*n.* 拐杖
A drowning man will clutch
at a straw.
急不暇擇；病急亂投醫。

27. **ouch**〔aʊtʃ〕*int.* 哎唷
<u>**couch**</u>〔kaʊtʃ〕*n.* 長沙發
coach　*n.* 教練
<u>**crouch**</u>〔kraʊtʃ〕*v.* 蹲伏

28. **lash**〔læʃ〕*n.* 睫毛　*v.* 鞭打
= eyelash
<u>**flash**</u>〔flæʃ〕*n.* 閃光
flashlight　*n.* 手電筒；閃光燈

29. **fresh**〔frɛʃ〕*adj.* 新鮮的
<u>**re¦fresh**</u>〔rɪˈfrɛʃ〕*v.* 使提神
again

Cycle 10

30. **dish** 〔 dɪʃ 〕 *n.* 盤子；菜餚
　　radish 〔'rædɪʃ 〕 *n.* 小蘿蔔

31. **game** 〔 gem 〕
　　　　　n. 遊戲；比賽；獵物
　　game¦ster *n.* 賭徒
　　　　¦ 人
　　= gambler
　　gamble 〔'gæmbḷ 〕 *v.* 賭博

32. **dis¦tinguish** 〔 dɪ'stɪŋgwɪʃ 〕
　　apart　　　　　*v.* 區別
　　= tell apart
　　distinguish A from B
　　= tell A from B　區分 A 和 B
　　distinguished *adj.* 卓越的
　　ex¦tinguish 〔 ɪk'stɪŋgwɪʃ 〕
　　out¦　　　　　*v.* 熄滅
　　= put out
　　extinguisher *n.* 滅火器

33. **acre** 〔'ekɚ 〕 *n.* 英畝
　　massacre 〔'mæsəkɚ 〕
　　　　　　　　n. 大屠殺
　　= slaughter

34. **wink** 〔 wɪŋk 〕 *v.* 眨眼
　　winkle 〔'wɪŋkḷ 〕 *v.* 挑出

twinkle *v.* 閃爍
wrinkle *n.* 皺紋

35. **apple** 〔'æpḷ 〕 *n.* 蘋果
　　grapple 〔'græpḷ 〕 *v.* 扭打
　　apple-polish *v.* 拍馬屁
　　= flatter
　　（擦亮蘋果）

36. **tooth** 〔 tuθ 〕 *n.* 牙齒
　　（複數為 teeth）
　　booth 〔 buθ 〕 *n.* 攤位
　　telephone booth　電話亭

37. **single** 〔'sɪŋgḷ 〕
　　　　　adj. 單一的；單身的
　　tingle 〔'tɪŋgḷ 〕 *n. v.* 刺痛
　　mingle 〔'mɪŋgḷ 〕 *v.* 混合
　　mingle A with B
　　把 A 與 B 混合
　　jingle *n.* 叮噹聲

38. **birth** 〔 bɝθ 〕 *n.* 出生
　　birthday *n.* 生日
　　mirth 〔 mɝθ 〕 *n.* 歡樂

Cycle 10

39. **post** 〔 post 〕 *n.* 郵政
post office 郵局
poster *n.* 海報
postpone 〔 post'pon 〕 *v.* 延期
= put off

40. **truck** 〔 trʌk 〕 *n.* 卡車
struck 〔 strʌk 〕 *v.* 打擊
（過去式）（原形為 strike）
thunderstruck
雷 〔'θʌndɚ͵strʌk 〕 *adj.* 嚇呆的
（被雷打到的）
moonstruck *adj.* 發狂的
（古人認為受月光影響會神經錯亂）

41. **lag** 〔 læg 〕 *v. n.* 落後
flag 〔 flæg 〕 *n.* 旗子
jet lag 時差

42. **render** 〔'rɛndɚ 〕 *v.* 給與
surrender 〔 sə'rɛndɚ 〕
　　　　　　 v. 投降

43. **inch** 〔 ɪntʃ 〕 *n.* 吋
pinch 〔 pɪntʃ 〕 *v.* 捏

44. **arch** 〔 ɑrtʃ 〕 *n.* 拱門
archer *n.* 弓箭手
archery 〔'ɑrtʃərɪ 〕 *n.* 箭術

45. **rich** 〔 rɪtʃ 〕 *adj.* 富有的
ostrich 〔'ɔstrɪtʃ 〕 *n.* 鴕鳥
play ostrich 自欺

46. **foam** 〔 fom 〕 *n.* 泡沫
roam 〔 rom 〕 *v.* 閒逛
（同音）Rome *n.* 羅馬

47. **torch** 〔 tɔrtʃ 〕 *n.* 火把
porch 〔 pɔrtʃ 〕 *n.* 門廊
gate

48. **utter** 〔'ʌtɚ 〕 *v.* 說出
out *adj.* 全然的
butter 〔'bʌtɚ 〕 *n.* 奶油

49. **kin** 〔 kɪn 〕 *n.* 家族
napkin *n.* 餐巾
pumpkin *n.* 南瓜
skin 〔 skɪn 〕 *n.* 皮膚
Beauty is but skin-deep.
美麗是膚淺的。

50. **mental** 〔'mɛntḷ 〕 *adj.* 心理的
dental *adj.* 牙齒的
fundamental
　〔͵fʌndə'mɛntḷ 〕 *adj.* 基礎的
= basic
sentimental *adj.* 多愁善感的

Mark the words you don't know.

- ☐ intensive 激烈的
- ☐ rural 鄉下的
- ☐ stuff 東西
- ☐ ascend 上升
- ☐ anthem 聖歌

- ☐ sting 叮；螫
- ☐ compute 計算
- ☐ avenue 大街
- ☐ descend 下降
- ☐ roam 閒逛

- ☐ clutch 離合器
- ☐ grim 冷酷的
- ☐ wrap 包；裹
- ☐ latch 門閂
- ☐ massacre 大屠殺

- ☐ beef 牛肉
- ☐ dialogue 對話
- ☐ mental 心理的
- ☐ grapple 扭打
- ☐ handicap 障礙

- ☐ single 單一的
- ☐ ray 光線
- ☐ lash 睫毛
- ☐ utter 說出
- ☐ rap 敲擊

- ☐ foam 泡沫
- ☐ surrender 投降
- ☐ booth 攤位
- ☐ swarm （昆蟲）群
- ☐ revenue 歲收

- ☐ anguish 痛苦
- ☐ render 給與
- ☐ crutch 拐杖
- ☐ distinguish 區別
- ☐ wink 眨眼

- ☐ refresh 使提神
- ☐ torch 火把
- ☐ postpone 延期
- ☐ pilgrim 朝聖者
- ☐ winkle 挑出

- ☐ transcend 超越
- ☐ dispute 爭論
- ☐ stingy 吝嗇的
- ☐ stiff 硬的
- ☐ tingle 刺痛

- ☐ ostrich 鴕鳥
- ☐ acre 英畝
- ☐ match 火柴
- ☐ heap 堆
- ☐ kin 家族

- ☐ extinguish 熄滅
- ☐ languish 憔悴；枯萎
- ☐ archery 箭術
- ☐ fundamental 基礎的
- ☐ radish 小蘿蔔

- ☐ mingle 混合
- ☐ gamble 賭博
- ☐ lag 落後
- ☐ crouch 蹲伏
- ☐ trap 陷阱

Answers to Cycle 10 Exercise

1. C 2. D 3. A 4. C 5. B 6. C 7. D 8. A
9. A 10. A 11. C 12. C 13. B 14. B 15. D

Cycle 11

1. **shut**〔ʃʌt〕*v.* 關閉

〔'ʃʌtḷ〕*v.* 穿梭往返

2. **impel**〔ɪm'pɛl〕*v.* 驅使

〔ɪk'spɛl〕*v.* 驅逐

〔kəm'pɛl〕*v.* 強迫

〔prə'pɛl〕*v.* 推進

〔dɪ'spɛl〕*v.* 驅散

〔rɪ'pɛl〕*v.* 逐退

3. **petal**〔'pɛtḷ〕*n.* 花瓣

〔'mɛtḷ〕*n.* 金屬

〔'mɛdḷ〕*n.* 獎牌

4. **scribe**〔skraɪb〕*n.* 抄寫者

〔'skrɪbḷ〕*v.* 潦草書寫

5. **rend**〔rɛnd〕*v.* 撕破

〔trɛnd〕*n.* 潮流

6. **yield**〔jild〕*v.* 生產

〔fild〕*n.* 田野

7. **lay**〔le〕*v.* 放置

〔rɪ'le〕*v.* 轉播

8. **strait**〔stret〕*n.* 海峽

〔stret〕*adj.* 直的

9. **fee**〔fi〕*n.* 費用

〔'fibḷ〕*adj.* 微弱的

10. **lick**〔lɪk〕*v.* 舔

〔klɪk〕*n.* 卡嗒聲

11. **breed**〔brid〕*v.* 繁殖

〔blid〕*v.* 流血

12. **past** 〔 pæst 〕*prep.* 經過

_____

〔ˈpæstɚ〕*n.* 牧師

13. **fiction** 〔ˈfɪkʃən〕*n.* 小說

_____

〔ˈfækʃən〕*n.* 派別

14. **hog** 〔 hɑg 〕*n.* 豬

_____

〔hʌg〕*v.* 擁抱

15. **care** 〔 kɛr 〕*v.* 關心

_____

〔kəˈrɛs〕*v.* 撫摸

16. **beckon** 〔ˈbɛkən〕*v.* 召喚

_____

〔ˈrɛkən〕*v.* 計算

17. **nest** 〔 nɛst 〕*n.* 巢

_____ 〔ˈnɛsḷ〕*v.* 依偎

18. **real** 〔ˈriəl〕*adj.* 真實的

_____

〔 rɪr 〕*n.* 後面

19. **bush** 〔 bʊʃ 〕*n.* 灌木

_____

〔 hʌʃ 〕*n.* 安靜

20. **bus** 〔 bʌs 〕*n.* 公車

_____

〔 bʌz 〕*n.* 嗡嗡聲

21. **rob** 〔 rɑb 〕*v.* 搶刼

_____

〔 θrɑb 〕*v.* 跳動

22. **stroke** 〔 strok 〕*v.* 撫摸

_____

〔 straɪk 〕*v.* 打擊

23. **paw** 〔 pɔ 〕*n.* 腳掌

_____

〔 pɔn 〕*n.* 典當

_____

〔ˈpɔnˌʃɑp〕*n.* 當舖

24. **stone** 〔 ston 〕*n.* 石頭

_____

〔 stov 〕*n.* 爐子

25. **stock** ﹝stɑk﹞ *n.* 存貨

_____

﹝'laɪvˌstɑk﹞ *n.* 家畜

26. **dime** ﹝daɪm﹞ *n.* 一角

_____

﹝tʃaɪm﹞ *n.* 音樂聲

27. **vow** ﹝vaʊ﹞ *v.* 發誓

_____

﹝waʊ﹞ *int.* 哇

28. **low** ﹝lo﹞ *adj.* 低的

_____ ﹝blo﹞ *n.* 打擊

29. **progress** ﹝'prɑgrɛs﹞ *n.*
進步

_____

﹝'kɑŋgrəs﹞ *n.* 議會

_____

﹝ə'grɛs﹞ *v.* 侵佔

30. **tone** ﹝ton﹞ *n.* 音調

_____

﹝tjun﹞ *n.* 曲調

31. **right** ﹝raɪt﹞ *adj.* 對的

_____

﹝'ʌpˌraɪt﹞ *adj.* 直立的

32. **helm** ﹝hɛlm﹞ *n.* 舵輪

_____

﹝hwɛlm﹞ *v.* 打擊

_____

﹝ˌovɚ'hwɛlm﹞ *v.* 壓倒

33. **melt** ﹝mɛlt﹞ *v.* 融化

_____ ﹝bɛlt﹞ *n.* 皮帶

34. **etch** ﹝ɛtʃ﹞ *v.* 蝕刻

_____ ﹝skɛtʃ﹞ *n.* 素描

35. **professor** ﹝prə'fɛsɚ﹞ *n.*
教授

_____

﹝prə'fɛʃən﹞ *n.* 職業

36. **bother** ﹝'bɑðɚ﹞ *v.* 使困擾

_____

﹝'brʌðɚ﹞ *n.* 兄弟

_____

﹝brɔθ﹞ *n.* 湯汁

37. **grave** ﹝grev﹞ *n.* 墳墓

_____

﹝'grævətɪ﹞ *n.* 地心引力

38. **roach** 〔 rotʃ 〕 *n.* 蟑螂

_____

〔 ə'protʃ 〕 *v.* 接近

_____

〔 rɪ'protʃ 〕 *v.* 責罵

39. **verse** 〔 vɝs 〕 *n.* 詩

_____

〔'junə͵vɝs 〕 *n.* 宇宙

_____

〔͵junə'vɝsətɪ 〕 *n.* 大學

40. **line** 〔 laɪn 〕 *n.* 線

_____

〔'laɪnɪŋ 〕 *n.* (衣服) 襯裏

41. **light** 〔 laɪt 〕 *n.* 光線

_____

〔'twaɪ͵laɪt 〕 *n.* 微弱的光芒

42. **vast** 〔 væst 〕 *adj.* 巨大的

_____ 〔 vɛst 〕 *n.* 背心

43. **desert** 〔 dɪ'zɝt 〕 *v.* 拋棄

_____

〔 dɪ'zɝt 〕 *n.* 甜點

44. **pop** 〔 pɑp 〕 *v.* 發爆裂聲

_____

〔'pɑpjələ 〕 *adj.* 受歡迎的

45. **compose** 〔 kəm'poz 〕 *v.*
組成

_____

〔 kəm'pozə 〕 *n.* 作曲家

46. **mission** 〔'mɪʃən 〕 *n.* 使命

_____

〔'mɪʃən͵ɛrɪ 〕 *n.* 傳敎士

47. **fiddle** 〔'fɪdl̩ 〕 *n.* 小提琴

_____ 〔'rɪdl̩ 〕 *n.* 謎

48. **shriek** 〔 ʃrik 〕 *n.* 尖叫

_____

〔 ʃrɪŋk 〕 *v.* 縮水

49. **ox** 〔 ɑks 〕 *n.* 公牛

_____

〔 fɑks 〕 *n.* 狐狸

50. **heap** 〔 hip 〕 *n.* 堆

_____ 〔 lip 〕 *v.* 跳

Read at least 5 times a day!

1. 關閉 _____
   穿梭往返 _____

2. 驅使 _____
   驅逐 _____
   強迫 _____
   推進 _____
   驅散 _____
   逐退 _____

3. 花瓣 _____
   金屬 _____
   獎牌 _____

4. 抄寫者 _____
   潦草書寫 _____

5. 撕破 _____
   潮流 _____

6. 生產 _____
   田野 _____

7. 放置 _____
   轉播 _____

8. 海峽 _____
   直的 _____

9. 費用 _____
   微弱的 _____

10. 舔 _____
    卡嗒聲 _____

11. 繁殖 _____
    流血 _____

12. 經過 _____
    牧師 _____

13. 小說 _____
    派別 _____

14. 豬 _____
    擁抱 _____

15. 關心 _____
    撫摸 _____

16. 召喚 _____
    計算 _____

17. 巢 _____
    依偎 _____

18. 真實的 _____
    後面 _____

19. 灌木 _____
    安靜 _____

20. 公車 _____
    嗡嗡聲 _____

21. 搶刼 _____
    跳動 _____

22. 撫摸 _____
    打擊 _____

23. 腳掌 _____
    典當 _____
    當舖 _____

24. 石頭 _____
    爐子 _____

Cycle 11

25. 存貨 _____
    家畜 _____

26. 一角 _____
    音樂聲 _____

27. 發誓 _____
    哇 _____

28. 低的 _____
    打擊 _____

29. 進步 _____
    議會 _____
    侵佔 _____

30. 音調 _____
    曲調 _____

31. 對的 _____
    直立的 _____

32. 舵輪 _____
    打擊 _____
    壓倒 _____

33. 融化 _____
    皮帶 _____

34. 蝕刻 _____
    素描 _____

35. 教授 _____
    職業 _____

36. 使困擾 _____
    兄弟 _____
    湯汁 _____

37. 墳墓 _____
    地心引力 _____

38. 蟑螂 _____
    接近 _____
    責罵 _____

39. 詩 _____
    宇宙 _____
    大學 _____

40. 線 _____
    (衣服)襯裏 _____

41. 光線 _____
    微弱的光芒 _____

42. 巨大的 _____
    背心 _____

43. 抛棄 _____
    甜點 _____

44. 發爆裂聲 _____
    受歡迎的 _____

45. 組成 _____
    作曲家 _____

46. 使命 _____
    傳教士 _____

47. 小提琴 _____
    謎 _____

48. 尖叫 _____
    縮水 _____

49. 公牛 _____
    狐狸 _____

50. 堆 _____
    跳 _____

Mark the words you don't know.

☐ shuttle _____	☐ click _____	☐ chime _____
☐ expel _____	☐ pawn _____	☐ congress _____
☐ propel _____	☐ nestle _____	☐ right _____
☐ dispel _____	☐ faction _____	☐ profession ___
☐ petal _____	☐ lining _____	☐ melt _____
☐ metal _____	☐ stroke _____	☐ aggress _____
☐ scribe _____	☐ fiction _____	☐ sketch _____
☐ rend _____	☐ throb _____	☐ universe _____
☐ trend _____	☐ caress _____	☐ gravity _____
☐ field _____	☐ vow _____	☐ dessert _____
☐ relay _____	☐ whelm _____	☐ professor _____
☐ fee _____	☐ etch _____	☐ shrink _____
☐ feeble _____	☐ tune _____	☐ composer ____
☐ lick _____	☐ livestock _____	☐ vast _____
☐ rear _____	☐ upright _____	☐ heap _____
☐ breed _____	☐ broth _____	☐ riddle _____
☐ pastor _____	☐ reproach _____	☐ beckon _____
☐ bush _____	☐ missionary ___	☐ fox _____
☐ buzz _____	☐ dime _____	☐ twilight _____
☐ hug _____	☐ overwhelm ___	☐ reckon _____

Required Synonyms 11

1. **yield** 〔 jild 〕 *v.* 生產

= produce 〔 prə'djus 〕
= supply 〔 sə'plaɪ 〕

2. **compose** 〔 kəm'poz 〕 *v.* 組成

= consist 〔 kən'sɪst 〕
= constitute 〔 'kɑnstə,tjut 〕

3. **feeble** 〔 'fibl̩ 〕 *adj.* 微弱的

= frail 〔 frel 〕
= weak 〔 wik 〕

4. **lay** 〔 le 〕 *v.* 放置

= place 〔 ples 〕
= arrange 〔 ə'rendʒ 〕

5. **caress** 〔 kə'rɛs 〕 *v.* 撫摸

= stroke 〔 strok 〕
= touch 〔 tʌtʃ 〕

6. **hug** 〔 hʌg 〕 *v.* 擁抱

= hold 〔 hold 〕
= embrace 〔 ɪm'bres 〕
= clasp 〔 klæsp 〕

7. **compel** 〔 kəm'pɛl 〕 *v.* 強迫

= force 〔 fors 〕
= require 〔 rɪ'kwaɪr 〕
= make 〔 mek 〕

8. **shut** 〔 ʃʌt 〕 *v.* 關閉

= close 〔 kloz 〕
= lock 〔 lɑk 〕

9. **vow** 〔 vaʊ 〕 *v.* 發誓

= swear 〔 swɛr 〕
= promise 〔 'prɑmɪs 〕

10. **hush** 〔 hʌʃ 〕 *n.* 安靜

= quiet 〔 'kwaɪət 〕
= muteness 〔 'mjutnɪs 〕
= silence 〔 'saɪləns 〕

11. **trend** 〔 trɛnd 〕 *n.* 潮流

= tendency 〔 'tɛndənsɪ 〕
= direction 〔 də'rɛkʃən 〕
= movement 〔 'muvmənt 〕

= current 〔 'kɝənt 〕
= drift 〔 drɪft 〕

Cycle 11 EXERCISE

1. What can I do to _____ any doubts that you may have about my English ability?
   (A) repel   (B) compel
   (C) propel   (D) dispel

2. Michael Jackson was a great _____-setter for teenagers for almost a decade.
   (A) solid   (B) medal
   (C) trend   (D) scribe

3. Between two points, there can only be one _____ line.
   (A) strait   (B) popular
   (C) straight   (D) feeble

4. Some real-life stories can even be stranger than _____.
   (A) profession   (B) faction
   (C) fiction   (D) livestock

5. Nothing makes a farmer happier than the sight of his lush green _____.
   (A) riddles   (B) light
   (C) fields   (D) dime

6. Our _____ of food is enough to last us all winter.
   (A) livestock   (B) stock
   (C) nest   (D) sketch

7. It is not polite to speak to others in such an angry _____.
   (A) verse   (B) tune
   (C) tone   (D) broth

8. Don't forget to put the butter back into the fridge after using it; otherwise it will _____ in the summer heat.
   (A) whelm　　　　　　　(B) helm
   (C) overwhelm　　　　　(D) melt

9. Many _____ in America offer financial aid to students coming from very poor families.
   (A) universities　　　　(B) universes
   (C) verses　　　　　　 (D) pawnshops

10. Don't _____ the dog when he is feeding; otherwise, he might bite you.
    (A) desert　　　　　　 (B) bother
    (C) dessert　　　　　　(D) brother

11. If there were no _____, we wouldn't be able to drink water out of a glass.
    (A) grave　　　　　　　(B) field
    (C) gravity　　　　　　 (D) yield

12. The tiger silently _____ his prey from behind.
    (A) approached　　　　(B) roached
    (C) reproached　　　　(D) approved

13. There are more stars in the _____ than there are fish in the ocean.
    (A) question　　　　　(B) universe
    (C) mission　　　　　　(D) verse

14. An engineer by _____, Ben also teaches English part-time.
    (A) missionary　　　　(B) fiddle
    (C) faction　　　　　　(D) profession

15. Some Japanese soldiers who failed in their _____ committed suicide.
    (A) mission　　　　　　(B) missionary
    (C) nest　　　　　　　 (D) pastor

Cycle 11 詳解

1. **shut** 〔 ʃʌt 〕 v. 關閉
   = close

   shut up 閉嘴
   = shut *one's* mouth

   shuttle 〔 'ʃʌtl̩ 〕 v.,n. 穿梭往返
   space shuttle 太空梭
   shuttle bus 區間公車
   shutter(s) *n.* 百葉窗

2. **im¦pel** 〔 ɪm'pɛl 〕 v. 驅使
   in ¦drive（在心裏驅趕）

   ex¦pel 〔 ɪk'spɛl 〕 v. 驅逐
   out ¦（驅趕出去）

   com¦pel 〔 kəm'pɛl 〕 v. 強迫
   together（大家一起驅趕）
   = force

   pro¦pel 〔 prə'pɛl 〕 v. 推進
   forward（向前驅趕）

   dis¦pel 〔 dɪ'spɛl 〕 v. 驅散
   away（驅趕散開）

   re¦pel 〔 rɪ'pɛl 〕 v. 逐退
   back（驅趕回去）

3. **petal** 〔 'pɛtl̩ 〕 *n.* 花瓣
   pedal *n.* 踏板

   metal 〔 'mɛtl̩ 〕 *n.* 金屬

   medal 〔 'mɛdl̩ 〕 *n.* 獎牌

   gold medal 金牌
   （同音）meddle *v.* 干涉

4. **scribe** 〔 skraɪb 〕 *n.* 抄寫者

   scribble 〔 'skrɪbl̩ 〕 v. 潦草書寫
   （抄寫者記下別人說的話時，寫得很潦草）

5. **rend** 〔 rɛnd 〕 v. 撕破
   = tear

   render *v.* 給予
   surrender *v.* 投降

   trend 〔 trɛnd 〕 *n.* 潮流

6. **yield** 〔 jild 〕 v. 生產；屈服

   field 〔 fild 〕 *n.* 田野；球場
   fielder *n.* 外野手
   shield *n.* 盾

7. **lay** 〔 le 〕 v. 放置
   clay *n.* 黏土
   slay *v.* 殺害 = kill

   relay 〔 rɪ'le 〕 v. 轉播
   delay *v.* 拖延

Cycle 11

8. **trait** *n.* 特性

   strait 〔 stret 〕 *n.* 海峽

   straight 〔 stret 〕 *adj.* 直的

9. **fee** 〔 fi 〕 *n.* 費用
   （付給專業人士，如醫生、律師等）

   fare *n.* 車資（指車、船等的）

   feeble 〔'fibḷ 〕 *adj.* 微弱的

   = weak = frail

10. **lick** 〔 lɪk 〕 *v.* 舔

    click 〔 klɪk 〕 *n.* 卡嗒聲
    （鑰匙、鎖等）

    tick *n.* 滴答聲

11. **reed** *n.* 蘆葦

    breed 〔 brid 〕
    　　　　v. 繁殖；養育；產生

    Familiarity breeds contempt.
    熟悉易生輕視。

    creed *n.* 教條

    greed *n.* 貪心

    bleed 〔 blid 〕 *v.* 流血

    blood *n.* 血液

12. **past** 〔 pæst 〕 *prep.* 經過
    　　　　　　　　n. 過去

    in the past 以前

    pass *v.* 經過

past|or 〔'pæstɚ 〕 *n.* 牧師
　　　　人
（常經過你家拜訪你的人）

pastoral *adj.* 田園的
　　　　　 n. 田園詩
（牧師多半住在鄉村，會做田園詩）

paste *v.* 黏貼 *n.* 漿糊

paster *n.* 貼紙

13. **diction** *n.* 措辭

    fiction 〔'fɪkʃən 〕 *n.* 小說

    science fiction 科幻小說

    faction 〔'fækʃən 〕 *n.* 派別

    friction *n.* 摩擦

    fraction *n.* 碎片

14. **hog** 〔 hɑg 〕 *n.* 豬

    = pig = swine

    hug 〔 hʌg 〕 *v.,n.* 擁抱

    = embrace

    hag *n.* 女巫；又老又醜的女人
    = witch

15. **care** 〔 kɛr 〕 *v.* 關心

    caress 〔 kə'rɛs 〕 *v.* 撫摸

    career *n.* 職業

    career woman 職業婦女

16. **beckon** 〔'bɛkən 〕 *v.* 召喚
     reckon 〔'rɛkən 〕 *v.* 計算

17. **nest** 〔 nɛst 〕 *n.* 巢
     nestle 〔'nɛsḷ 〕 *v.* 依偎
     （小鳥依偎在鳥巢裏）

18. **real** 〔'riəl 〕 *adj.* 眞實的
     rear 〔 rɪr 〕 *n.* 後面
     ↔ front *n.* 前面
     ⎰ in front of 在～之前
     ⎱ at the rear of 在～之後

19. **bush** 〔 buʃ 〕 *n.* 灌木
     push *v.* 推
     hush 〔 hʌʃ 〕 *n.* 安靜
     rush *v.,n.* 匆忙

20. **bus** 〔 bʌs 〕 *n.* 公車
     buzz 〔 bʌz 〕 *n.* 嗡嗡聲；電話聲
     give *sb.* a buzz 打電話給某人

21. **rob** 〔 rab 〕 *v.* 搶劫
     rob *sb.* of *sth.*
     搶劫某人的某物
     throb 〔 θrab 〕 *v.* 跳動
     sob *v.* 啜泣
     job *n.* 工作

22. **stroke** 〔 strok 〕 *v.* 撫摸
                n. 中風
     strike 〔 straɪk 〕 *v.* 打擊
                n. 罷工；〔棒〕好球
     ↔ ball *n.* 〔棒〕壞球
     go on strike 罷工

23. **paw** 〔 pɔ 〕 *n.* 腳掌（動物的）
     palm 〔 pɑm 〕 *n.* （人的）手掌
     read *one's* palm 看手相
     pawn 〔 pɔn 〕 *v. n.* 典當
     pawnshop 〔'pɔn͵ʃɑp 〕
                n. 當舖

24. **stone** 〔 ston 〕 *n.* 石頭
     Kill two birds with one
     stone.
     一石二鳥；一舉兩得。
     stove 〔 stov 〕 *n.* 爐子
     store *n.* 商店　*v.* 儲存

25. **stock** 〔 stɑk 〕 *n.* 存貨；股票
     stock market 股票市場
     stockholder *n.* 股東
     livestock 〔'laɪv͵stɑk 〕
                n. 家畜（集合名詞）

Cycle 11

Cycle 11

26. **dime** 〔 daɪm 〕 *n.* 一角
（十分硬幣）
chime 〔 tʃaɪm 〕 *n.* 音樂聲
crime *n.* 罪
prime *adj.* 主要的；最佳的
prime time
（電視的）黃金時段

27. **vow** 〔 vaʊ 〕 *v.* 發誓 = swear
vowel *n.* 母音
wow 〔 waʊ 〕 *int.* 哇
bow *v.* 鞠躬
cow *n.* 母牛

28. **low** 〔 lo 〕 *adj.* 低的
blow 〔 blo 〕 *n.* 打擊
flow *v.* 流動
glow *n.* 光輝
slow *adj.* 慢的

29. **progress** 〔'prɑgrɛs 〕 *n.* 進步
congress 〔'kɑngrəs 〕 *n.* 國會
aggress 〔 ə'grɛs 〕 *v.* 侵佔

30. **tone** 〔 ton 〕 *n.* 音調
stone *n.* 石頭
tongue *n.* 舌頭；語言
tune 〔 tjun 〕 *n.* 曲調
out of tune 走調

31. **right** 〔 raɪt 〕 *adj.* 對的；
右邊的 *n.* 權利
bright *adj.* 明亮的
fright *n.* 驚慌
upright 〔'ʌp,raɪt 〕
adj. 直立的
copyright *n.* 著作權

32. **helm** 〔 hɛlm 〕 *n.* 舵輪
helmet *n.* 安全帽；頭盔
whelm 〔 hwɛlm 〕 *v.* 打擊
overwhelm 〔,ovɚ'hwɛlm 〕
v. 壓倒
an overwhelming victory
壓倒性的勝利

33. **melt** 〔 mɛlt 〕 *v.* 融化
belt 〔 bɛlt 〕 *n.* 皮帶
seat belt 安全帶

34. **etch** 〔 ɛtʃ 〕 *v.* 蝕刻
fetch *v.* 取來；叫來
sketch 〔 skɛtʃ 〕 *n.* 素描
sketchbook 素描簿；寫生簿
stretch *v.* 伸展

35. **professor** 〔 prə'fɛsɚ 〕
 n. 教授（簡寫為 Prof.）

 profession 〔 prə'fɛʃən 〕
 n. 職業（指醫生、律師等受過
 專門訓練的）

 professional *adj.* 職業的
 n. 職業選手

36. **bother** 〔'bɑðɚ 〕 *v.* 使困擾
 brother 〔'brʌðɚ 〕 *n.* 兄弟
 broth 〔 brɔθ 〕 *n.* 湯汁
 Too many cooks spoil the
 broth. 人多手雜。

37. **grave** 〔 grev 〕 *n.* 墳墓
 = tomb
 gravity 〔'grævətɪ 〕
 n. 地心引力

38. **roach** 〔 rotʃ 〕 *n.* 蟑螂
 = cockroach
 coach *n.* 教練
 approach 〔 ə'protʃ 〕 *v.* 接近
 reproach 〔 rɪ'protʃ 〕 *v.* 責罵
 = blame
 = reprove

39. **verse** 〔 vɝs 〕 *n.* 詩；韻文
 ↔ prose 散文
 re¦verse *v.* 反轉
 back turn
 con¦verse *v.* 談話
 together（轉向面對面）
 uni¦verse 〔'junə,vɝs 〕 *n.* 宇宙
 one¦（把萬物合為一體）
 uni¦versity 〔,junə'vɝsətɪ 〕
 one¦ *n.* 大學
 （將數個學院組合在一起）
 （念起來像「由你玩四年」）

40. **line** 〔 laɪn 〕 *n.* 線
 lining 〔'laɪnɪŋ 〕 *n.*（衣服）襯裏
 Every cloud has a silver
 lining. 否極泰來。

41. **light** 〔 laɪt 〕 *n.* 光線
 spotlight *n.* 聚光燈
 flashlight *n.* 閃光燈；手電筒
 twilight 〔'twaɪ,laɪt 〕
 n. 微弱的光芒
 blight *n.* 荒蕪
 plight *n.* 苦境
 flight *n.* 飛行
 slight *adj.* 輕微的
 delight *n.* 愉快

Cycle 11

42. **vast** 〔 væst 〕 *adj.* 巨大的
= huge
<u>**vest**</u> 〔 vɛst 〕 *n.* 背心
in<u>vest</u> *v.* 投資

43. **de**¦**sert** 〔 dɪ'zɝt 〕 *v.* 拋棄
off¦join（脫離結合）
〔'dɛzɚt 〕 *n.* 沙漠
<u>**dessert**</u> 〔 dɪ'zɝt 〕 *n.* 甜點（同音）
as¦sert *v.* 宣稱
to¦put
in¦sert *v.* 插入
into¦join, put

44. **pop** 〔 pɑp 〕 *v.* 發爆裂聲
popcorn *n.* 爆米花
<u>**popular**</u> 〔'pɑpjələ 〕 *adj.* 受歡迎的（也可簡寫為 pop）
（爆米花非常受歡迎）
pop song 流行歌曲
pop music 流行音樂

45. **com**¦**pose** 〔 kəm'poz 〕
together¦put *v.* 組成；作曲
be composed of 由～組成
= be made up of
= consist of
<u>**composer**</u> 〔 kəm'pozɚ 〕 *n.* 作曲家
composition *n.* 作文

46. **mission** 〔'mɪʃən 〕 *n.* 使命
<u>**mission**</u>¦**ary** 〔'mɪʃən,ɛrɪ 〕 *n.* 傳教士
¦人
（傳教士就是負有傳教之神聖使命的人）

47. **fiddle** 〔'fɪdl 〕 *n.* 小提琴
（口語用法）
violin *n.* 小提琴
as fit as a fiddle
神采奕奕的
<u>**riddle**</u> 〔'rɪdl 〕 *n.* 謎
middle *adj.* 中間的

48. **shriek** 〔 ʃrik 〕 *n.* 尖叫
= scream
<u>**shrink**</u> 〔 ʃrɪŋk 〕 *v.* 縮水

49. **ox** 〔 ɑks 〕 *n.* 公牛
cow *n.* 母牛
calf *n.* 小牛
<u>**fox**</u> 〔 fɑks 〕 *n.* 狐狸

50. **heap** 〔 hip 〕 *n.* 堆
cheap *adj.* 便宜的
<u>**leap**</u> 〔 lip 〕 *v.* 跳
= jump
reap *v.* 收割

Mark the words you don't know.

☐ shuttle 穿梭往返　☐ click 卡嗒聲　☐ chime 音樂聲
☐ expel 驅逐　☐ pawn 典當　☐ congress 議會
☐ propel 推進　☐ nestle 依偎　☐ right 對的
☐ dispel 驅散　☐ faction 派別　☐ profession 職業
☐ petal 花瓣　☐ lining（衣服）襯裏　☐ melt 融化

☐ metal 金屬　☐ stroke 撫摸　☐ aggress 侵佔
☐ scribe 抄寫者　☐ fiction 小說　☐ sketch 素描
☐ rend 撕破　☐ throb 顫動　☐ universe 宇宙
☐ trend 潮流　☐ caress 撫摸　☐ gravity 地心引力
☐ field 田野　☐ vow 發誓　☐ dessert 甜點

☐ relay 轉播　☐ whelm 打擊　☐ professor 教授
☐ fee 費用　☐ etch 蝕刻　☐ shrink 縮水
☐ feeble 微弱的　☐ tune 曲調　☐ composer 作曲家
☐ lick 舔　☐ livestock 家畜　☐ vast 巨大的
☐ rear 後面　☐ upright 直立的　☐ heap 堆

☐ breed 繁殖　☐ broth 湯汁　☐ riddle 謎
☐ pastor 牧師　☐ reproach 責罵　☐ beckon 召喚
☐ bush 灌木　☐ missionary 傳教士　☐ fox 狐狸
☐ buzz 嗡嗡聲　☐ dime 一角　☐ twilight 微弱的光芒
☐ hug 擁抱　☐ overwhelm 壓倒　☐ reckon 計算

Cycle 11

Answers to Cycle 11 Exercise

1. D　2. C　3. C　4. C　5. C　6. B　7. C　8. D
9. A　10. B　11. C　12. A　13. B　14. D　15. A

Cycle 12

1. **quaint** 〔 kwent 〕 *adj.*
奇特的

_____

〔 ə'kwent 〕 *v.* 使認識

2. **lack** 〔 læk 〕 *v.* 缺乏

_____

〔 slæk 〕 *adj.* 鬆弛的

_____

〔 slæks 〕 *n. pl.* 褲子

3. **down** 〔 daʊn 〕 *prep.* 向下

_____

〔 'daʊnɪ 〕 *adj.* 柔軟的

4. **queen** 〔 kwin 〕 *n.* 女皇

_____

〔 kwɪr 〕 *adj.* 古怪的

5. **knowledge** 〔 'nɑlɪdʒ 〕 *n.*
知識

_____

〔 ək'nɑlɪdʒ 〕 *v.* 承認

6. **read** 〔 rɛd 〕 *v.* 讀（過去式）

_____

〔 trɛd 〕 *v.* 踐踏

7. **end** 〔 ɛnd 〕 *n.* 末端

_____

〔 bɛnd 〕 *v.* 使彎曲

8. **dent** 〔 dɛnt 〕 *n.* 凹痕

_____

〔 'dɛntɪst 〕 *n.* 牙醫

9. **ham** 〔 hæm 〕 *n.* 火腿

_____

〔 'hæmlɪt 〕 *n.* 小村莊

10. **mighty** 〔 'maɪtɪ 〕 *adj.*
強大的

_____

〔 ɔl'maɪtɪ 〕 *adj.* 萬能的

11. **flesh** 〔 flɛʃ 〕 *n.* 肉

_____

〔 frɛʃ 〕 *adj.* 新鮮的

12. **fume** 〔 fjum 〕 *n.* 煙霧

_____

〔ˈpɝfjum 〕 *n.* 香水

13. **ax** 〔 æks 〕 *n.* 斧頭

_____

〔 wæks 〕 *n.* 蠟

14. **sweater** 〔 ˈswɛtɚ 〕 *n.* 毛衣

_____

〔ˈswɛltɚ 〕 *v.* 中暑

15. **except** 〔 ɪkˈsɛpt 〕 *prep.*
除了～之外

_____

〔ˈɛksɝpt 〕 *n.* 摘錄

16. **secret** 〔ˈsikrɪt 〕 *n.* 祕密

_____

〔 sɪˈkrit 〕 *v.* 隱藏

17. **culture** 〔ˈkʌltʃɚ 〕 *n.* 文化

_____

〔ˈægrɪˌkʌltʃɚ 〕 *n.* 農業

18. **rest** 〔 rɛst 〕 *v.* 休息

_____ 〔 əˈrɛst 〕 *v.* 逮捕

19. **grand** 〔 grænd 〕 *adj.* 雄偉的

_____

〔ˈgrændˌsʌn 〕 *n.* 孫子

20. **mad** 〔 mæd 〕 *adj.* 瘋狂的

_____

〔ˈmædəm 〕 *n.* 女士

21. **barber** 〔ˈbɑrbɚ 〕 *n.* 理髮師

_____

〔 bɑrˈbɛrɪən 〕 *n.* 野蠻人

22. **suit** 〔 sut 〕 *v.* 適合

_____ 〔 swit 〕 *n.* 套房

23. **lobby** 〔ˈlɑbɪ 〕 *n.* 大廳

_____ 〔ˈhɑbɪ 〕 *n.* 嗜好

24. **invention** 〔 ɪnˈvɛnʃən 〕 *n.*
發明

_____

〔 kənˈvɛnʃən 〕 *n.* 會議

Cycle 12

Cycle 12

25. **grape** 〔 grep 〕 *n.* 葡萄

_____ 〔'grep,frut 〕 *n.* 葡萄柚

26. **mute** 〔 mjut 〕 *adj.* 沈默的

_____ 〔 kə'mjut 〕 *v.* 通勤

27. **hate** 〔 het 〕 *v.* 憎恨

_____ 〔'hetrɪd 〕 *n.* 恨

28. **event** 〔 ɪ'vɛnt 〕 *n.* 事件

_____ 〔 ɪ'vɛntʃuəl 〕 *adj.* 最後的

29. **with** 〔 wɪθ 〕 *prep.* 與～

_____ 〔'wɪðɚ 〕 *v.* 枯萎

30. **get** 〔 gɛt 〕 *v.* 得到

_____ 〔 bɪ'gɛt 〕 *v.* 導致

31. **lax** 〔 læks 〕 *adj.* 鬆弛的

_____ 〔 rɪ'læks 〕 *v.* 放鬆

32. **ward** 〔 wɔrd 〕 *v.* 避免

_____ 〔'wɔrdn̩ 〕 *n.* 管理人

33. **jungle** 〔'dʒʌŋl̩ 〕 *n.* 叢林

_____ 〔'dʒæŋl̩ 〕 *v.* (鈴) 叮噹亂響

34. **fog** 〔 fɑg 〕 *n.* 霧

_____ 〔 frɑg 〕 *n.* 青蛙

35. **trill** 〔 trɪl 〕 *v.* 用顫聲唱歌

_____ 〔 θrɪl 〕 *n.* 興奮

36. **tail** 〔 tel 〕 *n.* 尾巴

_____ 〔 kɝ'tel 〕 *v.* 削減

37. **bull** 〔 bʊl 〕 *n.* 公牛

_____ 〔'bʊlɪ 〕 *v.* 霸凌

38. **file** 〔 faɪl 〕 *n.* 檔案

_____ 〔'profaɪl 〕 *n.* 輪廓

39. **ace**〔 es 〕*n.* 傑出人才

_____〔ˊmɛnɪs 〕*n.* 威脅

40. **graph**〔 græf 〕*n.* 圖表

_____〔ˊtɛləˏgræf 〕*n.* 電報

_____〔ˊfotəˏgræf 〕*n.* 照片

_____〔ˊfonəˏgræf 〕*n.* 留聲機

41. **other**〔ˊʌðɚ 〕*adj.* 其他的

_____〔ˊɑtɚ 〕*n.* 水獺

42. **quest**〔 kwɛst 〕*v.* 找尋

_____〔ˊkwɛstʃən 〕*n.* 問題

43. **prey**〔 pre 〕*v.* 捕食

_____〔ˊɑsprɪ 〕*n.* 鶚

44. **borrow**〔ˊbɑro 〕*v.* 借（入）

_____〔ˊsɑro 〕*n.* 悲傷

45. **aid**〔 ed 〕*v.* 幫助

_____〔ˊæsɪd 〕*adj.* 酸的

46. **rode**〔 rod 〕*v.* 騎（過去式）

_____〔 kəˊrod 〕*v.* 腐蝕

47. **cherish**〔ˊtʃɛrɪʃ 〕*v.* 珍惜

_____〔ˊpɛrɪʃ 〕*v.* 喪生

48. **lush**〔 lʌʃ 〕*adj.* 翠綠的

_____〔 blʌʃ 〕*v.* 臉紅

49. **elect**〔 ɪˊlɛkt 〕*v.* 選舉

_____〔 səˊlɛkt 〕*v.* 選擇

_____〔 kəˊlɛkt 〕*v.* 收集

_____〔 nɪˊglɛkt 〕*v.* 忽略

50. **bud**〔 bʌd 〕*n.* 苞；芽

_____〔ˊbʌdʒɪt 〕*n.* 預算

Read at least 5 times a day!

1. 奇特的 _____
   使認識 _____

2. 缺乏 _____
   鬆弛的 _____
   褲子 _____

3. 向下 _____
   柔軟的 _____

4. 女皇 _____
   古怪的 _____

5. 知識 _____
   承認 _____

6. 讀(過去式) _____
   踐踏 _____

7. 末端 _____
   使彎曲 _____

8. 凹痕 _____
   牙醫 _____

9. 火腿 _____
   小村莊 _____

10. 強大的 _____
    萬能的 _____

11. 肉 _____
    新鮮的 _____

12. 煙霧 _____
    香水 _____

13. 斧頭 _____
    蠟 _____

14. 毛衣 _____
    中暑 _____

15. 除了～之外 _____
    摘錄 _____

16. 祕密 _____
    隱藏 _____

17. 文化 _____
    農業 _____

18. 休息 _____
    逮捕 _____

19. 雄偉的 _____
    孫子 _____

20. 瘋狂的 _____
    女士 _____

21. 理髮師 _____
    野蠻人 _____

22. 適合 _____
    套房 _____

23. 大廳 _____
    嗜好 _____

24. 發明 _____
    會議 _____

Cycle 12

25. 葡萄 _____
    葡萄柚 _____

26. 沈默的 _____
    通勤 _____

27. 憎恨 _____
    恨 _____

28. 事件 _____
    最後的 _____

29. 與～ _____
    枯萎 _____

30. 得到 _____
    導致 _____

31. 鬆弛的 _____
    放鬆 _____

32. 避免 _____
    管理人 _____

33. 叢林 _____
    (鈴)叮噹亂響
    _____

34. 霧 _____
    青蛙 _____

35. 用顫聲唱歌 ____
    興奮 _____

36. 尾巴 _____
    削減 _____

37. 公牛 _____
    霸凌 _____

38. 檔案 _____
    輪廓 _____

39. 傑出人才 _____
    威脅 _____

40. 圖表 _____
    電報 _____
    照片 _____
    留聲機 _____

41. 其他的 _____
    水獺 _____

42. 找尋 _____
    問題 _____

43. 捕食 _____
    鶚 _____

44. 借（入）_____
    悲傷 _____

45. 幫助 _____
    酸的 _____

46. 騎(過去式) _____
    腐蝕 _____

47. 珍惜 _____
    喪生 _____

48. 翠綠的 _____
    臉紅 _____

49. 選舉 _____
    選擇 _____
    收集 _____
    忽略 _____

50. 苞；芽 _____
    預算 _____

Cycle 12

Mark the words you don't know.

☐ quaint _____
☐ tread _____
☐ dentist _____
☐ slack _____
☐ almighty _____

☐ swelter _____
☐ wax _____
☐ madam _____
☐ convention _____
☐ arrest _____

☐ perfume _____
☐ relax _____
☐ wither _____
☐ fume _____
☐ thrill _____

☐ downy _____
☐ acknowledge _____
☐ jangle _____
☐ bend _____
☐ hamlet _____

☐ barber _____
☐ lobby _____
☐ suit _____
☐ agriculture _____
☐ grape _____

☐ warden _____
☐ sorrow _____
☐ cherish _____
☐ select _____
☐ profile _____

☐ queer _____
☐ dent _____
☐ jungle _____
☐ grandson _____
☐ fresh _____

☐ ward _____
☐ hatred _____
☐ commute _____
☐ beget _____
☐ barbarian _____

☐ acid _____
☐ elect _____
☐ menace _____
☐ file _____
☐ neglect _____

☐ secrete _____
☐ grand _____
☐ invention _____
☐ suite _____
☐ excerpt _____

☐ curtail _____
☐ eventual _____
☐ bully _____
☐ mute _____
☐ corrode _____

☐ otter _____
☐ osprey _____
☐ phonograph _____
☐ quest _____
☐ prey _____

Cycle 12

Required Synonyms 12

1. **mighty** (ˈmaɪtɪ) *adj.* 強大的

   = strong (strɔŋ)
   = sturdy (ˈstɜdɪ)

   = powerful (ˈpaʊəfəl)
   = forceful (ˈforsfəl)

2. **perish** (ˈpɛrɪʃ) *v.* 喪生

   = die (daɪ)
   = decease (dɪˈsis)
   = expire (ɪkˈspaɪr)

3. **eventual** (ɪˈvɛntʃʊəl) *adj.*
   最後的

   = final (ˈfaɪnl̩)
   = ultimate (ˈʌltəmɪt)

4. **lax** (læks) *adj.* 鬆弛的

   = loose (lus)
   = slack (slæk)

5. **wither** (ˈwɪðɚ) *v.* 枯萎

   = fade (fed)
   = languish (ˈlæŋgwɪʃ)

6. **suit** (sut) *v.* 適合

   = fit (fɪt)
   = match (mætʃ)
   = adapt (əˈdæpt)

7. **queer** (kwɪr) *adj.* 古怪的

   = odd (ɑd)
   = strange (strendʒ)

   = quaint (kwent)
   = weird (wɪrd)

8. **get** (gɛt) *v.* 得到

   = obtain (əbˈten)
   = gain (gen)
   = acquire (əˈkwaɪr)

9. **quest** (kwɛst) *v.* 找尋

   = search (sɜtʃ)
   = seek (sik)

10. **rest** (rɛst) *v.* 休息

    = repose (rɪˈpoz)
    = recess (rɪˈsɛs)
    = pause (pɔz)

Cycle 12 EXERCISE

1. Being a small island-nation, Taiwan _____ in many natural resources.
   (A) lacks
   (B) slacks
   (C) treads
   (D) backs

2. Ben was so strong that he could _____ a 1-inch iron rod with his bare hands.
   (A) heap
   (B) bend
   (C) leap
   (D) dent

3. Every weekend, Ben would ride his motorcycle up to Yang Ming Shan to enjoy its cool _____ air.
   (A) flesh
   (B) flash
   (C) fresh
   (D) refresh

4. Ben never goes to a _____ shop; he cuts his own hair.
   (A) dentist
   (B) curtail
   (C) barber
   (D) tailor

5. The clothes you wear should _____ your personality.
   (A) corrode
   (B) shrink
   (C) suit
   (D) suite

6. We should encourage children to develop good and healthy _____.
   (A) lobbies
   (B) hobbies
   (C) experts
   (D) excerpts

7. The wheel was man's greatest _____ of all times.
   (A) invitation
   (B) imitation
   (C) invention
   (D) convention

8. No matter how we approach a problem, the _____ aim is to solve it.
   (A) vent   (B) even
   (C) eventual   (D) event

9. I will not _____ until all the work has been done.
   (A) lax   (B) relax
   (C) blush   (D) wither

10. Ben gave his girlfriend a small bottle of _____ for her birthday.
    (A) acid   (B) wax
    (C) fume   (D) perfume

11. Some video games are so exciting that even grownups can get a _____ out of playing them.
    (A) trill   (B) thrill
    (C) tail   (D) bully

12. Some breeds of eagles are very large and powerful; they sometimes _____ on animals as large as sheep.
    (A) pray   (B) prey
    (C) osprey   (D) press

13. If there were no _____ in life, we wouldn't know how to appreciate happiness.
    (A) narrow   (B) borrow
    (C) sorrow   (D) arrow

14. I will always _____ the memories of my childhood spent at my grandparents' home.
    (A) cherish   (B) perish
    (C) scribble   (D) parish

15. All the _____ in our family album taken before 1966 are black and whites.
    (A) graphs   (B) telegraphs
    (C) photographs   (D) phonographs

Cycle 12

Cycle 12　詳解

1. **quaint**〔kwent〕*adj.* 奇特的
   acquaint〔ə'kwent〕
   　　　　　　　　v. 使認識
   be acquainted with
   　　　　　　　　熟悉；認識
   acquaintance *n.* 認識的人

2. **lack**〔læk〕*v.* 缺乏
   black *adj.* 黑色的
   slack〔slæk〕*adj.* 鬆弛的
   slacks〔slæks〕*n. pl.* 褲子
   = pants = trousers

3. **down**〔daʊn〕*prep.* 向下
   gown *n.* 長袍
   town *n.* 城鎮
   drown *v.* 淹死
   downy〔'daʊnɪ〕*adj.* 柔軟的
   dowry *n.* 嫁妝

4. **queen**〔kwin〕*n.* 女皇；皇后
   king *n.* 國王
   queer〔kwɪr〕*adj.* 古怪的
   = strange

5. **knowledge**〔'nɑlɪdʒ〕*n.* 知識
   acknowledge〔ək'nɑlɪdʒ〕
   　　　　　　　　v. 承認

6. **read**〔rɛd〕*v.* 讀（過去式）
   tread〔trɛd〕*v.* 踐踏
   bread *n.* 麵包
   dread *v.* 害怕
   spread *v.* 散布

7. **end**〔ɛnd〕*n.* 末端
   bend〔bɛnd〕*v.* 使彎曲
   （樹枝末端最容易彎曲）
   lend *v.* 借（出）
   send *v.* 寄；送
   mend *v.* 修補

8. **dent**〔dɛnt〕*n.* 凹痕
   dental *adj.* 牙齒的
   dentist〔'dɛntɪst〕*n.* 牙醫
   　　　人
   （牙醫就是把牙齒凹洞補起來的人）

9. **ham** 〔 hæm 〕 *n.* 火腿

   ham and eggs 火腿蛋
   （加單數動詞）

   hammer *n.* 鐵鎚

   hamlet 〔 'hæmlɪt 〕 *n.* 小村莊
   （Hamlet：莎士比亞的悲劇之一
   　「哈姆雷特」）

10. might *n.* 力量

    Might is right.
    強權即公理；勝者爲王。

    mighty 〔 'maɪtɪ 〕 *adj.* 強大的

    The pen is mightier than
    the sword. 文勝於武。

    al!mighty 〔 ɔl'maɪtɪ 〕
    all! 　　　　　　*adj.* 萬能的

11. **flesh** 〔 flɛʃ 〕 *n.* 肉；人類

    fresh 〔 frɛʃ 〕 *adj.* 新鮮的

    freshman 大一新生
    （剛入學，每件事都很新鮮）

    sophomore 大二學生
    （念起來像 suffer more，大二
    　開始受苦難）

    junior 大三學生

    senior 大四學生

    re!fresh *v.* 使提神
    again （再新鮮一次）

12. **fume** 〔 fjum 〕 *n.* 煙霧

    perfume 〔 'pɜfjum 〕 *n.* 香水

13. **ax** 〔 æks 〕 *n.* 斧頭；解雇

    get the ax （某人）被解雇
    （從公司名單中被砍掉）

    give the ax 解雇（某人）

    wax 〔 wæks 〕 *n.* 蠟 *v.* 打蠟

    waxwork *n.* 蠟像

    wax museum 蠟像館
    （不是蠟做的博物館）

    tax *n.* 稅

14. sweat *v.* 流汗 *n.* 汗水

    sweater 〔 'swɛtɚ 〕 *n.* 毛衣
    （穿了毛衣太熱就流汗）

    swelter 〔 'swɛltɚ 〕 *v.* 中暑
    （毛衣穿太多，太熱了，就中暑）

15. **except** 〔 ɪk'sɛpt 〕
    　　　　　　prep. 除了～之外

    excerpt 〔 'ɛksɜpt 〕 *n.* 摘錄

    expect *v.* 期望

    expert *n.* 專家

16. **secret** 〔 'sikrɪt 〕 *n.* 祕密
    　　　　　　　adj. 祕密的

    secrete 〔 sɪ'krit 〕 *v.* 隱藏

    secretary *n.* 秘書

17. **cult:ure** 〔'kʌltʃə 〕 *n.* 文化
耕種:（文化起源於耕種的習慣）

agri:culture 〔'ægrɪ,kʌltʃə 〕
field :（耕種田地） *n.* 農業

vulture *n.* 禿鷹

18. **rest** 〔 rɛst 〕 *v., n.* 休息
take a rest 休息

arrest 〔 ə'rɛst 〕 *v., n.* 逮捕
under arrest 被捕的

19. **grand** 〔 grænd 〕 *adj.* 雄偉的

grandson 〔'grænd,sʌn 〕
n. 孫子

grandfather *n.* 祖父

20. **mad** 〔 mæd 〕 *adj.* 瘋狂的
= crazy
go mad 發瘋

madam 〔'mædəm 〕 *n.* 女士
（可簡寫為 ma'am）
（對已婚、未婚的女士、小姐，均
可稱 madam，對男士則稱 sir）

21. bar *n.* 酒吧；棒子

barber 〔'barbə 〕 *n.* 理髮師

barbar:ian 〔 bar'bɛrɪən 〕
:人 *n.* 野蠻人
（只會發出 bar-bar 聲音的人）
barbecue *n., v.* 烤肉

22. **suit** 〔 sut 〕 *v.* 適合 *n.* 西裝
suit:or *n.* 追求者
:人
（自認為很適合你的人）

suite 〔 swit 〕 *n.* 套房
（同音）sweet *adj.* 甜的

twin room
有二張單人床的房間
single room 單人房

23. **lobby** 〔'labɪ 〕 *n.* （旅館）大廳

hobby 〔'habɪ 〕 *n.* 嗜好

24. **invention** 〔 ɪn'vɛnʃən 〕 *n.*
發明
Necessity is the mother of
invention. 需要為發明之母。

convention 〔 kən'vɛnʃən 〕 *n.*
會議

prevention *n.* 預防
Prevention is better than
cure. 預防勝於治療。

25. **grape** 〔 grep 〕 *n.* 葡萄
vine *n.* 葡萄樹
wine *n.* 葡萄酒
raisin *n.* 葡萄乾

grapefruit 〔'grep,frut 〕 *n.*
葡萄柚

26. **mute** 〔 mjut 〕 *adj.* 沈默的；
= silent　　　　　　啞的
commute 〔 kə'mjut 〕 *v.* 通勤
commuter　*n.* 通勤者

27. **hate** 〔 het 〕 *v.* 憎恨
hatred 〔 'hetrɪd 〕 *n.* 恨

28. vent　*n.* 通風口
event 〔 ɪ'vɛnt 〕 *n.* 事件
even　*adv.* 甚至
　　　adj. 平坦的；剛好的
　　　　　　（剛好平分）
↔ odd　*adj.* 奇怪的；單數的
　　　（奇怪怎麼不能平分）
eventual 〔 ɪ'vɛntʃuəl 〕
= final　　　　　*adj.* 最後的
eventually　*adv.* 最後；終於
= finally

29. **with** 〔 wɪθ 〕 *prep.* 與…
wither 〔 'wɪðɚ 〕 *v.* 枯萎
withdraw　*v.* 收回；撤退；
　　　　　　　提（款）

30. **get** 〔 gɛt 〕 *v.* 得到
beget 〔 bɪ'gɛt 〕 *v.* 導致
forget　*v.* 忘記

31. ax　*n.* 斧頭
lax 〔 læks 〕 *adj.* 鬆弛的
= loose
relax 〔 rɪ'læks 〕 *v.* 放鬆

32. **ward** 〔 wɔrd 〕 *v.* 避免
　　　　　　　n. 監護；牢房
award　*v.,n.* 獎賞
reward　*v.,n.* 報酬
warden 〔 'wɔrdn̩ 〕
　　　　　n. 管理人；典獄長
（管理牢房的人）

33. **jungle** 〔 'dʒʌŋgl̩ 〕 *n.* 叢林
jangle 〔 'dʒæŋgl̩ 〕
　　　　　v. （鈴）叮噹亂響
jingle　*n.* 叮噹聲

34. **fog** 〔 fɑg, fɔg 〕 *n.* 霧
frog 〔 frɑg 〕 *n.* 青蛙
smog　霧霾（= smoke + fog）

35. **trill** 〔 trɪl 〕 *v.* 用顫聲唱歌
thrill 〔 θrɪl 〕 *n.* 興奮；刺激；
戰慄　*v.* 使興奮
（聽顫聲唱歌，不寒而慄）
thriller　*n.* 恐怖片；恐怖小說
drill　*n.* 鑽子；訓練；演習
= practice

Cycle 12

36. **tail** ﹝ tel ﹞ *n.* 尾巴

cocktail *n.* 雞尾酒

tailcoat *n.* 燕尾服

cur¦tail ﹝ kɜ'tel ﹞ *v.* 削減
  cut ¦

curtain *n.* 窗簾；幕

37. **bull** ﹝ bʊl ﹞ *n.* 公牛

bully ﹝ 'bʊlɪ ﹞ *n.* 欺凌弱小者

38. **file** ﹝ faɪl ﹞ *n.* 檔案

profile ﹝ 'profaɪl ﹞
            n. 輪廓；側面
（剪紙藝術剪人的側面輪廓）

39. **ace** ﹝ es ﹞ *n.* 傑出人才；
            撲克牌的 A
（撲克牌的 A，點數最大，表現
最傑出）

lace *n.* 花邊；蕾絲

race *n.* 種族；比賽

grace *n.* 優雅

space *n.* 太空；空間

menace ﹝ 'mɛnɪs ﹞ *n.* 威脅

40. **graph** ﹝ græf ﹞ *n.* 圖表

tele¦graph ﹝ 'tɛlə,græf ﹞
  far ¦ write
              n. 電報
（寫下來傳到遠方）

photo¦graph ﹝ 'fotə,græf ﹞
  light ¦
              n. 照片
（利用光線感光）

phono¦graph ﹝ 'fonə,græf ﹞
  phone ¦
              n. 留聲機
（將聲音傳送出來）

auto¦graph *n.* 親筆簽名
  self ¦（把自己的姓名寫下來）

41. **other** ﹝ 'ʌðə ﹞ *adj.* 其他的

another *adj.* 另一個

otter ﹝ 'atə ﹞ *n.* 水獺

42. **quest** ﹝ kwɛst ﹞ *v.* 找尋

question ﹝ 'kwɛstʃən ﹞ *n.* 問題
（找尋問題的答案）

re¦quest *n.,v.* 要求
again（再次找尋）

43. **prey** ﹝ pre ﹞ *v.* 捕食   *n.* 獵物
（同音）pray *v.* 祈禱

osprey ﹝ 'aspri ﹞ *n.* 鶚

44. **borrow** ﹝ 'baro ﹞ *v.* 借（入）
borrow *sth.* from *sb.*
向某人借某物

sorrow ﹝ 'saro ﹞ *n.* 悲傷

tomorrow *n.* 明天

45. **aid**〔ed〕*v.,n.* 幫助 = help
raid *n.* 襲擊
maid *n.* 少女；女佣

acid〔'æsɪd〕*adj.* 酸的
acid rain 酸雨

46. **rode**〔rod〕*v.* 騎（過去式）
（原形為 ride，過去分詞為 ridden）

corrode〔kə'rod〕*v.*（銹等）
腐蝕 *v.* 侵蝕；損傷（人心）
erode *v.*（酸、鹼等）腐蝕；
（水、風等）侵蝕（土地等）

47. **cherish**〔'tʃɛrɪʃ〕*v.* 珍惜

perish〔'pɛrɪʃ〕*v.* 喪生
parish *n.* 教區

48. **lush**〔lʌʃ〕*adj.* 翠綠的

blush〔blʌʃ〕*v.* 臉紅

49. **e¦lect**〔ɪ'lɛkt〕*v.* 選舉
out¦choose

se¦lect〔sə'lɛkt〕*v.* 選擇
apart

col¦lect〔kə'lɛkt〕*v.* 收集
together　gather
（把喜歡的東西一起聚集起來）

recollect *v.* 記起

neg¦lect〔nɪ'glɛkt〕*v.* 忽略
not¦（沒有聚集起來）

50. **bud**〔bʌd〕*n.* 苞；芽

budget〔'bʌdʒɪt〕*n.* 預算

Cycle 12

● 帶學生唸 ●

$$\left\{ \begin{array}{l} \text{tele-} \\ \text{photo-} \end{array} \right. \quad \boxed{\textbf{graph}} \quad \left\{ \begin{array}{l} \text{phone-} \\ \text{auto-} \end{array} \right.$$

graph〔græf〕*n.* 圖表
$\left\{ \begin{array}{l} \text{telegraph〔'tɛlə,græf〕} n. \text{ 電報} \\ \text{photograph〔'fotə,græf〕} n. \text{ 照片} \end{array} \right.$

$\left\{ \begin{array}{l} \text{phonograph〔'fonə,græf〕} n. \text{ 留聲機} \\ \text{autograph〔'ɔtə,græf〕} n. \text{ 親筆簽名} \end{array} \right.$

Mark the words you don't know.

- ☐ quaint 奇特的
- ☐ tread 踐踏
- ☐ dentist 牙醫
- ☐ slack 鬆弛的
- ☐ almighty 萬能的

- ☐ downy 柔軟的
- ☐ acknowledge 承認
- ☐ jangle （鈴）叮噹 亂響
- ☐ bend 使彎曲

- ☐ hamlet 小村莊
- ☐ queer 古怪的
- ☐ dent 凹痕
- ☐ jungle 叢林
- ☐ grandson 孫子

- ☐ fresh 新鮮的
- ☐ secrete 隱藏
- ☐ grand 雄偉的
- ☐ invention 發明
- ☐ suite 套房
- ☐ excerpt 摘錄

- ☐ swelter 中暑
- ☐ wax 蠟
- ☐ madam 女士
- ☐ convention 會議
- ☐ arrest 逮捕

- ☐ barber 理髮師
- ☐ lobby 大廳
- ☐ suit 適合
- ☐ agriculture 農業
- ☐ grape 葡萄

- ☐ ward 避免
- ☐ hatred 恨
- ☐ commute 通勤
- ☐ beget 導致
- ☐ barbarian 野蠻人

- ☐ curtail 削減
- ☐ eventual 最後的
- ☐ bully 霸凌
- ☐ mute 沈默的
- ☐ corrode 腐蝕
- ☐ ace 傑出人才

- ☐ perfume 香水
- ☐ relax 放鬆
- ☐ wither 枯萎
- ☐ fume 煙霧
- ☐ thrill 興奮

- ☐ warden 管理人
- ☐ sorrow 悲傷
- ☐ cherish 珍惜
- ☐ select 選擇
- ☐ profile 輪廓

- ☐ acid 酸的
- ☐ elect 選舉
- ☐ menace 威脅
- ☐ file 檔案
- ☐ neglect 忽略

- ☐ otter 水獺
- ☐ osprey 鶚
- ☐ phonograph 留聲機
- ☐ quest 找尋
- ☐ prey 捕食

Cycle 12

Answers to Cycle 12 Exercise

1. A   2. B   3. C   4. C   5. C   6. B   7. C   8. C

9. B   10. D   11. B   12. B   13. C   14. A   15. C

Cycle 13

1. **band** 〔 bænd 〕 *n.* 樂隊

　　　　　〔 'bændɪt 〕 *n.* 強盜

2. **feat** 〔 fit 〕 *n.* 功績

　　　　　〔 dɪ'fit 〕 *v.* 打敗

3. **include** 〔 ɪn'klud 〕 *v.* 包括

　　　　　〔 ɪk'sklud 〕 *v.* 排除

　　　　　〔 kən'klud 〕 *v.* 下結論

　　　　　〔 ə'klud 〕 *v.* 封閉

　　　　　〔 prɪ'klud 〕 *v.* 妨礙

　　　　　〔 sɪ'klud 〕 *v.* 隔絕

4. **well** 〔 wɛl 〕 *adv.* 好

　　　　　〔 swɛl 〕 *v.* 膨脹

5. **wear** 〔 wɛr 〕 *v.* 穿

　　　　　〔 'wɪrɪ 〕 *adj.* 疲倦的

6. **rack** 〔 ræk 〕 *n.* 架子

　　　　　〔 træk 〕 *v.* 追踪

7. **stole** 〔 stol 〕 *v.* 偷（過去式）

　　　　　〔 stov 〕 *n.* 爐子

8. **mail** 〔 mel 〕 *n.* 信件

　　　　　〔 'blæk,mel 〕 *n.* 勒索

9. **temper** 〔 'tɛmpɚ 〕 *n.* 脾氣

　　　　　〔 'tɛmprətʃɚ 〕 *n.* 溫度

10. **thirty** 〔 'θɝtɪ 〕 *n.* 三十

　　　　　〔 'θɝstɪ 〕 *adj.* 口渴的

11. **bank** 〔 bæŋk 〕 *n.* 銀行

_____

〔 tæŋk 〕 *n.* 坦克車

12. **rim** 〔 rɪm 〕 *n.* 邊緣

_____

〔 trɪm 〕 *v.* 修剪

13. **grant** 〔 grænt 〕 *v.* 允許

_____

〔 ˈtaɪrənt 〕 *n.* 暴君

14. **urge** 〔 ɝdʒ 〕 *v.* 催促

_____

〔 ˈɝdʒənt 〕 *adj.* 緊急的

15. **wall** 〔 wɔl 〕 *n.* 牆

_____

〔 ˈwalɪt 〕 *n.* 皮夾

16. **breath** 〔 brɛθ 〕 *n.* 呼吸

_____ 〔 riθ 〕 *n.* 花圈

17. **jealous** 〔 ˈdʒɛləs 〕 *adj.* 嫉妒的

_____

〔 ˈzɛləs 〕 *adj.* 熱心的

18. **access** 〔 ˈæksɛs 〕 *n.* 接近或使用權

_____

〔 ækˈsɛsərɪ 〕 *n.* 配件

19. **attitude** 〔 ˈætəˌtjud 〕 *n.* 態度

_____

〔 ˈæltəˌtjud 〕 *n.* 高度

20. **void** 〔 vɔɪd 〕 *adj.* 空的

_____

〔 əˈvɔɪd 〕 *v.* 避免

21. **illusion** 〔 ɪˈljuʒən 〕 *n.* 幻覺

_____

〔 əˈluʒən 〕 *n.* 暗示

22. **swam** 〔 swæm 〕 *v.* 游泳（過去式）

_____ 〔 swɑmp 〕 *n.* 沼澤

23. **cycle** 〔 ˈsaɪkl̩ 〕 *n.* 循環

_____

〔 ˈsaɪklɑn 〕 *n.* 旋風

24. **opera** 〔 ˈɑpərə 〕 *n.* 歌劇

_____

〔 ˈɑpəˌret 〕 *v.* 操作

25. **lane** 〔 len 〕 *n.* 小徑

　　_____ 〔 ken 〕 *n.* 手杖

　　_____ 〔 pen 〕 *n.* 窗玻璃片

26. **catch** 〔 kætʃ 〕 *v.* 捕捉

　　_____ 〔 pætʃ 〕 *n.* 補丁

27. **pause** 〔 pɔz 〕 *n.* 停頓

　　_____ 〔 kɔz 〕 *v.* 引起

28. **way** 〔 we 〕 *n.* 方法

　　_____ 〔 swe 〕 *v.* 搖擺

29. **sweet** 〔 swit 〕 *adj.* 甜的

　　_____ 〔 swɛt 〕 *v.* 流汗

30. **thread** 〔 θrɛd 〕 *n.* 線

　　_____ 〔 θrɛt 〕 *n.* 威脅

31. **soil** 〔 sɔɪl 〕 *n.* 土壤

　　_____ 〔 tɔɪl 〕 *n.* 辛勞

32. **racket** 〔 'rækɪt 〕 *n.* 球拍

　　_____ 〔 'brækɪt 〕 *n.* 括弧

33. **announce** 〔 ə'naʊns 〕 *v.*
宣布

　　_____ 〔 prə'naʊns 〕 *v.* 發音

　　_____ 〔 dɪ'naʊns 〕 *v.* 譴責

　　_____ 〔 rɪ'naʊns 〕 *v.* 放棄

34. **contract** 〔 'kɑntrækt 〕 *n.*
合約

　　_____ 〔 'kɑntræst 〕 *n.* 對比

35. **derive** 〔 də'raɪv 〕 *v.* 起源

　　_____ 〔 dɪ'praɪv 〕 *v.* 剝奪

36. **construction**
〔 kən'strʌkʃən 〕 *n.* 建設

　　_____ 〔 dɪ'strʌkʃən 〕 *n.* 破壞

37. **pump** 〔 pʌmp 〕 *n.* 抽水機

　　_____ 〔 'pʌmpkɪn 〕 *n.* 南瓜

38. **cave** 〔 kev 〕 *n.* 洞穴

_____ 〔 wev 〕 *v.* 揮動

_____ 〔 pev 〕 *v.* 舖路

39. **notion** 〔'noʃən 〕 *n.* 觀念

_____ 〔'moʃən 〕 *n.* 動作

40. **stud** 〔 stʌd 〕 *v.* 滿布

_____ 〔'stʌdɪ 〕 *v.* 學習

_____ 〔'stɜdɪ 〕 *adj.* 健壯的

41. **surgeon** 〔'sɜdʒən 〕 *n.*
外科醫生

_____ 〔'pɪdʒən 〕 *n.* 鴿子

42. **tough** 〔 tʌf 〕 *adj.* 困難的

_____ 〔 rʌf 〕 *adj.* 粗糙的

43. **wipe** 〔 waɪp 〕 *v.* 擦

_____ 〔 paɪp 〕 *n.* 管子

44. **ditch** 〔 dɪtʃ 〕 *n.* 水溝

_____ 〔 pɪtʃ 〕 *v.* 投擲

45. **power** 〔'pauɚ 〕 *n.* 力量

_____ 〔'paudɚ 〕 *n.* 粉末

46. **peril** 〔'pɛrəl 〕 *n.* 危險

_____ 〔'pɛrɪʃ 〕 *v.* 喪生

47. **gram** 〔 græm 〕 *n.* 公克

_____ 〔'progræm 〕 *n.* 節目

48. **glue** 〔 glu 〕 *n.* 膠水

_____ 〔 klu 〕 *n.* 線索

49. **cue** 〔 kju 〕 *n.* 暗示

_____ 〔'rɛskju 〕 *v.* 拯救

50. **resolve** 〔 rɪ'zɑlv 〕 *v.* 決定

_____ 〔 rɪ'vɑlv 〕 *v.* 旋轉

Read at least 5 times a day*!*

1. 樂隊 _____
   強盜 _____

2. 功績 _____
   打敗 _____

3. 包括 _____
   排除 _____

   下結論 _____
   封閉 _____

   妨礙 _____
   隔絕 _____

4. 好 _____
   膨脹 _____

5. 穿 _____
   疲倦的 _____

6. 架子 _____
   追蹤 _____

7. 偷(過去式) _____
   爐子 _____

8. 信件 _____
   勒索 _____

9. 脾氣 _____
   溫度 _____

10. 三十 _____
    口渴的 _____

11. 銀行 _____
    坦克車 _____

12. 邊緣 _____
    修剪 _____

13. 允許 _____
    暴君 _____

14. 催促 _____
    緊急的 _____

15. 牆 _____
    皮夾 _____

16. 呼吸 _____
    花圈 _____

17. 嫉妒的 _____
    熱心的 _____

18. 接近或使用權 _____
    配件 _____

19. 態度 _____
    高度 _____

20. 空的 _____
    避免 _____

21. 幻覺 _____
    暗示 _____

22. 游泳(過去式) _____
    沼澤 _____

23. 循環 _____
    旋風 _____

24. 歌劇 _____
    操作 _____

25. 小徑 _____
    手杖 _____
    窗玻璃片 _____

Cycle 13

26. 捕捉 _____
    補丁 _____

27. 停頓 _____
    引起 _____

28. 方法 _____
    搖擺 _____

29. 甜的 _____
    流汗 _____

30. 線 _____
    威脅 _____

31. 土壤 _____
    辛勞 _____

32. 球拍 _____
    括弧 _____

33. 宣布 _____
    發音 _____
    譴責 _____
    放棄 _____

34. 合約 _____
    對比 _____

35. 起源 _____
    剝奪 _____

36. 建設 _____
    破壞 _____

37. 抽水機 _____
    南瓜 _____

38. 洞穴 _____
    揮動 _____
    舖路 _____

39. 觀念 _____
    動作 _____

40. 滿布 _____
    學習 _____
    健壯的 _____

41. 外科醫生 _____
    鴿子 _____

42. 困難的 _____
    粗糙的 _____

43. 擦 _____
    管子 _____

44. 水溝 _____
    投擲 _____

45. 力量 _____
    粉末 _____

46. 危險 _____
    喪生 _____

47. 公克 _____
    節目 _____

48. 膠水 _____
    線索 _____

49. 暗示 _____
    拯救 _____

50. 決定 _____
    旋轉 _____

Mark the words you don't know.

☐ blackmail _____   ☐ accessory _____   ☐ contract _____

☐ trim _____   ☐ zealous _____   ☐ tough _____

☐ track _____   ☐ sway _____   ☐ bracket _____

☐ defeat _____   ☐ allusion _____   ☐ resolve _____

☐ weary _____   ☐ altitude _____   ☐ renounce _____

☐ occlude _____   ☐ patch _____   ☐ notion _____

☐ temperature __   ☐ void _____   ☐ toil _____

☐ bandit _____   ☐ cyclone _____   ☐ surgeon _____

☐ tyrant _____   ☐ pane _____   ☐ rescue _____

☐ tank _____   ☐ illusion _____   ☐ announce _____

☐ jealous _____   ☐ lane _____   ☐ pigeon _____

☐ swell _____   ☐ sweat _____   ☐ clue _____

☐ preclude _____   ☐ swamp _____   ☐ pave _____

☐ urgent _____   ☐ pause _____   ☐ denounce _____

☐ exclude _____   ☐ rough _____   ☐ perish _____

☐ wreath _____   ☐ construction __   ☐ derive _____

☐ seclude _____   ☐ thread _____   ☐ wipe _____

☐ temper _____   ☐ pumpkin _____   ☐ peril _____

☐ rim _____   ☐ deprive _____   ☐ ditch _____

☐ grant _____   ☐ sturdy _____   ☐ powder _____

Required Synonyms 13

1. **peril** (ˈpɛrəl) *n.* 危險
   - = danger (ˈdendʒɚ)
   - = risk (rɪsk)

2. **resolve** (rɪˈzɑlv) *v.* 決定
   - = determine (dɪˈtɜmɪn)
   - = decide (dɪˈsaɪd)

3. **denounce** (dɪˈnaʊns) *v.* 譴責
   - = censure (ˈsɛnʃɚ)
   - = reproach (rɪˈprotʃ)

4. **trim** (trɪm) *v.* 修剪
   - = cut (kʌt)
   - = pare (pɛr)
   - = shave (ʃev)

5. **defeat** (dɪˈfit) *v.* 打敗
   - = overcome (ˌovɚˈkʌm)
   - = win (wɪn)
   - = triumph (ˈtraɪəmf)

6. **preclude** (prɪˈklud) *v.* 妨礙
   - = bar (bɑr)
   - = prohibit (proˈhɪbɪt)
   - = deter (dɪˈtɜ)

7. **weary** (ˈwɪrɪ) *adj.* 疲倦的
   - = tired (taɪrd)
   - = weak (wik)
   - = fatigued (fəˈtigd)

8. **bandit** (ˈbændɪt) *n.* 強盜
   - = robber (ˈrɑbɚ)
   - = gangster (ˈgæŋstɚ)
   - = thief (θif)
   - = highwayman (ˈhaɪˌwemən)

9. **announce** (əˈnaʊns) *v.* 宣布
   - = proclaim (proˈklem)
   - = broadcast (ˈbrɔdˌkæst)
   - = report (rɪˈport)
   - = state (stet)

10. **swell** (swɛl) *v.* 膨脹
    - = enlarge (ɪnˈlɑrdʒ)
    - = broaden (ˈbrɔdn̩)
    - = expand (ɪkˈspænd)
    - = inflate (ɪnˈflet)

Cycle 13

Cycle 13 EXERCISE

1. Mr. Wang has been _____ in the recent election.
   - (A) granted
   - (B) pitched
   - (C) defeated
   - (D) confined

2. The average _____ of the earth has gradually risen over the past few centuries.
   - (A) mail
   - (B) temper
   - (C) temperature
   - (D) blackmail

3. The people of the kingdom suffered greatly under the rule of the _____.
   - (A) surgeon
   - (B) bandit
   - (C) tyrant
   - (D) pumpkin

4. A magician is an artist skilled at using _____ to entertain an audience.
   - (A) allusions
   - (B) illusions
   - (C) construction
   - (D) destruction

5. On his way to work he didn't notice the pickpocket removing his _____ from his back pocket.
   - (A) access
   - (B) bracket
   - (C) racket
   - (D) wallet

6. The physician told her to take a deep _____.
   - (A) temper
   - (B) swell
   - (C) wreath
   - (D) breath

7. Instead of being _____ of other people for what they possess, learn to appreciate what you already have.
   - (A) weary
   - (B) sturdy
   - (C) jealous
   - (D) zealous

8. As they both work in the same office, they can hardly
    _____ meeting each other.
    (A) avoid   (B) ignore
    (C) void   (D) snore

9. I was _____ to sign the contract.
    (A) urged   (B) perished
    (C) trimmed   (D) waved

10. What do you _____ from all of the evidence?
    (A) contract   (B) conclude
    (C) consume   (D) console

11. The love of money _____ the lawyer to lie in court.
    (A) caused   (B) paused
    (C) derived   (D) deprived

12. It is difficult for foreign students to _____ English words.
    (A) pronounce   (B) denounce
    (C) announce   (D) renounce

13. He has signed a two-year _____ of employment with the
    firm.
    (A) contrast   (B) attract
    (C) distract   (D) contract

14. The people in the country had been _____ of many of their
    basic human rights.
    (A) concluded   (B) precluded
    (C) derived   (D) deprived

15. The police searched all the houses but found no _____.
    (A) canes   (B) glue
    (C) cues   (D) clues

Look and write.

1. 他的<u>皮夾</u> _____ 掉在牆（wall）腳。

2. 他把石頭<u>投擲</u>（pitch）到<u>水溝</u> _____ 裏。

3. 他在<u>洞穴</u>（cave）前<u>揮動</u> _____ 雙手。

4. <u>三十</u>（thirty）度的高溫使人覺得<u>口渴</u> _____ 。

5. 他把樹的<u>邊緣</u>（rim）<u>修剪</u> _____ 整齊。

6. 溫度 _____ 太高使人脾氣（temper）不好。

7. 他拿著手杖（cane）走在小徑 _____ 上。

8. 旋風 _____ 就是不斷旋轉循環（cycle）的風。

9. 他用布擦（wipe）管子 _____ 。

10. 他們捉（catch）了一個身上穿補丁 _____ 的人。

Cycle 13 詳解

1. ban *v.* 禁止　*n.* 禁令

   band 〔 bænd 〕 *n.* 樂隊

   bandit 〔'bændɪt 〕 *n.* 強盜

   （禁止樂隊當強盜）

2. **feat** 〔 fit 〕 *n.* 功績

   defeat 〔 dɪ'fit 〕 *v.* 打敗

3. in¦**clude** 〔 ɪn'klud 〕 *v.* 包括

   in¦ close（關在裏面）

   ex¦**clude** 〔 ɪk'sklud 〕 *v.* 排除

   out¦（關在外面）

   con¦**clude** 〔 kən'klud 〕

   together　　　　　*v.* 下結論

   （作總結）

   conclusion *n.* 結論

   （口訣：in-ex-con）

   oc¦**clude** 〔 ə'klud 〕 *v.* 封閉

   over（關閉上面）

   pre¦**clude** 〔 prɪ'klud 〕 *v.* 妨礙

   before（事先關閉）

   se¦**clude** 〔 sɪ'klud 〕

   apart　　　　　*v.* 隔絕；隱居

   （離開人羣，封閉自己）

4. **well** 〔 wɛl 〕 *adv.* 好

   swell 〔 swɛl 〕 *v.* 膨脹

   dwell *v.* 居住

   bell *n.* 鈴

   cell *n.* 細胞

   fell *v.* 砍伐

   hell *n.* 地獄

   sell *v.* 販賣

   tell *v.* 告訴

   yell *v.* 喊叫

5. **wear** 〔 wɛr 〕 *v.* 穿

   weary 〔'wɪrɪ 〕 *adj.* 疲倦的

   = tired

   = fatigued

6. **rack** 〔 ræk 〕 *n.* 架子

   track 〔 træk 〕 *v.* 追蹤

   crack *v.* 破裂

7. **stole** 〔 stol 〕 *v.* 偷（過去式）

   stove 〔 stov 〕 *n.* 爐子

   stone *n.* 石頭

   store *n.* 商店　*v.* 儲存

Cycle 13

8. **mail** 〔 mel 〕 *n.* 信件
   black mail 〔 'blæk,mel 〕
   黑　函　　　　　　　　*n.* 勒索
   airmail *n.* 航空郵件

9. **temper** 〔 'tɛmpɚ 〕 *n.* 脾氣
   temperate *adj.* 溫和的
   temperature 〔 'tɛmprətʃɚ 〕
   　　　　　　　　　　n. 溫度

10. **thirty** 〔 'θɝtɪ 〕 *n.* 三十
    thirsty 〔 'θɝstɪ 〕 *adj.* 口渴的
    （氣溫三十度感到口渴）

11. **bank** 〔 bæŋk 〕 *n.* 銀行
    tank 〔 tæŋk 〕 *n.* 坦克車；水槽
    rank *n.* 階級
    frank *adj.* 坦白的

12. **rim** 〔 rɪm 〕 *n.* 邊緣
    trim 〔 trɪm 〕 *v.* 修剪
    （邊緣要修剪）
    brim *n.* 邊緣
    grim *adj.* 冷酷的

13. **grant** 〔 grænt 〕 *v.* 允許
    tyrant 〔 'taɪrənt 〕 *n.* 暴君
    fragrant *adj.* 芳香的

14. **urge** 〔 ɝdʒ 〕 *v.* 催促
    urgent 〔 'ɝdʒənt 〕 *adj.* 緊急的
    surge *n.* 巨浪
    surgeon *n.* 外科醫生

15. **wall** 〔 wɔl 〕 *n.* 牆
    wallet 〔 'wɑlɪt 〕 *n.* 皮夾
    ball *n.* 球
    ballet 〔 'bælɪ, bæ'le 〕
    　　　　　　　　　　n. 芭蕾舞

16. **breath** 〔 brɛθ 〕 *n.* 呼吸
    wreath 〔 riθ 〕 *n.* 花圈
    breathe 〔 brið 〕 *v.* 呼吸
    wreathe 〔 rið 〕 *v.* 做花圈

17. **jealous** 〔 'dʒɛləs 〕 *adj.* 嫉妒的
    zealous 〔 'zɛləs 〕 *adj.* 熱心的

18. **access** 〔 'æksɛs 〕 *n.* 接近或使用權
    accessory 〔 æk'sɛsərɪ 〕 *n.*
    配件

19. **attitude** 〔 'ætə,tjud 〕 *n.* 態度
    altitude 〔 'æltə,tjud 〕 *n.* 高度
    aptitude *n.* 性向；才能
    latitude *n.* 緯度

20. **void** 〔 vɔɪd 〕 *adj.* 空的

 avoid 〔 ə'vɔɪd 〕 *v.* 避免

 devoid *adj.* 欠缺的

21. **illusion** 〔 ɪ'luʒən 〕 *n.* 幻覺

 allusion 〔 ə'luʒən 〕 *n.* 暗示

 elusion *n.* 逃避

22. **swam** 〔 swæm 〕

 v. 游泳（過去式）

 swamp 〔 swɑmp 〕 *n.* 沼澤
 （在沼澤游泳）

23. **cycle** 〔'saɪkḷ 〕 *n.* 循環

 cyclone 〔'saɪklon 〕 *n.* 旋風

 re¦cycle *v.* 回收
 again（再循環）

24. **opera** 〔'ɑpərə 〕 *n.* 歌劇

 operate 〔'ɑpə,ret 〕 *v.* 操作

 co¦operate *v.* 合作
 together

25. **lane** 〔 len 〕 *n.* 小徑

 cane 〔 ken 〕 *n.* 手杖

 pane 〔 pen 〕 *n.* 窗玻璃片

 sane *adj.* 神智清楚的

 wane *v.* 月缺

 ↔ wax *v.* 月圓

26. **catch** 〔 kætʃ 〕 *v.* 捕捉

 patch 〔 pætʃ 〕 *n.* 補丁

 hatch *v.* 孵化

 latch *n.* 門閂

 match *n.* 火柴；比賽；對手

27. **pause** 〔 pɔz 〕 *n.* 停頓

 cause 〔 kɔz 〕 *v.* 引起

28. **way** 〔 we 〕 *n.* 方法；道路

 sway 〔 swe 〕 *v.* 搖擺

 sub¦way *n.* 地下鐵
 under（在地下的路）

29. **sweet** 〔 swit 〕 *adj.* 甜的

 sweat 〔 swɛt 〕 *v.* 流汗

30. **thread** 〔 θrɛd 〕 *n.* 線

 needle *n.* 針

 threat 〔 θrɛt 〕 *n.* 威脅

31. oil *n.* 油

 soil 〔 sɔɪl 〕 *n.* 土壤

 toil 〔 tɔɪl 〕 *n.* 辛勞

 boil *v.* 沸騰

 coil *v.* 捲

 foil *v.* 阻礙

 spoil *v.* 寵壞；破壞

32. **racket** 〔'rækɪt 〕 *n.* 球拍

    bracket 〔'brækɪt 〕 *n.* 括弧

    packet *n.* 小包

    jacket *n.* 夾克

33. **an┊nounce** 〔 ə'naʊns 〕
    to ┊ report（去報告）
                      v. 宣布

    pro┊nounce 〔 prə'naʊns 〕
    forward（向前說）
                      v. 發音

    de┊nounce 〔 dɪ'naʊns 〕
    fully（報以強烈的姿態）
                      v. 譴責

    re┊nounce 〔 rɪ'naʊns 〕
    back
                      v. 放棄
    （回過頭去，不說了）

34. **contract** 〔'kɑntrækt 〕 *n.* 合約

    contrast 〔'kɑntræst 〕 *n.* 對比

    contact *n.* 接觸

    contest *n.* 比賽

35. **derive** 〔 də'raɪv 〕 *v.* 起源

    deprive 〔 dɪ'praɪv 〕 *v.* 剝奪

36. **con┊struct┊ion** 〔 kən'strʌkʃən 〕
    together build n.   *n.* 建設
    （建造在一起）

    de┊struct┊ion 〔 dɪ'strʌkʃən 〕
    down（使建築物倒下）   *n.* 破壞

    in┊struct┊ion *n.* 教導
    in ┊（建構於心中）

37. **pump** 〔 pʌmp 〕
                  n. 抽水機；幫浦

    pumpkin 〔'pʌmpkɪn 〕
                  n. 南瓜

38. **cave** 〔 kev 〕 *n.* 洞穴

    wave 〔 wev 〕 *v.* 揮動

    pave 〔 pev 〕 *v.* 舖路

    pavement *n.* 人行道
    = sidewalk

    save *v.* 儲存；節省；拯救

39. **notion** 〔'noʃən 〕 *n.* 觀念

    motion 〔'moʃən 〕 *n.* 動作

40. **stud** 〔 stʌd 〕 *v.* 滿布

    study 〔'stʌdɪ 〕 *v.* 學習

    sturdy 〔'stɝdɪ 〕 *adj.* 健壯的

41. **surgeon** 〔'sɝdʒən 〕
                  n. 外科醫生

    pigeon 〔'pɪdʒən 〕 *n.* 鴿子

    urge *v.* 催促

    surge *n.* 巨浪

42. **tough** 〔 tʌf 〕 *adj.* 困難的

    rough 〔 rʌf 〕 *adj.* 粗糙的
    <注意發音>

    cough 〔 kɔf 〕 *v.* 咳嗽

    bough 〔 baʊ 〕 *n.* 大樹枝

Cycle 13

43. **wipe** 〔 waɪp 〕 v. 擦
<u>**pipe**</u> 〔 paɪp 〕 n. 管子
ripe adj. 成熟的

44. **itch** n., v. 癢
<u>**ditch**</u> 〔 dɪtʃ 〕 n. 水溝
<u>**pitch**</u> 〔 pɪtʃ 〕 v. 投擲
witch n. 女巫
switch n. 開關　v. 轉換
stitch n. 一針
A stitch in time saves nine.
及時一針可省日後九針。

45. **power** 〔 'paʊɚ 〕 n. 力量
<u>**powder**</u> 〔 'paʊdɚ 〕 n. 粉末
milk powder 奶粉

46. **peril** 〔 'pɛrəl 〕 n. 危險
= danger
<u>**perish**</u> 〔 'pɛrɪʃ 〕 v. 喪生

47. **gram** 〔 græm 〕 n. 公克
<u>**program**</u> 〔 'progræm 〕 n. 節目
telegram n. 電報
diagram n. 圖表
radiogram n. 無線電報

48. **glue** 〔 glu 〕 n. 膠水
<u>**clue**</u> 〔 klu 〕 n. 線索

49. **cue** 〔 kju 〕 n. 暗示
<u>**rescue**</u> 〔 'rɛskju 〕 v. 拯救

50. **resolve** 〔 rɪ'zɑlv 〕 v. 決定；決心
resolution n. 決心
<u>**re'volve**</u> 〔 rɪ'vɑlv 〕 v. 旋轉
roll
revolution n. 革命；旋轉
in'volve v. 牽涉；包含
in (捲入)
e'volve v. 進化；展開
out (捲出)
evolution n. 進化；發展

Cycle 13

222 一天背好 1000 單字教師手冊

Mark the words you don't know.

- [ ] blackmail 勒索
- [ ] trim 修剪
- [ ] track 追蹤
- [ ] defeat 打敗
- [ ] weary 疲倦的

- [ ] accessory 配件
- [ ] zealous 熱心的
- [ ] sway 搖擺
- [ ] allusion 暗示
- [ ] altitude 高度

- [ ] contract 合約
- [ ] tough 困難的
- [ ] bracket 括弧
- [ ] resolve 決定
- [ ] renounce 放棄

- [ ] occlude 封閉
- [ ] temperature 溫度
- [ ] bandit 強盜
- [ ] tyrant 暴君
- [ ] tank 坦克車

- [ ] patch 補丁
- [ ] void 空的
- [ ] cyclone 旋風
- [ ] pane 窗玻璃片
- [ ] illusion 幻覺

- [ ] notion 觀念
- [ ] toil 辛勞
- [ ] surgeon 外科醫生
- [ ] rescue 拯救
- [ ] announce 宣布

- [ ] jealous 嫉妒的
- [ ] swell 膨脹
- [ ] preclude 妨礙
- [ ] urgent 緊急的
- [ ] exclude 排除

- [ ] lane 小徑
- [ ] sweat 流汗
- [ ] swamp 沼澤
- [ ] pause 停頓
- [ ] rough 粗糙的

- [ ] pigeon 鴿子
- [ ] clue 線索
- [ ] pave 鋪路
- [ ] denounce 譴責
- [ ] perish 喪生

- [ ] wreath 花圈
- [ ] seclude 隔絕
- [ ] temper 脾氣
- [ ] rim 邊緣
- [ ] grant 允許

- [ ] construction 建設
- [ ] thread 線
- [ ] pumpkin 南瓜
- [ ] deprive 剝奪
- [ ] sturdy 健壯的

- [ ] derive 起源
- [ ] wipe 擦
- [ ] peril 危險
- [ ] ditch 水溝
- [ ] powder 粉末

Answers to Cycle 13 Exercise

1. C   2. C   3. C   4. B   5. D   6. D   7. C   8. A
9. A   10. B   11. A   12. A   13. D   14. D   15. D

Answers to Look and write

1. wallet   2. ditch   3. wave   4. thirsty
5. trim   6. temperature   7. lane   8. cyclone
9. pipe   10. patch

Cycle 13

Cycle 14

1. **cage** 〔 kedʒ 〕 *n.* 籠子

_____ 〔 sedʒ 〕 *n.* 聖賢

7. **scatter** 〔ˋskætɚ〕 *v.* 散播

_____ 〔ˋʃætɚ〕 *v.* 使粉碎

2. **lad** 〔 læd 〕 *n.* 少年

_____ 〔ˋsæləd〕 *n.* 沙拉

_____ 〔ˋsælərɪ〕 *n.* 薪水

8. **toe** 〔 to 〕 *n.* 腳趾

_____ 〔 ho 〕 *n.* 鋤頭

_____ 〔 fo 〕 *n.* 敵人

_____ 〔 wo 〕 *n.* 悲哀

3. **parrot** 〔ˋpærət〕 *n.* 鸚鵡

_____ 〔ˋkærət〕 *n.* 紅蘿蔔

9. **spit** 〔 spɪt 〕 *v.* 吐痰

_____ 〔 splɪt 〕 *v.* 使分裂

4. **job** 〔 dʒab 〕 *n.* 工作

_____ 〔 mab 〕 *n.* 暴民

_____ 〔 sab 〕 *v.* 啜泣

10. **tail** 〔 tel 〕 *n.* 尾巴

_____ 〔ˋtelɚ〕 *n.* 裁縫師

5. **rub** 〔 rʌb 〕 *v.* 摩擦

_____ 〔 skrʌb 〕 *v.* 擦洗

11. **event** 〔 ɪˋvɛnt 〕 *n.* 事件

_____ 〔 prɪˋvɛnt 〕 *v.* 預防

6. **sow** 〔 so 〕 *v.* 播種

_____ 〔 so 〕 *v.* 縫

12. **pot** 〔 pat 〕 *n.* 鍋子

_____ 〔 spat 〕 *n.* 地點

13. **ear** 〔 ɪr 〕 *n.* 耳朶

_____

〔 'ɪrə , 'ɪrə 〕 *n.* 時代

14. **tent** 〔 tɛnt 〕 *n.* 帳篷

_____

〔 ɪn'tɛnt 〕 *n.* 意圖

_____

〔 ɪk'stɛnt 〕 *n.* 範圍

_____

〔 kən'tɛnt 〕 *n.* 滿足

_____

〔 'potn̩t 〕 *adj.* 有力的

15. **tick** 〔 tɪk 〕 *v.* 滴答響

_____ 〔 stɪk 〕 *n.* 棍子

16. **rape** 〔 rep 〕 *v.* 強暴

_____

〔 skrep 〕 *n.* 麻煩

17. **sock** 〔 sɑk 〕 *n.* 短襪

_____ 〔 ʃɑk 〕 *n.* 震驚

18. **sleep** 〔 slip 〕 *v.* 睡覺

_____ 〔 sliv 〕 *n.* 袖子

19. **taken** 〔 'tekən 〕 *v.* 拿 (過去分詞)

_____

〔 'tokən 〕 *n.* 象徵

20. **crew** 〔 kru 〕 *n.* 全體工作人員

_____ 〔 skru 〕 *n.* 螺絲

21. **result** 〔 rɪ'zʌlt 〕 *n.* 結果

_____

〔 ɪn'sʌlt 〕 *v.* 侮辱

22. **course** 〔 kors 〕 *n.* 課程

_____

〔 'dɪskors 〕 *n.* 演說

23. **tile** 〔 taɪl 〕 *n.* 瓷磚

_____

〔 'tɛkstaɪl 〕 *n.* 紡織品

24. **line** 〔 laɪn 〕 *n.* 線

_____

〔 'lɪnɪn 〕 *n.* 亞麻布

25. **pub** 〔 pʌb 〕 *n.* 酒館

_____

〔 'pʌblɪk 〕 *adj.* 公共的

26. **cop** 〔 kɑp 〕 *n.* 警察

_____

　　　　　〔 krɑp 〕 *n.* 農作物

27. **here** 〔 hɪr 〕 *adv.* 這裏

_____

　　　　　〔 əd'hɪr 〕 *v.* 黏著

28. **pink** 〔 pɪŋk 〕 *n.* 粉紅色

_____ 〔 mɪŋk 〕 *n.* 貂

_____ 〔 wɪŋk 〕 *v.* 眨眼

29. **deem** 〔 dim 〕 *v.* 認為

_____

　　　　　〔 rɪ'dim 〕 *v.* 贖回

30. **carrier** 〔'kærɪɚ 〕 *n.* 帶菌者

_____

　　　　　〔'bærɪɚ 〕 *n.* 障礙

31. **base** 〔 bes 〕 *n.* 基礎

_____

　　　　　〔'besmənt 〕 *n.* 地下室

32. **better** 〔'bɛtɚ 〕 *adj.* 更好的

_____ 〔'bɪtɚ 〕 *adj.* 苦的

33. **role** 〔 rol 〕 *n.* 角色

_____ 〔 mol 〕 *n.* 痣

_____ 〔 pol 〕 *n.* (南、北) 極

34. **sale** 〔 sel 〕 *n.* 銷售

_____ 〔 skel 〕 *n.* 規模

35. **court** 〔 kort 〕 *n.* 法院

_____

　　　　　〔'kɝtɪəs 〕 *adj.* 有禮貌的

36. **bone** 〔 bon 〕 *n.* 骨頭

_____

　　　　　〔'bonɚ 〕 *n.* 愚蠢的錯誤

37. **ounce** 〔 auns 〕 *n.* 盎司

_____ 〔 bauns 〕 *v.* 反彈

_____

　　　　　〔 ə'nauns 〕 *v.* 宣布

38. **lake** 〔 lek 〕 *n.* 湖

_____ 〔 fek 〕 *n.* 贗品

39. **anger** 〔'æŋgɚ 〕 *n.* 生氣

_____

　　　　　〔'endʒəl 〕 *n.* 天使

Cycle 14

40. **ward** 〔 wɔrd 〕 v. 避免

_____

〔ˊɔkwəd〕 adj. 笨拙的

41. **nick** 〔 nɪk 〕 n. 刻痕

_____

〔ˊnɪk͵nem〕 n. 綽號

_____

〔ˊnɪkḷ〕 n. 五分鎳幣

42. **million** 〔ˊmɪljən〕 n. 百萬

_____

〔ˊbɪljən〕 n. 十億

43. **throw** 〔 θro 〕 v. 丟

_____

〔͵ovɚˊθro〕 v. 推翻

44. **follow** 〔ˊfɑlo〕 v. 跟隨

_____ 〔ˊhɑlo〕 adj. 中空的

45. **sad** 〔 sæd 〕 adj. 傷心的

_____ 〔 sæp 〕 v. 削弱

46. **sun** 〔 sʌn 〕 n. 太陽

_____ 〔 nʌn 〕 n. 尼姑

47. **opponent** 〔 əˊponənt 〕 n. 對手

_____

〔 kəmˊponənt 〕 n. 成分

48. **cave** 〔 kev 〕 n. 洞穴

_____ 〔ˊkævən〕 n. 巨穴

_____ 〔ˊtævən〕 n. 酒店

49. **bless** 〔 blɛs 〕 v. 祝福

_____ 〔 blɪs 〕 n. 幸福

50. **tend** 〔 tɛnd 〕 v. 傾向於

_____ 〔 əˊtɛnd 〕 v. 參加

_____

〔 prɪˊtɛnd 〕 v. 假裝

_____

〔 ɪnˊtɛnd 〕 v. 打算

_____

〔 ɪkˊstɛnd 〕 v. 延伸

_____

〔 kənˊtɛnd 〕 v. 競爭

_____

〔 proˊtɛnd 〕 v. 突出

_____

〔 dɪˊstɛnd 〕 v. 膨脹

Read at least 5 times a day*!*

1. 籠子 _____
   聖賢 _____

2. 少年 _____
   沙拉 _____
   薪水 _____

3. 鸚鵡 _____
   紅蘿蔔 _____

4. 工作 _____
   暴民 _____
   啜泣 _____

5. 摩擦 _____
   擦洗 _____

6. 播種 _____
   縫 _____

7. 散播 _____
   使粉碎 _____

8. 腳趾 _____
   鋤頭 _____
   敵人 _____
   悲哀 _____

9. 吐痰 _____
   使分裂 _____

10. 尾巴 _____
    裁縫師 _____

11. 事件 _____
    預防 _____

12. 鍋子 _____
    地點 _____

13. 耳朵 _____
    時代 _____

14. 帳篷 _____
    意圖 _____
    範圍 _____
    滿足 _____
    有力的 _____

15. 滴答響 _____
    棍子 _____

16. 強暴 _____
    麻煩 _____

17. 短襪 _____
    震驚 _____

18. 睡覺 _____
    袖子 _____

19. 拿(過去分詞) _____
    象徵 _____

20. 全體工作人員
    _____
    螺絲 _____

21. 結果 _____
    侮辱 _____

22. 課程 _____
    演說 _____

23. 瓷磚 _____
    紡織品 _____

24. 線 _____
    亞麻布 _____

25. 酒館 _____
    公共的 _____

26. 警察 _____
    農作物 _____

27. 這裏 _____
    黏著 _____

28. 粉紅色 _____
    貂 _____
    眨眼 _____

29. 認爲 _____
    贖回 _____

30. 帶菌者 _____
    障礙 _____

31. 基礎 _____
    地下室 _____

32. 更好的 _____
    苦的 _____

33. 角色 _____
    痣 _____
    （南、北）極 ____

34. 銷售 _____
    規模 _____

35. 法院 _____
    有禮貌的 _____

36. 骨頭 _____
    愚蠢的錯誤 ____

37. 盎司 _____
    反彈 _____
    宣布 _____

38. 湖 _____
    贋品 _____

39. 生氣 _____
    天使 _____

40. 避免 _____
    笨拙的 _____

41. 刻痕 _____
    綽號 _____
    五分鎳幣 _____

42. 百萬 _____
    十億 _____

43. 丟 _____
    推翻 _____

44. 跟隨 _____
    中空的 _____

45. 傷心的 _____
    削弱 _____

46. 太陽 _____
    尼姑 _____

47. 對手 _____
    成分 _____

48. 洞穴 _____
    巨穴 _____
    酒店 _____

49. 祝福 _____
    幸福 _____

50. 傾向於 _____
    參加 _____
    假裝 _____
    打算 _____
    延伸 _____
    競爭 _____
    突出 _____
    膨脹 _____

Mark the words you don't know.

☐ split _____   ☐ content _____   ☐ mole _____

☐ hoe _____   ☐ sleeve _____   ☐ course _____

☐ textile _____   ☐ linen _____   ☐ component ___

☐ lad _____   ☐ era _____   ☐ announce _____

☐ parrot _____   ☐ screw _____   ☐ redeem _____

☐ cage _____   ☐ public _____   ☐ fake _____

☐ stick _____   ☐ intent _____   ☐ barrier _____

☐ shatter _____   ☐ sew _____   ☐ distend _____

☐ discourse _____   ☐ crop _____   ☐ nickname _____

☐ tailor _____   ☐ angel _____   ☐ sap _____

☐ potent _____   ☐ courteous _____   ☐ deem _____

☐ sob _____   ☐ adhere _____   ☐ awkward _____

☐ salary _____   ☐ bitter _____   ☐ contend _____

☐ scrape _____   ☐ basement _____   ☐ opponent _____

☐ spot _____   ☐ boner _____   ☐ pretend _____

☐ scrub _____   ☐ mink _____   ☐ billion _____

☐ insult _____   ☐ nun _____   ☐ intend _____

☐ prevent _____   ☐ bounce _____   ☐ hollow _____

☐ carrot _____   ☐ overthrow _____   ☐ tavern _____

☐ token _____   ☐ wink _____   ☐ scale _____

Required Synonyms 14

1. **woe** 〔 wo 〕 *n.* 悲哀

= grief 〔 grif 〕
= distress 〔 dɪ'strɛs 〕
= misery 〔 'mɪzərɪ 〕

= anguish 〔 'æŋgwɪʃ 〕
= sorrow 〔 'sɑro 〕

2. **result** 〔 rɪ'zʌlt 〕 *n.* 結果

= consequence
   〔 'kɑnsə,kwɛns 〕
= outcome 〔 'aʊt,kʌm 〕
= conclusion 〔 kən'kluʒən 〕

3. **discourse** 〔 'dɪskors 〕 *n.*
演說

= address 〔 ə'drɛs 〕
= speech 〔 spitʃ 〕
= lecture 〔 'lɛktʃɚ 〕

4. **scrape** 〔 skrep 〕 *n.* 麻煩

= trouble 〔 'trʌbḷ 〕
= plight 〔 plaɪt 〕

= distress 〔 dɪ'strɛs 〕
= embarrassment
   〔 ɪm'bærəsmənt 〕

5. **split** 〔 splɪt 〕 *v.* 使分裂

= cleave 〔 kliv 〕
= break 〔 brek 〕

6. **extent** 〔 ɪk'stɛnt 〕 *n.* 範圍

= scope 〔 skop 〕
= range 〔 rendʒ 〕

7. **deem** 〔 dim 〕 *v.* 認為

= think 〔 θɪŋk 〕
= believe 〔 bɪ'liv 〕
= regard 〔 rɪ'gard 〕

= suppose 〔 sə'poz 〕
= assume 〔 ə'sjum 〕
= presume 〔 prɪ'zum 〕

8. **opponent** 〔 ə'ponənt 〕 *n.*
對手

= enemy 〔 'ɛnəmɪ 〕
= foe 〔 fo 〕
= rival 〔 'raɪvḷ 〕

9. **courteous** 〔 'kɜtɪəs 〕 *adj.*
有禮貌的

= polite 〔 pə'laɪt 〕
= civil 〔 'sɪvḷ 〕
= gracious 〔 'greʃəs 〕

Cycle 14

Cycle 14 EXERCISE

1. It is customary to eat the _____ before the main course when dining at a restaurant.
   - (A) lad
   - (B) corn
   - (C) carrot
   - (D) salad

2. Of all the _____ that have taken place in your life, which is the most important?
   - (A) events
   - (B) shocks
   - (C) spots
   - (D) socks

3. To some _____ his warnings have proved absolutely correct.
   - (A) tent
   - (B) potent
   - (C) intent
   - (D) extent

4. In the United States, the musical _____ between 1950 and 1962 is known as the golden age of rock and roll.
   - (A) bliss
   - (B) wink
   - (C) sale
   - (D) era

5. The alarm was designed to _____ theft from occurring.
   - (A) prepare
   - (B) prevent
   - (C) pretend
   - (D) present

6. What _____ are you going to take next semester?
   - (A) curses
   - (B) courses
   - (C) courts
   - (D) discourses

7. The mild weather and sufficient rainfall brought a good _____ this year.
   - (A) crop
   - (B) cope
   - (C) cop
   - (D) coop

8. The movie had been _____ by the critics to be a success.
   (A) redeemed   (B) deemed
   (C) blessed   (D) bliss

9. Parents should teach their children to be _____ towards elders.
   (A) courteous   (B) potent
   (C) public   (D) awkward

10. Last night in his dream, Ben was visited by an _____ from heaven.
    (A) angle   (B) angel
    (C) anguish   (D) anger

11. Ben didn't want to go to school, so he _____ to be ill.
    (A) tended   (B) pretended
    (C) intended   (D) prevented

12. The area of damage caused by the earthquake _____ throughout the country.
    (A) extended   (B) contended
    (C) distended   (D) protended

13. The hunters found a _____ to take shelter in from the storm.
    (A) wave   (B) crew
    (C) screw   (D) cave

14. The medicine tasted so _____ that the child refused to take it.
    (A) sweet   (B) bitter
    (C) butter   (D) better

15. The United Nations plays an important _____ in international relations.
    (A) roll   (B) pole
    (C) mole   (D) role

Cycle 14 詳解

1. age *n.* 年紀

 cage 〔 kedʒ 〕 *n.* 籠子

 sage 〔 sedʒ 〕 *n.* 聖賢

 page *n.* 頁

 rage *n.* 憤怒

 wage *n.* 工資

2. **lad** 〔 læd 〕 *n.* 少年

 lass *n.* 少女

 salad 〔ˈsæləd 〕 *n.* 沙拉

 salary 〔ˈsælərɪ 〕 *n.* 薪水

3. **parrot** 〔ˈpærət 〕 *n.* 鸚鵡

 carrot 〔ˈkærət 〕 *n.* 紅蘿蔔

4. **job** 〔 dʒɑb 〕 *n.* 工作

 mob 〔 mɑb 〕 *n.* 暴民

 sob 〔 sɑb 〕 *v.* 啜泣

 rob *v.* 搶劫

5. **rub** 〔 rʌb 〕 *v.* 摩擦

 scrub 〔 skrʌb 〕 *v.* 擦洗
 （擦洗時要摩擦）

6. **sow** 〔 so 〕 *v.* 播種

 sew 〔 so 〕 *v.* 縫

 As you sow, so shall you reap.

 = You reap what you sow.

 種瓜得瓜，種豆得豆。

 sewing machine 縫紉機

7. **scatter** 〔ˈskætɚ 〕 *v.* 散播

 shatter 〔ˈʃætɚ 〕 *v.* 使粉碎
 （打碎花瓶，散播一地）

8. **toe** 〔 to 〕 *n.* 腳趾

 hoe 〔 ho 〕 *n.* 鋤頭

 foe 〔 fo 〕 *n.* 敵人

 woe 〔 wo 〕 *n.* 悲哀
 （腳趾被敵人的鋤頭砸到，真悲哀）

9. **spit** 〔 spɪt 〕 *v.* 吐痰

 split 〔 splɪt 〕 *v.* 使分裂

10. **tail** 〔 tel 〕 *n.* 尾巴

 tailor 〔ˈtelɚ 〕 *n.* 裁縫師
 The tailor makes the man.
 人要衣裝，佛要金裝。

11. vent〔vɛnt〕 n. 通風口

event〔ɪ'vɛnt〕 n. 事件

pre|**vent**〔prɪ'vɛnt〕 v. 預防
before
（事件要事先預防）

invent v. 發明

12. **pot**〔pɑt〕 n. 鍋子

The pot calls the kettle
black. 五十步笑百步。

spot〔spɑt〕 n. 地點
dot n. 點
rot v. 腐爛

13. **ear**〔ɪr〕 n. 耳朵

era〔'ɪrə, 'irə〕 n. 時代

14. **tent**〔tɛnt〕 n. 帳篷

in|**tent**〔ɪn'tɛnt〕 n. 意圖
in|stretch（在內心伸展）

ex|**tent**〔ɪk'stɛnt〕 n. 範圍
out（向外伸展）

con|**tent**〔kən'tɛnt〕
together　　　　　n. 滿足；內容
（整個伸展開來）

po|**tent**〔'potn̩t〕 adj. 有力的
power（伸展出來的力量）

15. **tick**〔tɪk〕 v. 滴答響

stick〔stɪk〕 n. 棍子

16. **rape**〔rep〕 v. 強暴

scrape〔skrep〕 n. 麻煩
（犯強暴罪會有麻煩）　 v. 刮掉
grape n. 葡萄

17. **sock**〔sɑk〕 n. 短襪

shock〔ʃɑk〕 n. 震驚；休克
v. 使震驚

18. **sleep**〔slip〕 v. 睡覺

sleeve〔sliv〕 n. 袖子

19. **taken**〔'tekən〕
　　　　　　　 v. 拿（過去分詞）

token〔'tokən〕 n. 象徵；代幣

20. **crew**〔kru〕 n. 全體工作人員

screw〔skru〕 n. 螺絲
screwdriver n. 螺絲起子

21. **result**〔rɪ'zʌlt〕 n. 結果

insult〔ɪn'sʌlt〕 v. 侮辱
consult v. 查閱；請教

22. **course**〔kɔrs〕 n. 課程；過程

discourse〔'dɪskors〕 n. 演說
= speech = talk

23. **tile** 〔 taɪl 〕 *n.* 瓷磚

   textile 〔'tɛkstaɪl , 'tɛkstḷ 〕 *n.*
   紡織品

24. **line** 〔 laɪn 〕 *n.* 線

   linen 〔'lɪnɪn 〕 *n.* 亞麻布

   Don't wash your dirty
   linen in public. 家醜不可外揚。

25. **pub** 〔 pʌb 〕 *n.* 酒館

   public 〔'pʌblɪk 〕 *adj.* 公共的
   publication *n.* 出版
   publish *v.* 出版

26. **cop** 〔 kɑp 〕 *n.* 警察

   crop 〔 krɑp 〕 *n.* 農作物
   chop *v.* 砍；劈

27. **here** 〔 hɪr 〕 *adv.* 這裏

   adhere 〔 əd'hɪr 〕 *v.* 黏著；附著
   （附著在這裏）

28. **ink** *n.* 墨水

   pink 〔 pɪŋk 〕 *n.* 粉紅色
   mink 〔 mɪŋk 〕 *n.* 貂
   wink 〔 wɪŋk 〕 *v.* 眨眼
   link *v.* 連接
   rink *n.* 溜冰場
   sink *v.* 沈沒

29. **deem** 〔 dim 〕 *v.* 認為

   redeem 〔 rɪ'dim 〕 *v.* 贖回
   seem *v.* 似乎
   teem *v.* 充滿

30. **carrier** 〔'kærɪɚ 〕 *n.* 帶菌者；
   運送者；郵差
   carrier pigeon 傳信鴿

   barrier 〔'bærɪɚ 〕 *n.* 障礙
   （運送者最怕碰上障礙）

31. **base** 〔 bes 〕 *n.* 基礎；地基
   v. 使以…為基礎；使以…為
   根據
   basis *n.* (抽象的) 基礎

   basement 〔'besmənt 〕 *n.*
   地下室 (房子的基礎在地下室)

32. **better** 〔'bɛtɚ 〕 *adj.* 更好的

   bitter 〔'bɪtɚ 〕 *adj.* 苦的

   Bitter pills may have
   wholesome effects.
   良藥苦口利於病。

33. **role** 〔 rol 〕 *n.* 角色

   mole 〔 mol 〕 *n.* 痣
   pole 〔 pol 〕 *n.* (南、北) 極
   hole *n.* 洞
   sole *adj.* 唯一的；單一的
     = single

Cycle 14

34. **sale** 〔 sel 〕 n. 銷售
    scale 〔 skel 〕 n. 規模；等級

35. **court** 〔 kɔrt 〕 n. 法院；宮廷
    courteous 〔 'kɜtɪəs 〕
    　　　　　　　　adj. 有禮貌的
    （到法院要很有禮貌）

36. **bone** 〔 bon 〕 n. 骨頭
    boner 〔 'bonə 〕 n. 愚蠢的錯誤

37. **ounce** 〔 aʊns 〕 n. 盎司
    bounce 〔 baʊns 〕 v. 反彈
    announce 〔 ə'naʊns 〕 v. 宣布

38. **lake** 〔 lek 〕 n. 湖
    fake 〔 fek 〕 n. 贗品
    adj. 仿冒的
    bake v. 烤
    rake n. 耙子
    sake n. 緣故
    for the sake of~
    爲了~的緣故
    wake v. 叫醒

39. **anger** 〔 'æŋgə 〕 n. 生氣
    angel 〔 'endʒəl 〕 n. 天使

40. **ward** 〔 wɔrd 〕 v. 避免
    　　　　　　n. 監護
    awkward 〔 'ɔkwəd 〕
    　　　　　　　adj. 笨拙的
    award v.,n. 獎賞
    reward v.,n. 報酬

41. **nick** 〔 nɪk 〕 n. 刻痕
    nickname 〔 'nɪk,nem 〕 n. 綽號
    nickel 〔 'nɪkḷ 〕 n. 五分鎳幣

42. **million** 〔 'mɪljən 〕 n. 百萬
    billion 〔 'bɪljən 〕 n. 十億
    mill n. 磨坊；研磨機
    bill n. 帳單

43. **throw** 〔 θro 〕 v. 丟
    overthrow 〔,ovə'θro 〕 v. 推翻

44. **follow** 〔 'falo 〕 v. 跟隨
    hollow 〔 'halo 〕 adj. 中空的
    fellow n. 傢伙；同伴

45. **sad** 〔 sæd 〕 adj. 傷心的
    sap 〔 sæp 〕 v. 削弱

46. **sun** 〔 sʌn 〕 *n.* 太陽

   nun 〔 nʌn 〕 *n.* 尼姑

   fun *n.* 樂趣
   gun *n.* 槍

47. **opponent** 〔 ə'ponənt 〕 *n.*
   對手
   = rival = foe

   component 〔 kəm'ponənt 〕
   n. 成分

48. **cave** 〔 kev 〕 *n.* 洞穴

   cavern 〔 'kævən 〕 *n.* 巨穴
   tavern 〔 'tævən 〕 *n.* 酒店

49. **bless** 〔 blɛs 〕 *v.* 祝福

   bliss 〔 blɪs 〕 *n.* 幸福

50. **tend** 〔 tɛnd 〕 *v.* 傾向於

   tend to～ 傾向於～

   attend 〔 ə'tɛnd 〕 *v.* 參加

   pretend 〔 prɪ'tɛnd 〕 *v.* 假裝

   in¦tend 〔 ɪn'tɛnd 〕 *v.* 打算
   in¦ stretch（在內心伸展）

   ex¦tend 〔 ɪk'stɛnd 〕 *v.* 延伸
   out¦（往外伸）

   con¦tend 〔 kən'tɛnd 〕 *v.* 競爭
   together（一起伸展）

   pro¦tend 〔 pro'tɛnd 〕 *v.* 突出
   forward（向前伸）

   dis¦tend 〔 dɪ'stɛnd 〕 *v.* 膨脹
   apart（伸展開來）

● 帶學生唸 ●

$$\left\{\begin{array}{l} \text{in-} \\ \text{ex-} \\ \text{con-} \end{array}\right. \qquad \boxed{\textbf{tend}} \qquad \left\{\begin{array}{l} \text{pro-} \\ \text{dis-} \end{array}\right.$$

$$\left\{\begin{array}{l} \text{intend 〔 ɪn'tɛnd 〕 } v. \text{ 打算} \\ \text{extend 〔 ɪk'stɛnd 〕 } v. \text{ 延伸} \\ \text{contend 〔 kən'tɛnd 〕 } v. \text{ 競爭} \end{array}\right. \qquad \left\{\begin{array}{l} \text{protend 〔 pro'tɛnd 〕 } v. \text{ 突出} \\ \text{distend 〔 dɪ'stɛnd 〕 } v. \text{ 膨脹} \end{array}\right.$$

Mark the words you don't know.

☐ split 使分裂　　☐ content 滿足　　☐ mole 痣
☐ hoe 鋤頭　　☐ sleeve 袖子　　☐ course 課程
☐ textile 紡織品　　☐ linen 亞麻布　　☐ component 成分
☐ lad 少年　　☐ era 時代　　☐ announce 宣布
☐ parrot 鸚鵡　　☐ crew 螺絲　　☐ redeem 贖回

☐ cage 籠子　　☐ public 公共的　　☐ fake 贗品
☐ stick 棍子　　☐ intent 意圖　　☐ barrier 障礙
☐ shatter 使粉碎　　☐ sew 縫　　☐ distend 膨脹
☐ discourse 演說　　☐ crop 農作物　　☐ nickname 綽號
☐ tailor 裁縫師　　☐ angel 天使　　☐ sap 削弱

☐ potent 有力的　　☐ courteous 有禮貌的　　☐ deem 認為
☐ sob 啜泣　　☐ adhere 黏著　　☐ awkward 笨拙的
☐ salary 薪水　　☐ bitter 苦的　　☐ contend 競爭
☐ scrape 麻煩　　☐ basement 地下室　　☐ opponent 對手
☐ spot 地點　　☐ boner 愚蠢的錯誤　　☐ pretend 假裝

☐ scrub 擦洗　　☐ mink 貂　　☐ billion 十億
☐ insult 侮辱　　☐ nun 尼姑　　☐ intend 打算
☐ prevent 預防　　☐ bounce 反彈　　☐ hollow 中空的
☐ carrot 紅蘿蔔　　☐ overthrow 推翻　　☐ tavern 酒店
☐ token 象徵　　☐ wink 眨眼　　☐ scale 規模

Answers to Cycle 14 Exercise

1. D　　2. A　　3. D　　4. D　　5. B　　6. B　　7. A　　8. B
9. A　　10. B　　11. B　　12. A　　13. D　　14. B　　15. D

Cycle 15

1. **most**〔most〕*adj.* 大多
   數的

   ＿＿＿＿＿＿＿＿＿＿

   〔'ʌt,most〕*adj.* 極度的

2. **creep**〔krip〕*v.* 爬行

   ＿＿＿＿＿＿＿＿＿＿

   〔krid〕*n.* 信條

3. **custom**〔'kʌstəm〕*n.* 習俗

   ＿＿＿＿＿＿＿＿＿＿

   〔ə'kʌstəm〕*v.* 使習慣

4. **evoke**〔ɪ'vok〕*v.* 喚起

   ＿＿＿＿＿＿＿＿＿＿

   〔ɪn'vok〕*v.* 祈求

   ＿＿＿＿＿＿＿＿＿＿

   〔kən'vok〕*v.* 召集

   ＿＿＿＿＿＿＿＿＿＿

   〔prə'vok〕*v.* 激怒

   ＿＿＿＿＿＿＿＿＿＿

   〔rɪ'vok〕*v.* 取消

5. **hive**〔haɪv〕*n.* 蜂窩

   ＿＿＿＿＿＿＿＿＿＿

   〔daɪv〕*v.* 潛水

6. **repute**〔rɪ'pjut〕*n.* 名譽

   ＿＿＿＿＿＿＿＿＿＿

   〔dɪ'spjut〕*v.* 爭論

   ＿＿＿＿＿＿＿＿＿＿

   〔ɪm'pjut〕*v.* 歸罪於

7. **stub**〔stʌb〕*n.* 票根

   ＿＿＿＿＿＿＿＿＿＿

   〔'stʌbən〕*adj.* 頑固的

8. **dumb**〔dʌm〕*adj.* 啞的

   ＿＿＿＿＿＿＿＿＿＿

   〔θʌm〕*n.* 拇指

9. **comprehend**
   〔,kɑmprɪ'hɛnd〕*v.* 了解

   ＿＿＿＿＿＿＿＿＿＿

   〔,æprɪ'hɛnd〕*v.* 逮捕

   ＿＿＿＿＿＿＿＿＿＿

   〔,rɛprɪ'hɛnd〕*v.* 責備

10. **inhibit** 〔 ɪn'hɪbɪt 〕 v. 抑制

_____

〔 pro'hɪbɪt 〕 v. 禁止

11. **elephant** 〔'ɛləfənt 〕 n. 大象

_____

〔'ɛləgənt 〕 adj. 優雅的

12. **very** 〔'vɛrɪ 〕 adv. 非常

_____ 〔'vɛrɪ 〕 v. 改變

13. **char** 〔 tʃɑr 〕 v. 燒焦

_____

〔 tʃɑrt 〕 n. 圖表

14. **suspend** 〔 sə'spɛnd 〕 v. 暫停

_____

〔 ɪk'spɛnd 〕 v. 花費

15. **yard** 〔 jɑrd 〕 n. 碼

_____ 〔 jɑrn 〕 n. 紗線

16. **stuff** 〔 stʌf 〕 n. 東西

_____

〔'stʌfɪ 〕 adj. 通風不良的

17. **measure** 〔'mɛʒɚ 〕 v. 測量

_____ 〔'trɛʒɚ 〕 n. 寶藏

18. **till** 〔 tɪl 〕 prep. 直到

_____

〔 tɪlt 〕 v. 傾斜

19. **black** 〔 blæk 〕 adj. 黑色的

_____

〔'blæk,smɪθ 〕 n. 鐵匠

20. **last** 〔 læst 〕 v. 持續

_____

〔 blæst 〕 v. 爆炸

21. **base** 〔 bes 〕 n. 基礎

_____

〔 dɪ'bes 〕 v. 貶低

22. **cheese** 〔 tʃiz 〕 n. 乳酪

_____ 〔 tʃik 〕 n. 臉頰

23. **bite** 〔 baɪt 〕 v. 咬

_____ 〔 saɪt 〕 n. 地點

_____ 〔 kaɪt 〕 n. 風箏

24. **dollar** 〔'dɑlɚ 〕 *n.* 元

_____ 〔'kɑlɚ 〕 *n.* 衣領

25. **consider** 〔 kən'sɪdɚ 〕 *v.* 認爲

_____

〔 kən'sɪdərɪt 〕 *adj.* 體貼的

26. **tact** 〔 tækt 〕 *n.* 機智

_____ 〔'kɑntækt 〕 *n.* 接觸

27. **test** 〔 tɛst 〕 *n.* 測驗

_____ 〔'kɑntɛst 〕 *n.* 比賽

28. **tube** 〔 tjub 〕 *n.* 管子

_____ 〔 kjub 〕 *n.* 立方體

29. **running** 〔'rʌnɪŋ 〕 *n.* 跑

_____

〔'kʌnɪŋ 〕 *adj.* 狡猾的

30. **late** 〔 let 〕 *adj.* 遲的

_____ 〔 plet 〕 *n.* 盤子

_____

〔'kɑntɛm,plet 〕 *v.* 沈思

31. **date** 〔 det 〕 *n.* 日期

_____

〔'detə 〕 *n. pl.* 資料

32. **despite** 〔 dɪ'spaɪt 〕 *prep.* 儘管

_____

〔 dɪ'spaɪz 〕 *v.* 輕視

33. **decide** 〔 dɪ'saɪd 〕 *v.* 決定

_____

〔'suə,saɪd 〕 *n.* 自殺

_____

〔,kɔɪn'saɪd 〕 *v.* 巧合

34. **elect** 〔 ɪ'lɛkt 〕 *v.* 選舉

_____

〔 ɪ'rɛkt 〕 *v.* 豎立

35. **exit** 〔'ɛksɪt 〕 *n.* 出口

_____

〔 ɪg'zɪst 〕 *v.* 存在

36. **list** 〔 lɪst 〕 *n.* 名單

_____ 〔 fɪst 〕 *n.* 拳頭

_____ 〔 mɪst 〕 *n.* 霧

37. **liquid** 〔'lɪkwɪd 〕 *n.* 液體

_____ 〔'lɪkə 〕 *n.* 烈酒

38. **local** 〔'lokḷ 〕 *adj.* 當地的

_____ 〔'vokḷ 〕 *adj.* 聲音的

39. **lodge** 〔 ladʒ 〕 *v.* 寄宿

_____ 〔 dadʒ 〕 *v.* 躲開

40. **number** 〔'nʌmbə 〕 *n.* 數字

_____ 〔'lʌmbə 〕 *n.* 木材

41. **lamp** 〔 læmp 〕 *n.* 燈

_____ 〔 lʌmp 〕 *n.* 小塊

42. **mayor** 〔'meə 〕 *n.* 市長

_____ 〔'medʒə 〕 *n.* 主修科目

43. **mental** 〔'mɛntḷ 〕 *adj.* 心理的

_____ 〔'dɛntḷ 〕 *adj.* 牙齒的

44. **must** 〔 mʌst 〕 *aux.* 必須

_____ 〔 mæst 〕 *n.* 桅桿

45. **sue** 〔 su 〕 *v.* 控告

_____ 〔 pə'su 〕 *v.* 追求

46. **load** 〔 lod 〕 *n.* 負擔

_____

_____ 〔 lof 〕 *n.* 一條（麵包）

_____ 〔 lon 〕 *n.* 借貸

47. **formal** 〔'fɔrmḷ 〕 *adj.* 正式的

_____ 〔'nɔrmḷ 〕 *adj.* 正常的

48. **journey** 〔'dʒɜnɪ 〕 *n.* 旅程

_____ 〔'dʒɜnḷ 〕 *n.* 日誌

49. **nut** 〔 nʌt 〕 *n.* 堅果

_____ 〔'pi,nʌt 〕 *n.* 花生

50. **spring** 〔 sprɪŋ 〕 *n.* 春天

_____ 〔'ɔf,sprɪŋ 〕 *n.* 子孫

Read at least 5 times a day!

1. 大多數的 _____
   極度的 _____

2. 爬行 _____
   信條 _____

3. 習俗 _____
   使習慣 _____

4. 喚起 _____
   祈求 _____
   召集 _____
   激怒 _____
   取消 _____

5. 蜂窩 _____
   潛水 _____

6. 名譽 _____
   爭論 _____
   歸罪於 _____

7. 票根 _____
   頑固的 _____

8. 啞的 _____
   拇指 _____

9. 了解 _____
   逮捕 _____
   責備 _____

10. 抑制 _____
    禁止 _____

11. 大象 _____
    優雅的 _____

12. 非常 _____
    改變 _____

13. 燒焦 _____
    圖表 _____

14. 暫停 _____
    花費 _____

15. 碼 _____
    紗線 _____

16. 東西 _____
    通風不良的 ____

17. 測量 _____
    寶藏 _____

18. 直到 _____
    傾斜 _____

19. 黑色的 _____
    鐵匠 _____

20. 持續 _____
    爆炸 _____

21. 基礎 _____
    貶低 _____

22. 乳酪 _____
    臉頰 _____

23. 咬 _____
    地點 _____
    風箏 _____

Cycle 15

24. 元 _____
　　衣領 _____

25. 認為 _____
　　體貼的 _____

26. 機智 _____
　　接觸 _____

27. 測驗 _____
　　比賽 _____

28. 管子 _____
　　立方體 _____

29. 跑 _____
　　狡猾的 _____

30. 遲的 _____
　　盤子 _____
　　沈思 _____

31. 日期 _____
　　資料 _____

32. 儘管 _____
　　輕視 _____

33. 決定 _____
　　自殺 _____
　　巧合 _____

34. 選舉 _____
　　豎立 _____

35. 出口 _____
　　存在 _____

36. 名單 _____
　　拳頭 _____
　　霧 _____

37. 液體 _____
　　烈酒 _____

38. 當地的 _____
　　聲音的 _____

39. 寄宿 _____
　　躲開 _____

40. 數字 _____
　　木材 _____

41. 燈 _____
　　小塊 _____

42. 市長 _____
　　主修科目 _____

43. 心理的 _____
　　牙齒的 _____

44. 必須 _____
　　桅桿 _____

45. 控告 _____
　　追求 _____

46. 負擔 _____
　　一條(麵包) _____
　　借貸 _____

47. 正式的 _____
　　正常的 _____

48. 旅程 _____
　　日誌 _____

49. 堅果 _____
　　花生 _____

50. 春天 _____
　　子孫 _____

Mark the words you don't know.

☐ utmost _____
☐ cheek _____
☐ cube _____

☐ prohibit _____
☐ vary _____
☐ suicide _____

☐ elegant _____
☐ accustom _____
☐ loan _____

☐ convoke _____
☐ suspend _____
☐ local _____

☐ dispute _____
☐ collar _____
☐ major _____

☐ revoke _____
☐ debase _____
☐ contemplate _____

☐ thumb _____
☐ treasure _____
☐ coincide _____

☐ reprehend _____
☐ blacksmith _____
☐ liquor _____

☐ stuffy _____
☐ contact _____
☐ lamp _____

☐ comprehend _____
☐ chart _____
☐ dodge _____

☐ inhibit _____
☐ kite _____
☐ cunning _____

☐ creed _____
☐ cheese _____
☐ lodge _____

☐ stubborn _____
☐ despise _____
☐ mist _____

☐ impute _____
☐ contest _____
☐ journal _____

☐ site _____
☐ vocal _____
☐ offspring _____

☐ blast _____
☐ mast _____
☐ normal _____

☐ yarn _____
☐ exist _____
☐ dental _____

☐ tilt _____
☐ data _____
☐ formal _____

☐ hive _____
☐ erect _____
☐ pursue _____

☐ considerate _____
☐ mayor _____
☐ peanut _____

Required Synonyms 15

1. **invoke** ﹝ ɪn'vok ﹞ v. 祈求

    = pray ﹝ pre ﹞
    = entreat ﹝ ɪn'trit ﹞

    = appeal ﹝ ə'pil ﹞
    = plead ﹝ plid ﹞

2. **revoke** ﹝ rɪ'vok ﹞ v. 取消

    = cancel ﹝'kænsḷ﹞
    = withdraw ﹝ wɪθ'drɔ ﹞

3. **comprehend**

    ﹝͵kɑmprɪ'hɛnd ﹞ v. 了解

    = understand ﹝͵ʌndɚ'stænd ﹞
    = realize ﹝'rɪə͵laɪz ﹞
    = know ﹝ no ﹞

4. **apprehend** ﹝͵æprɪ'hɛnd ﹞
    v. 逮捕

    = arrest ﹝ ə'rɛst ﹞
    = seize ﹝ siz ﹞

5. **pursue** ﹝ pɚ'su ﹞ v. 追求

    = chase ﹝ tʃes ﹞
    = follow ﹝'fɑlo ﹞
    = seek ﹝ sik ﹞

6. **despise** ﹝ dɪ'spaɪz ﹞ v. 輕視

    = scorn ﹝ skɔrn ﹞
    = disdain ﹝ dɪs'den ﹞

7. **load** ﹝ lod ﹞ n. 負擔

    = burden ﹝'bɝdn̩ ﹞
    = pack ﹝ pæk ﹞
    = cargo ﹝'kɑrgo ﹞

    = freight ﹝ fret ﹞
    = shipment ﹝'ʃɪpmənt ﹞

8. **normal** ﹝'nɔrml̩ ﹞ adj.
    正常的

    = usual ﹝'juʒʊəl ﹞
    = regular ﹝'rɛgjələ ﹞

    = average ﹝'ævərɪdʒ ﹞
    = standard ﹝'stændɚd ﹞

9. **considerate** ﹝ kən'sɪdərɪt ﹞
    adj. 體貼的

    = thoughtful ﹝'θɔtfəl ﹞
    = kind ﹝ kaɪnd ﹞
    = sympathetic
      ﹝͵sɪmpə'θɛtɪk ﹞

Cycle 15 **EXERCISE**

1. It's often difficult to get along with _____ people.
   - (A) local
   - (B) stubborn
   - (C) elegant
   - (D) vocal

2. Shyness _____ Ben from participating in many social events.
   - (A) revoked
   - (B) inhibited
   - (C) evoked
   - (D) provoked

3. The new company policy _____ anyone from smoking in the office.
   - (A) elects
   - (B) invokes
   - (C) erects
   - (D) prohibits

4. Try to _____ the problem well before attempting to solve it.
   - (A) comprehend
   - (B) apprehend
   - (C) convoke
   - (D) reprehend

5. Many _____ of the Chinese are looked upon by westerners as being very strange.
   - (A) cheeks
   - (B) customs
   - (C) yarns
   - (D) charts

6. Depending on the season, the cost of a kilo of apples in Taipei can _____ from NT$50 to NT$200.
   - (A) expend
   - (B) dive
   - (C) vary
   - (D) dodge

7. He was not _____ to the local cuisine.
   - (A) accustomed
   - (B) considerate
   - (C) debased
   - (D) utmost

8. Some people regard _____ as an act of courage; others think it is a sign of cowardice.
   (A) journey   (B) coincide
   (C) suicide   (D) decide

9. We stopped at a _____ store to pick up some beer.
   (A) liquid   (B) liquor
   (C) kite   (D) dental

10. The news of the accident was out in all the _____ newspapers the next day.
    (A) vocal   (B) cunning
    (C) mental   (D) local

11. Don't forget to turn off the table-_____ before you go to bed.
    (A) journal   (B) lamp
    (C) lump   (D) journey

12. Physics being Ben's _____ in college, he had no problem solving these math problems.
    (A) loan   (B) load
    (C) major   (D) mayor

13. It is a pity that many developing countries are willing to destroy their environment in order to _____ economic growth.
    (A) dive   (B) pursue
    (C) erect   (D) elect

14. The _____ temperature of the human body is 37 degrees Celsius.
    (A) normal   (B) formal
    (C) dumb   (D) thumb

15. Most businessmen read the Wall Street _____.
    (A) Journal   (B) Mental
    (C) Dental   (D) List

Cycle 15 詳解

1. **most** 〔 most 〕 *adj.* 大多數的

   almost *adv.* 幾乎

   ut⌇most 〔'ʌt‚most 〕
   out⌇   *adj.* 極度的

   fore⌇most *adj.* 首要的
   before

2. **creep** 〔 krip 〕 *v.* 爬行

   creed 〔 krid 〕 *n.* 信條；教條

3. **custom** 〔'kʌstəm 〕 *n.* 習俗

   ac⌇custom 〔 ə'kʌstəm 〕
   to⌇   *v.* 使習慣

   be accustomed to 習慣於

4. **e⌇voke** 〔 ɪ'vok 〕 *v.* 喚起
   out⌇ call （喚出來）

   in⌇voke 〔 ɪn'vok 〕 *v.* 祈求
   in ⌇（在心中呼喚）

   con⌇voke 〔 kən'vok 〕 *v.* 召集
   together （呼喊使集合在一起）

   pro⌇voke 〔 prə'vok 〕 *v.* 激起
   forward （在前面吶喊）

   re⌇voke 〔 rɪ'vok 〕 *v.* 取消
   back （呼喚回來）

5. **hive** 〔 haɪv 〕 *n.* 蜂窩
   (= *beehive*)

   dive 〔 daɪv 〕 *v.* 潛水；跳入

6. **re⌇pute** 〔 rɪ'pjut 〕 *n.* 名譽
   again think
   （讓你再三考慮的事）

   dis⌇pute 〔 dɪ'spjut 〕 *v.* 爭論
   apart （改變其想法）

   im⌇pute 〔 ɪm'pjut 〕 *v.* 歸罪於
   in ⌇（認為是～的罪）

   com⌇pute *v.* 計算
   together （和數字一起思考）

7. **stub** 〔 stʌb 〕 *n.* 票根；煙蒂

   stubborn 〔'stʌbən 〕
                      adj. 頑固的

8. **dumb** 〔 dʌm 〕 *adj.* 啞的；
   愚蠢的
   = mute

   dumbbell *n.* 啞鈴；傻瓜

   thumb 〔 θʌm 〕 *n.* 拇指
   all thumbs 笨手笨腳的

9. **com｜prehend**〔͵kɑmprɪ'hɛnd〕
　　all｜seize　　　　　　v. 了解
　　（全部都抓住了）

　　ap｜prehend〔͵æprɪ'hɛnd〕
　　to｜（捕捉）　　　　v. 逮捕；恐懼

　　re｜prehend〔͵rɛprɪ'hɛnd〕
　　back（逮捕帶回）　　v. 責備

10. **inhibit**〔ɪn'hɪbɪt〕v. 抑制
　　prohibit〔pro'hɪbɪt〕v. 禁止
　　= forbid
　　= disallow

　　exhibit v. 展示
　　exhibition n. 展覽會

11. **elephant**〔'ɛləfənt〕n. 大象
　　elegant〔'ɛləgənt〕adj. 優雅的

12. **very**〔'vɛrɪ〕adv. 非常
　　vary〔'vɛrɪ〕v. 改變；不同
　　= change
　　= differ
　　= alter

13. **char**〔tʃɑr〕v. 燒焦
　　chart〔tʃɑrt〕n. 圖表
　　charge v. 收費
　　charcoal n. 木炭

14. **suspend**〔sə'spɛnd〕v. 暫停
　　expend〔ɪk'spɛnd〕v. 花費
　　= spend
　　suspense n. 懸疑
　　expense n. 花費

15. **yard**〔jɑrd〕n. 碼；院子
　　yarn〔jɑrn〕n. 紗線
　　Give him an inch and he
　　will take a yard. 得寸進尺。

16. **stuff**〔stʌf〕n. 東西
　　　　　　v. 填塞
　　stuffy〔'stʌfɪ〕adj. 通風不良
　　的；（鼻子）塞住的
　　stuffing n. 填塞物

17. **measure**〔'mɛʒɚ〕v. 測量
　　treasure〔'trɛʒɚ〕n. 寶藏
　　Treasure Island 金銀島
　　pleasure n. 樂趣

18. **till**〔tɪl〕prep. 直到
　　tilt〔tɪlt〕v. 傾斜

19. **black**〔blæk〕adj. 黑色的
　　black｜smith〔'blæk͵smɪθ〕
　　　　　｜工匠　　　　n. 鐵匠
　　（鐵匠的手總是黑的）
　　goldsmith n. 金匠

Cycle 15

20. **last** 〔 læst 〕 v. 持續
    blast 〔 blæst 〕 v. 爆炸

21. **base** 〔 bes 〕 n. 基礎 (具體)
    basis n. 基礎 (抽象)
    de¦base 〔 dɪ'bes 〕 v. 貶低
    down
    debate v. 辯論

22. **cheese** 〔 tʃiz 〕 n. 乳酪
    Say cheese! 笑一個！
    cheek 〔 tʃik 〕 n. 臉頰
    cheer v. 使振作；對…歡呼

23. **bite** 〔 baɪt 〕 v. 咬
    Barking dogs seldom bite.
    會叫的狗不咬人。
    site 〔 saɪt 〕 n. 地點
    kite 〔 kaɪt 〕 n. 風箏
    fly a kite 放風箏
    Go fly a kite! 滾開！
    cite v. 引用
    recite v. 背誦

24. **dollar** 〔 'dɑlɚ 〕 n. 元
    collar 〔 'kɑlɚ 〕 n. 衣領
    color 〔 'kʌlɚ 〕 n. 顏色

25. **consider** 〔 kən'sɪdɚ 〕 v. 認為
    considerate 〔 kən'sɪdərɪt 〕
    　　　　　　　　　adj. 體貼的
    = thoughtful

26. **tact** 〔 tækt 〕 n. 機智
    contact 〔 'kɑntækt 〕 n. 接觸
    contact lens(es) 隱形眼鏡
    contract n. 合約

27. **test** 〔 tɛst 〕 n. 測驗
    con¦test 〔 'kɑntɛst 〕 n. 比賽
    together (一起接受測驗)
    protest v., n. 抗議

28. **tube** 〔 tjub 〕 n. 管子
    cube 〔 kjub 〕 n. 立方體
    tub n. 浴缸 = bathtub
    cub n. 幼獸
    hub n. 中心；中樞
    pub n. 酒館

29. **running** 〔 'rʌnɪŋ 〕 n. 跑
    cunning 〔 'kʌnɪŋ 〕 adj. 狡猾的
    = sly
    as cunning/sly as a fox
    狡猾如狐狸；非常狡猾

30. **late** 〔 let 〕 *adj.* 遲的

  plate 〔 plet 〕 *n.* 盤子

  contemplate 〔ˈkɑntəmˏplet〕
  　　　　　　　　 v. 沉思

  = ponder

  = consider

  = think over

31. **date** 〔 det 〕 *n.* 日期；約會

  data 〔ˈdetə〕 *n.*, *pl.* 資料

32. **despite** 〔 dɪˈspaɪt 〕 *prep.* 儘管

  = in spite of

  despise 〔 dɪˈspaɪz 〕 *v.* 輕視

  = scorn

33. **de¦cide** 〔 dɪˈsaɪd 〕 *v.* 決定
  off　cut (切斷所有雜念)

  sui¦cide 〔ˈsuəˏsaɪd〕 *n.* 自殺
  self¦cut (切割自己)

  commit suicide　自殺

  co¦incide 〔ˏkoɪnˈsaɪd〕 *v.* 巧合
  together (二件事同時發生)

  coin　*n.* 硬幣

34. **elect** 〔 ɪˈlɛkt 〕 *v.* 選舉

  erect 〔 ɪˈrɛkt 〕 *v.* 豎立

elect　*v.* 選舉

select　*v.* 選擇

collect　*v.* 收集

neglect　*v.* 忽略

35. **exit** 〔ˈɛgzɪt〕 *n.* 出口

  ↔ entrance　*n.* 入口

  ex¦ist 〔 ɪgˈzɪst 〕 *v.* 存在
  out¦stand

36. **list** 〔 lɪst 〕 *n.* 名單

  fist 〔 fɪst 〕 *n.* 拳頭

  mist 〔 mɪst 〕 *n.* 霧

37. **liquid** 〔ˈlɪkwɪd〕 *n.* 液體

  liquor 〔ˈlɪkə〕 *n.* 烈酒

38. **local** 〔ˈlokḷ〕 *adj.* 當地的

  vocal 〔ˈvokḷ〕 *adj.* 聲音的

39. **lodge** 〔 lɑdʒ 〕 *v.* 寄宿

  dodge 〔 dɑdʒ 〕 *v.* 躲開

40. **number** 〔ˈnʌmbə〕 *n.* 數字

  lumber 〔ˈlʌmbə〕 *n.* 木材

  slumber　*n.* 睡眠

Cycle 15

41. **lamp** ﹝ læmp ﹞ *n.* 燈

lump ﹝ lʌmp ﹞ *n.* 小塊

lump sugar 方糖

42. **mayor** ﹝ˈmeɚ﹞ *n.* 市長

major ﹝ˈmedʒɚ﹞ *n.* 主修科目
    adj. 主要的 *v.* 主修

↔ minor *n.* 副修科目
    adj. 次要的 *v.* 副修

43. **mental** ﹝ˈmɛnt!﹞ *adj.* 心理的

dental ﹝ˈdɛnt!﹞ *adj.* 牙齒的

dent¦ist *n.* 牙醫
 ¦人

-ist 表～的人：
artist *n.* 藝術家
novelist *n.* 小說家
druggist *n.* 藥劑師
journalist *n.* 新聞記者

44. **must** ﹝ mʌst ﹞ *aux.* 必須

mast ﹝ mæst ﹞ *n.* 桅桿

mast¦er *n.* 主人
 ¦人
（一家之主就像桅桿一樣，支撐
 全家）

45. **sue** ﹝ su ﹞ *v.* 控告

pursue ﹝ pɚˈsu ﹞ *v.* 追求

issue *v.* 發行 *n.* 一期
tissue *n.* 面紙；組織
suit *v.* 適合 *n.* 西裝；訴訟
pursuit *n.* 追求

46. **load** ﹝ lod ﹞ *n.* 負擔

loaf ﹝ lof ﹞ *n.* 一條（麵包）

loan ﹝ lon ﹞ *n.* 借貸

47. **formal** ﹝ˈfɔrml﹞ *adj.* 正式的
in¦formal *adj.* 非正式的
not

normal ﹝ˈnɔrml﹞ *adj.* 正常的
ab¦normal *adj.* 不正常的
not

48. **journey** ﹝ˈdʒɝnɪ﹞ *n.* 旅程
= trip = tour

journal ﹝ˈdʒɝnl﹞ *n.* 日誌；
日報；期刊

49. **nut** ﹝ nʌt ﹞ *n.* 堅果
nuts *adj.* 發瘋的

pea¦nut ﹝ˈpiˌnʌt﹞ *n.* 花生
豌豆¦

50. **spring** ﹝ sprɪŋ ﹞ *v.* 跳 *n.* 春天

off¦spring ﹝ˈɔfˌsprɪŋ﹞ *n.* 子孫
（從媽媽肚子裏跳出來）
= descendant

Cycle 15

Mark the words you don't know.

- ☐ utmost 極度的
- ☐ prohibit 禁止
- ☐ elegant 優雅的
- ☐ convoke 召集
- ☐ dispute 爭論

- ☐ revoke 取消
- ☐ thumb 拇指
- ☐ reprehend 責備
- ☐ stuffy 通風不良的
- ☐ comprehend 了解

- ☐ inhibit 抑制
- ☐ creed 信條
- ☐ stubborn 頑固的
- ☐ impute 歸罪於
- ☐ site 地點

- ☐ blast 爆炸
- ☐ yarn 紗線
- ☐ tilt 傾斜
- ☐ hive 蜂窩
- ☐ considerate 體貼的

- ☐ cheek 臉頰
- ☐ vary 改變
- ☐ accustom 使習慣
- ☐ suspend 暫停
- ☐ collar 衣領

- ☐ debase 貶低
- ☐ treasure 寶藏
- ☐ blacksmith 鐵匠
- ☐ contact 接觸
- ☐ chart 圖表

- ☐ kite 風箏
- ☐ cheese 乳酪
- ☐ despise 輕視
- ☐ contest 比賽
- ☐ vocal 聲音的

- ☐ mast 桅桿
- ☐ exist 存在
- ☐ data 資料
- ☐ erect 豎立
- ☐ mayor 市長

- ☐ cube 立方體
- ☐ suicide 自殺
- ☐ loan 借貸
- ☐ local 當地的
- ☐ major 主修科目

- ☐ contemplate 沈思
- ☐ coincide 巧合
- ☐ liquor 烈酒
- ☐ lamp 燈
- ☐ dodge 躲開

- ☐ cunning 狡猾的
- ☐ lodge 寄宿
- ☐ mist 霧
- ☐ journal 日誌
- ☐ offspring 子孫

- ☐ normal 正常的
- ☐ dental 牙齒的
- ☐ formal 正式的
- ☐ pursue 追求
- ☐ peanut 花生

Answers to Cycle 15 Exercise

1. B   2. B   3. D   4. A   5. B   6. C   7. A   8. C
9. B   10. D   11. B   12. C   13. B   14. A   15. A

Cycle 16

1. **morning** 〔'mɔrnɪŋ〕 *n.*
   早晨

   _____

   〔'mɔrnɪŋ〕 *n.* 哀悼

2. **calm** 〔kɑm〕 *adj.* 平靜的

   _____

   〔pɑm〕 *n.* 手掌

3. **scene** 〔sin〕 *n.* 景色

   _____

   〔əb'sin〕 *adj.* 猥褻的

4. **erupt** 〔ɪ'rʌpt〕 *v.* 爆發

   _____

   〔ə'brʌpt〕 *adj.* 突然的

   _____

   〔kə'rʌpt〕 *adj.* 腐敗的

   _____

   〔ˌɪntə'rʌpt〕 *v.* 打斷

   _____

   〔'bæŋkrʌpt〕 *adj.* 破產的

5. **jelly** 〔'dʒɛlɪ〕 *n.* 果凍

   _____

   〔'bɛlɪ〕 *n.* 肚子

6. **bow** 〔bo〕 *n.* 弓

   _____ 〔'ɛlˌbo〕 *n.* 手肘

   〔'renˌbo〕 *n.* 彩虹

7. **porch** 〔portʃ〕 *n.* 門廊

   _____

   〔potʃ〕 *v.* 偷獵

8. **pistol** 〔'pɪstl̩〕 *n.* 手槍

   _____ 〔'pɪstn̩〕 *n.* 活塞

9. **coin** 〔kɔɪn〕 *n.* 硬幣

   _____

   〔ko'ɪnsədənt〕 *adj.* 巧合的

10. **brace** 〔bres〕 *v.* 振作

    _____

    〔ɪm'bres〕 *v.* 擁抱

11. **snarl** 〔 snɑrl 〕 v. 怒罵
　　_____ 〔 snel 〕 n. 蝸牛

12. **purse** 〔 pɝs 〕 n. 錢包
　　_____ 〔 pʌls 〕 n. 脈搏

13. **guilt** 〔 gɪlt 〕 n. 罪
　　_____ 〔 kwɪlt 〕 n. 棉被

14. **command** 〔 kə'mænd 〕
　　v. 命令

　　_____ 〔 kə'mɛnd 〕 v. 稱讚

15. **mouse** 〔 maʊs 〕 n. 老鼠

　　_____ 〔 spaʊz 〕 n. 配偶

16. **treat** 〔 trit 〕 v. 對待

　　_____ 〔 mæl'trit 〕 v. 虐待

17. **bush** 〔 bʊʃ 〕 n. 灌木
　　_____ 〔'æmbʊʃ 〕 n. 埋伏

18. **hale** 〔 hel 〕 adj. 強壯的
　　_____ 〔 hwel 〕 n. 鯨魚

19. **saddle** 〔'sædl̩ 〕 n. 馬鞍
　　_____ 〔'pædl̩ 〕 n. 槳

　　_____ 〔'wadl̩ 〕 v. 蹣跚而行

20. **monopoly** 〔 mə'nɑplɪ 〕 n.
　　壟斷

　　_____ 〔 mə'nɑtn̩ɪ 〕 n. 單調

21. **side** 〔 saɪd 〕 n. 邊

　　_____ 〔 rɪ'zaɪd 〕 v. 居住（in）
　　= live in = dwell in
　　= inhabit

22. **extra** 〔'ɛkstrə 〕 adj. 額外的

　　_____ 〔,ɛkstrə'ɔrdn̩,ɛrɪ 〕 adj. 特別的

23. **economy** 〔 ɪ'kɑnəmɪ 〕 n.
　　經濟

　　_____ 〔 ɔ'tɑnəmɪ 〕 n. 自治

24. **purpose** 〔'pɝpəs 〕 n. 目的
　　_____ 〔'pɝpl̩ 〕 n. 紫色

Cycle 16

25. **lice** 〔 laɪs 〕 *n.pl.* 蝨子

_____

〔 slaɪs 〕 *n.* 薄片

26. **apartment** 〔 ə'pɑrtmənt 〕
n. 公寓

_____

〔 dɪ'pɑrtmənt 〕 *n.* 部門

_____

〔 kəm'pɑrtmənt 〕 *n.* 隔間

27. **corps** 〔 kor 〕 *n.* 軍團

_____

〔 kɔrps 〕 *n.* 屍體

28. **explore** 〔 ɪk'splor 〕 *v.* 探險

_____

〔 ɪk'splod 〕 *v.* 爆炸

29. **found** 〔 faʊnd 〕 *v.* 建立

_____

〔 kən'faʊnd 〕 *v.* 使混亂

30. **able** 〔'ebḷ 〕 *adj.* 有能力的

_____ 〔'febḷ 〕 *n.* 寓言

31. **merry** 〔'mɛrɪ 〕 *adj.* 快樂的

_____ 〔'fɛrɪ 〕 *n.* 渡船

32. **tend** 〔 tɛnd 〕 *v.* 傾向於

_____

〔 por'tɛnd 〕 *v.* 預兆

33. **curio** 〔'kjʊrɪ,o 〕 *n.* 古董

_____

〔,kjʊrɪ'asətɪ 〕 *n.* 好奇心

34. **crown** 〔 kraʊn 〕 *n.* 王冠

_____ 〔 fraʊn 〕 *v.* 皺眉

35. **idiot** 〔'ɪdɪət 〕 *n.* 白癡

_____

〔'ɪdɪəm 〕 *n.* 成語

36. **gallon** 〔'gælən 〕 *n.* 加侖

_____

〔'gæləp 〕 *v.* 疾馳

37. **term** 〔 tɜm 〕 *n.* 學期

_____ 〔 dʒɜm 〕 *n.* 病菌

38. **slide** 〔 slaɪd 〕 *v.* 滑行

_____ 〔 glaɪd 〕 *v.* 滑翔

39. **bloom** 〔 blum 〕 *v.* 開花

_____ 〔 glum 〕 *n.* 陰暗

40. **dull** 〔 dʌl 〕 *adj.* 遲鈍的

_____ 〔 pul 〕 *v.* 拉

41. **hint** 〔 hɪnt 〕 *n.* 暗示

_____ 〔 mɪnt 〕 *n.* 薄荷

_____ 〔 paɪnt 〕 *n.* 品脫

42. **salt** 〔 sɔlt 〕 *n.* 鹽

_____ 〔 hɔlt 〕 *v.* 停止

43. **heal** 〔 hil 〕 *v.* 痊癒

_____ 〔 hil 〕 *n.* 腳跟

44. **inferior** 〔 ɪnˈfɪrɪɚ 〕 *adj.* 較差的

_____ 〔 ɪnˈtɪrɪɚ 〕 *n.* 內部

45. **Jack** 〔 dʒæk 〕 *n.* 傑克 (男子名)

_____ 〔ˈdʒækɪt 〕 *n.* 夾克

46. **nose** 〔 noz 〕 *n.* 鼻子

_____ 〔 hoz 〕 *n.* 長統襪

47. **mail** 〔 mel 〕 *n.* 郵件

_____ 〔 pel 〕 *n.* 桶

_____ 〔 dʒel 〕 *n.* 監獄

48. **introduce** 〔ˌɪntrəˈdjus 〕 *v.* 介紹

_____ 〔 ɪnˈdjus 〕 *v.* 引誘

_____ 〔 ɪˈdjus 〕 *v.* 引出

_____ 〔 kənˈdjus 〕 *v.* 引起

_____ 〔 prəˈdjus 〕 *v.* 生產

_____ 〔 sɪˈdjus 〕 *v.* 誘惑

_____ 〔 rɪˈdjus 〕 *v.* 減少

49. **lunch** 〔 lʌntʃ 〕 *n.* 午餐

_____ 〔 lɔntʃ 〕 *v.* 發射

50. **snake** 〔 snek 〕 *n.* 蛇

_____ 〔 snæk 〕 *n.* 點心

Read at least 5 times a day!

1. 早晨 _____
   哀悼 _____

2. 平靜的 _____
   手掌 _____

3. 景色 _____
   猥褻的 _____

4. 爆發 _____
   突然的 _____
   腐敗的 _____
   打斷 _____
   破產的 _____

5. 果凍 _____
   肚子 _____

6. 弓 _____
   手肘 _____
   彩虹 _____

7. 門廊 _____
   偷獵 _____

8. 手槍 _____
   活塞 _____

9. 硬幣 _____
   巧合的 _____

10. 振作 _____
    擁抱 _____

11. 怒罵 _____
    蝸牛 _____

12. 錢包 _____
    脈搏 _____

13. 罪 _____
    棉被 _____

14. 命令 _____
    稱讚 _____

15. 老鼠 _____
    配偶 _____

16. 對待 _____
    虐待 _____

17. 灌木 _____
    埋伏 _____

18. 強壯的 _____
    鯨魚 _____

19. 馬鞍 _____
    槳 _____
    蹣跚而行 _____

20. 壟斷 _____
    單調 _____

21. 邊 _____
    居住 _____

22. 額外的 _____
    特別的 _____

23. 經濟 _____
    自治 _____

24. 目的 _____
    紫色 _____

25. 蝨子 _____
    薄片 _____

26. 公寓 _____
　　部門 _____
　　隔間 _____

27. 軍團 _____
　　屍體 _____

28. 探險 _____
　　爆炸 _____

29. 建立 _____
　　使混亂 _____

30. 有能力的 _____
　　寓言 _____

31. 快樂的 _____
　　渡船 _____

32. 傾向於 _____
　　預兆 _____

33. 古董 _____
　　好奇心 _____

34. 王冠 _____
　　皺眉 _____

35. 白癡 _____
　　成語 _____

36. 加侖 _____
　　疾馳 _____

37. 學期 _____
　　病菌 _____

38. 滑行 _____
　　滑翔 _____

39. 開花 _____
　　陰暗 _____

40. 遲鈍的 _____
　　拉 _____

41. 暗示 _____
　　薄荷 _____
　　品脫 _____

42. 鹽 _____
　　停止 _____

43. 痙癴 _____
　　腳跟 _____

44. 較差的 _____
　　內部 _____

45. 傑克 _____
　　夾克 _____

46. 鼻子 _____
　　長統襪 _____

47. 郵件 _____
　　桶 _____
　　監獄 _____

48. 介紹 _____
　　引誘 _____
　　引出 _____
　　引起 _____
　　生產 _____
　　誘惑 _____
　　減少 _____

49. 午餐 _____
　　發射 _____

50. 蛇 _____
　　點心 _____

Mark the words you don't know.

☐ coincident ____   ☐ commend ____   ☐ idiom _____

☐ interrupt _____   ☐ extraordinary _   ☐ gloom _____

☐ palm _____   ☐ glide _____   ☐ interior _____

☐ purpose _____   ☐ portend _____   ☐ seduce _____

☐ piston _____   ☐ compartment _   ☐ lice _____

☐ belly _____   ☐ reside _____   ☐ fable _____

☐ mourning ____   ☐ pulse _____   ☐ heel _____

☐ embrace _____   ☐ confound ____   ☐ pail _____

☐ whale _____   ☐ snarl _____   ☐ curiosity _____

☐ obscene _____   ☐ explode _____   ☐ germ _____

☐ elbow _____   ☐ snack _____   ☐ corpse _____

☐ autonomy ____   ☐ quilt _____   ☐ halt _____

☐ maltreat _____   ☐ ferry _____   ☐ pull _____

☐ abrupt _____   ☐ command ____   ☐ conduce _____

☐ ambush _____   ☐ monopoly ____   ☐ corps _____

☐ monotony ____   ☐ launch _____   ☐ gallop _____

☐ poach _____   ☐ department ___   ☐ mint _____

☐ waddle _____   ☐ frown _____   ☐ educe _____

☐ spouse _____   ☐ jacket _____   ☐ pint _____

☐ bankrupt _____   ☐ slice _____   ☐ curio _____

Required Synonyms 16

1. **command**〔kə'mænd〕*v.* 命令
   = order〔'ɔrdɚ〕
   = bid〔bɪd〕

2. **maltreat**〔mæl'trit〕*v.* 虐待
   = abuse〔ə'bjuz〕
   = mistreat〔mɪs'trit〕

3. **extraordinary**
   〔،ɛkstrə'ɔrdṇ،ɛrɪ〕*adj.* 特別的
   = special〔'spɛʃəl〕
   = unusual〔ʌn'juʒʊəl〕
   = remarkable〔rɪ'mɑrkəbḷ〕
   = exceptional〔ɪk'sɛpʃənḷ〕

4. **purpose**〔'pɝpəs〕*n.* 目的
   = aim〔em〕
   = goal〔gol〕
   = target〔'tɑrgɪt〕

5. **dull**〔dʌl〕*adj.* 遲鈍的
   = stupid〔'stjupɪd〕
   = slow〔slo〕

6. **slide**〔slaɪd〕*v.* 滑行
   = glide〔glaɪd〕
   = skim〔skɪm〕
   = skid〔skɪd〕
   = slip〔slɪp〕

7. **merry**〔'mɛrɪ〕*adj.* 快樂的
   = mirthful〔'mɝθfəl〕
   = joyful〔'dʒɔɪfəl〕
   = jolly〔'dʒɑlɪ〕

8. **halt**〔hɔlt〕*v.* 停止
   = stop〔stɑp〕
   = cease〔sis〕

9. **inferior**〔ɪn'fɪrɪɚ〕*adj.* 較差的；次等的
   = worse〔wɝs〕
   = secondary〔'sɛkən،dɛrɪ〕
   = subordinate〔sə'bɔrdṇɪt〕

10. **interior**〔ɪn'tɪrɪɚ〕*n.* 內部
    = inside〔ɪn'saɪd〕
    = inner〔'ɪnɚ〕
    = core〔kor〕

Cycle 16 EXERCISE

1. The snow-capped mountains in the background make such a beautiful _____.
   (A) sense   (B) scene
   (C) obscene   (D) spouse

2. The volcano _____ with such a great force that the ground shook for miles around.
   (A) corrupted   (B) interrupted
   (C) erupted   (D) galloped

3. It is not polite to _____ someone while he or she is talking.
   (A) waddle   (B) abrupt
   (C) saddle   (D) interrupt

4. To _____ the pain, the soldier tied a cloth around his wounded arm.
   (A) conduce   (B) induce
   (C) reduce   (D) seduce

5. Ben is an American who is presently _____ in Taiwan.
   (A) residing   (B) treating
   (C) snarling   (D) founding

6. I've forgotten to bring my pen; do you happen to have a(n) _____ one?
   (A) able   (B) extra
   (C) hale   (D) corrupt

7. Nuclear power should only be used for peaceful _____.
   (A) tact   (B) purposes
   (C) loans   (D) fables

8. These days, it is not easy to find a cheap _____ in Taipei.
   (A) porch   (B) department
   (C) apartment   (D) compartment

9. Ben's _____ about Chinese culture brought him to Taiwan.
   (A) idiom   (B) curiosity
   (C) elbow   (D) hose

10. The fishermen stood in a row and began to _____ their fish-nets ashore.
    (A) pull   (B) push
    (C) launch   (D) halt

11. Goods sold in the night markets may be cheap, but they are usually _____ in quality.
    (A) extraordinary   (B) inferior
    (C) merry   (D) interior

12. No prisoner has ever been able to break out of this _____.
    (A) mail   (B) pail
    (C) jail   (D) nail

13. The salesman _____ us to several of his company's new products.
    (A) introduced   (B) induced
    (C) educed   (D) conduced

14. When the company went _____, all its assets were auctioned.
    (A) nuts   (B) coincident
    (C) abrupt   (D) bankrupt

15. Ben had a light _____ before getting on the bus, lest he should feel hungry on the way.
    (A) salt   (B) snake
    (C) halt   (D) snack

Look and write.

1. <u>彩虹</u> _____ 彎彎像<u>弓</u>（bow）一樣。

2. 他頭戴<u>王冠</u>（crown），卻不高興地<u>皺眉</u> _____。

3. 他<u>腳跟</u> _____ 的傷已經<u>痊癒</u>（heal）了。

4. 他對<u>古董</u>（curio）充滿<u>好奇心</u> _____。

5. 火山<u>突然</u>（abrupt）<u>爆發</u> _____。

6. 鯨魚 _____ 是很強壯的（hale）動物。

7. 他居住 _____ 在海邊（side）。

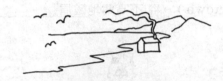

8. 敵人埋伏 _____ 在灌木（bush）叢中。

9. 火箭決定在午餐（lunch）之後發射 _____。

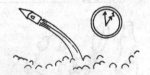

10. 蛇（snake）吞下了一顆蛋，當作點心 _____。

Cycle 16 詳解

1. **morning** (ˈmɔrnɪŋ) *n.* 早晨
   mourning (ˈmɔrnɪŋ) *n.* 哀悼

2. **calm** (kɑm) *adj.* 平靜的
   palm (pɑm) *n.* 手掌；手心
   palm-reading 看手相

3. **scene** (sin) *n.* 景色
   obscene (əbˈsin) *adj.* 猥褻的

4. **e⋮rupt** (ɪˈrʌpt) *v.* 爆發
   out break（破裂而出）
   ab⋮rupt (əˈbrʌpt)
   off（突然破裂） *adj.* 突然的
   cor⋮rupt (kəˈrʌpt)
   wholly *adj.* 腐敗的
   （完全破裂的）
   inter⋮rupt (ˌɪntəˈrʌpt)
   between（割入其中） *v.* 打斷
   bank⋮rupt (ˈbæŋkrʌpt)
   銀行 *adj.* 破產的
   （銀行信用破裂）

5. **jelly** (ˈdʒɛlɪ) *n.* 果凍
   belly (ˈbɛlɪ) *n.* 肚子

6. **bow** (bo) *n.* 弓
   elbow (ˈɛl‚bo) *n.* 手肘
   rainbow (ˈren‚bo) *n.* 彩虹

7. **porch** (portʃ) *n.* 門廊
   poach (potʃ) *v.* 偷獵；
   煮（荷包蛋）
   poacher *n.* 偷獵者
   a poached egg 水煮的荷包蛋

8. **pistol** (ˈpɪstḷ) *n.* 手槍
   piston (ˈpɪstn̩) *n.* 活塞

9. **coin** (kɔɪn) *n.* 硬幣
   coincident (koˈɪnsədənt)
   adj. 巧合的

10. **brace** (bres) *v.* 振作
    embrace (ɪmˈbres) *v.* 擁抱
    = hug

11. **snarl** (snɑrl) *v.* 怒罵
    = growl
    snail (snel) *n.* 蝸牛
    nail *n.* 指甲

12. **purse** 〔 pɝs 〕 n. 錢包

    pulse 〔 pʌls 〕 n. 脈搏

    feel *one's* pulse

    量某人的脈搏

13. **guilt** 〔 gɪlt 〕 n. 罪

    quilt 〔 kwɪlt 〕 n. 棉被

    guilty adj. 有罪的

    ↔ innocent adj. 無罪的

14. **command** 〔 kə'mænd 〕 v. 命令

    commend 〔 kə'mɛnd 〕 v. 稱讚

    = praise

    = compliment

    recommend v. 推薦

15. **mouse** 〔 maʊs 〕 n. 老鼠

    spouse 〔 spaʊz 〕 n. 配偶

16. **treat** 〔 trit 〕 v. 對待

    mal|treat 〔 mæl'trit 〕 v. 虐待

    　ill

    = abuse

    = mistreat

    entreat v. 懇求

    retreat v. 撤退

17. **bush** 〔 bʊʃ 〕 n. 灌木

    ambush 〔'æmbʊʃ 〕 n. 埋伏

    （躲在灌木叢裏埋伏）

18. **hale** 〔 hel 〕 adj. 強壯的

    = strong

    = sturdy

    whale 〔 hwel 〕 n. 鯨魚

19. **saddle** 〔'sædl̩ 〕 n. 馬鞍

    paddle 〔'pædl̩ 〕 n. 槳

    waddle 〔'wɑdl̩ 〕 v. 蹣跚而行

20. **mono|poly** 〔 mə'nɑpl̩ɪ 〕

    　one ┆ sell　　　　n. 壟斷

    mono|tony 〔 mə'nɑtnɪ 〕

    　　　　┆ tone　　　n. 單調

    mono|logue n. 獨白

    　　　┆ speak

    monogamy n. 一夫一妻制

    monocracy n. 獨裁政治

21. **side** 〔 saɪd 〕 n. 邊

    re|side 〔 rɪ'zaɪd 〕 v. 居住 (in)

    back　sit（返回坐下）

    = live in

    = dwell in

    = inhabit

    resident n. 居民

    sub|side v. 消退

    under

22. **extra** 〔'ɛkstrə 〕 *adj.* 額外的

extra¦ordinary

（超出平凡的）

〔͵ɛkstrə'ɔrdn͵ɛrɪ 〕 *adj.* 特別的

extracurricular *adj.* 課外的

extravagant *adj.* 奢侈的

23. **economy** 〔ɪ'kɑnəmɪ 〕 *n.* 經濟

auto¦nomy 〔ɔ'tɑnəmɪ 〕 *n.* 自治
　self ¦

autobiography *n.* 自傳

automobile *n.* 汽車

24. **purpose** 〔'pɝpəs 〕 *n.* 目的

= goal

purple 〔'pɝpl̩ 〕 *n.* 紫色

25. **lice** 〔 laɪs 〕 *n.,pl.* 蝨子

slice 〔 slaɪs 〕 *n.* 薄片

26. **a¦part¦ment** 〔 ə'pɑrtmənt 〕
　¦分開¦　　　　　　　 *n.* 公寓
　（公寓分隔了人們）

de¦part¦ment 〔 dɪ'pɑrtmənt 〕
apart　　　　　　　　　 *n.* 部門
　（分成很多小單位）

department store 百貨公司

com¦partment
　all ¦（全部分成小單位）
　　　〔 kəm'pɑrtmənt 〕 *n.* 隔間

27. **corps** 〔 kor 〕 *n.* 軍團

corpse 〔 kɔrps 〕 *n.* 屍體

28. **explore** 〔 ɪk'splor 〕 *v.* 探險

explorer *n.* 探險家

explode 〔 ɪk'splod 〕 *v.* 爆炸

explosion *n.* 爆炸

explosive *n.* 炸藥

29. **found** 〔 faʊnd 〕 *v.* 建立

confound 〔 kən'faʊnd 〕
　　　　　　　　　 v. 使混亂

profound *adj.* 深奧的

30. **able** 〔'ebl̩ 〕 *adj.* 有能力的

fable 〔'febl̩ 〕 *n.* 寓言

cable *n.* 電纜

table *n.* 桌子

stable *adj.* 穩定的

tablet *n.* 藥片

31. **merry** 〔'mɛrɪ 〕 *adj.* 快樂的

Merry Christmas!

聖誕快樂！

ferry 〔'fɛrɪ 〕 *n.* 渡船

berry *n.* 漿果

cherry *n.* 櫻桃

Cycle 16

Cycle 16

32. **tend** 〔 tɛnd 〕 v. 傾向於
portend 〔 por'tɛnd 〕 v. 預兆

33. **curio** 〔 'kjʊrɪ‚o 〕 n. 古董
curiosity 〔‚kjʊrɪ'ɑsətɪ 〕
n. 好奇心

34. **crown** 〔 kraʊn 〕 n. 王冠
frown 〔 fraʊn 〕 v. 皺眉
brown adj. 棕色的
drown v. 淹死

35. **idiot** 〔 'ɪdɪət 〕 n. 白癡
idiom 〔 'ɪdɪəm 〕 n. 成語
phrase n. 片語

36. **gallon** 〔 'gælən 〕 n. 加侖
gallop 〔 'gæləp 〕 v. 疾馳

37. **term** 〔 tɜm 〕 n. 學期
germ 〔 dʒɜm 〕 n. 病菌

38. **slide** 〔 slaɪd 〕 v. 滑行
glide 〔 glaɪd 〕 v. 滑翔
glider n. 滑翔機

39. **bloom** 〔 blum 〕 v. 開花
gloom 〔 glum 〕 n. 陰暗
broom n. 掃帚
groom n. 馬夫；新郎

40. **dull** 〔 dʌl 〕 adj. 遲鈍的
pull 〔 pʊl 〕 v. 拉
bull n. 公牛
full adj. 滿的
gull n. （海）鷗
sea gull 海鷗
skull n. 腦殼
lull v. 使入睡

41. **hint** 〔 hɪnt 〕 n. 暗示
mint 〔 mɪnt 〕 n. 薄荷
pint 〔 paɪnt 〕 n. 品脫
tint n. 色彩
dint n. 凹痕

42. **salt** 〔 sɔlt 〕 n. 鹽
halt 〔 hɔlt 〕 v. 停止
= stop

43. **heal** 〔 hil 〕 v. 痊癒
heel 〔 hil 〕 n. 腳跟
high heels 高跟鞋

44. **inferior** 〔 ɪn'fɪrɪɚ 〕 adj.
較差的；次等的
↔ superior adj. 較優秀的；
上等的
interior 〔 ɪn'tɪrɪɚ 〕 n. 內部
↔ exterior n. 外部

Cycle 16

45. **Jack** 〔 dʒæk 〕 *n.* 傑克（男子名）

jacket 〔'dʒækɪt 〕 *n.* 夾克

jack *n.* 千斤頂

hijack *v.* 劫機

46. **nose** 〔 noz 〕 *n.* 鼻子

hose 〔 hoz 〕 *n.* ①長統襪

（單複數同形）= stockings

②軟水管

47. **mail** 〔 mel 〕 *n.* 郵件

pail 〔 pel 〕 *n.* 桶

jail 〔 dʒel 〕 *n.* 監獄

nail *n.* 指甲

fail *v.* 失敗

hail *v.* 歡呼

rail *n.* 欄杆

sail *v.* 航行

tail *n.* 尾巴

48. **intro¦duce** 〔,ɪntrə'djus 〕

between lead　　　*v.* 介紹

（在二者間引導）

in¦duce 〔 ɪn'djus 〕 *v.* 引誘

in¦（引入）

e¦duce 〔 ɪ'djus 〕 *v.* 引出

out（引出）

con¦duce 〔 kən'djus 〕

together　　　*v.* 引起

（共同領導）

pro¦duce 〔 prə'djus 〕

forward　　　*v.* 生產

（向前引導出來）

se¦duce 〔 sɪ'djus 〕 *v.* 誘惑

apart（帶往別處）

= tempt

re¦duce 〔 rɪ'djus 〕 *v.* 減少

back（部分帶回）

49. **lunch** 〔 lʌntʃ 〕 *n.* 午餐

launch 〔 lɔntʃ 〕 *v.* 發射

50. **snake** 〔 snek 〕 *n.* 蛇

snack 〔 snæk 〕 *n.* 點心

snack bar　小吃店

Mark the words you don't know.

☐ coincident 巧合的   ☐ commend 稱讚   ☐ idiom 成語
☐ interrupt 打斷   ☐ extraordinary 特別的   ☐ gloom 陰暗
☐ palm 手掌   ☐ glide 滑行   ☐ interior 內部
☐ purpose 目的   ☐ portend 預兆   ☐ seduce 誘惑
☐ piston 活塞   ☐ compartment 隔間   ☐ lice 蝨子

☐ belly 肚子   ☐ reside 居住   ☐ fable 寓言
☐ mourning 哀悼   ☐ pulse 脈搏   ☐ heel 腳跟
☐ embrace 擁抱   ☐ confound 使混亂   ☐ pail 桶
☐ whale 鯨魚   ☐ snarl 怒罵   ☐ curiosity 好奇心
☐ obscene 猥褻的   ☐ explode 爆炸   ☐ germ 病菌

☐ elbow 手肘   ☐ snack 點心   ☐ corpse 屍體
☐ autonomy 自治   ☐ quilt 棉被   ☐ halt 停止
☐ maltreat 虐待   ☐ ferry 渡船   ☐ pull 拉
☐ abrupt 突然的   ☐ command 命令   ☐ conduce 引起
☐ ambush 埋伏   ☐ monopoly 壟斷   ☐ corps 軍團

☐ monotony 單調   ☐ launch 發射   ☐ gallop 疾馳
☐ poach 偷獵   ☐ department 部門   ☐ mint 薄荷
☐ waddle 蹣跚而行   ☐ frown 皺眉   ☐ educe 引出
☐ spouse 配偶   ☐ jacket 夾克   ☐ pint 品脫
☐ bankrupt 破產的   ☐ slice 薄片   ☐ curio 古董

Answers to Cycle 16 Exercise

1. B   2. C   3. D   4. C   5. A   6. B   7. B   8. C
9. B   10. A   11. B   12. C   13. A   14. D   15. D

Answers to Look and write

1. rainbow   2. frown   3. heel   4. curiosity
5. erupt   6. whale   7. reside   8. ambush
9. launch   10. snack

Cycle 17

1. **meter** 〔'mitɚ 〕 *n.* 公尺

_____

　　　　　〔 daɪ'æmətɚ 〕 *n.* 直徑

2. **hole** 〔 hol 〕 *n.* 洞

_____

　　　　　〔 hol 〕 *adj.* 全部的

3. **catalogue** 〔'kætl̩‚ɔg 〕 *n.* 目錄
　 dialogue 〔'daɪə‚lɔg 〕 *n.* 對話

_____

　　　　　〔'manl̩‚ɔg 〕 *n.* 獨白

_____

　　　　　〔'prolɔg 〕 *n.* 前言

_____

　　　　　〔'ɛpə‚lɔg 〕 *n.* 結語

4. **front** 〔 frʌnt 〕 *n.* 前面

_____

　　　　　〔 frʌn'tɪr 〕 *n.* 邊界

5. **diamond** 〔'daɪmənd 〕 *n.*
　　鑽石

_____　〔'amənd 〕 *n.* 杏仁

6. **dictation** 〔 dɪk'teʃən 〕 *n.*
　　聽寫

_____

　　　　　〔 dɪk'tetɚ 〕 *n.* 獨裁者

7. **point** 〔 pɔɪnt 〕 *n.* 點

_____

　　　　　〔 ə'pɔɪnt 〕 *v.* 指派

_____

　　　　　〔‚dɪsə'pɔɪnt 〕 *v.* 使失望

8. **fiction** 〔'fɪkʃən 〕 *n.* 小說

_____

　　　　　〔'frɪkʃən 〕 *n.* 摩擦

9. **exceed** 〔 ɪk'sid 〕 *v.* 超過

_____

　　　　　〔 prə'sid 〕 *v.* 前進

_____

　　　　　〔 sək'sid 〕 *v.* 成功

10. **fort** 〔 fɔrt 〕 *n.* 堡壘

_____

　　　　　〔'fɔrtnaɪt 〕 *n.* 兩星期

Cycle 17

Cycle 17

11. **debt** 〔 dɛt 〕 n. 債務

_____

　　〔 ɪn'dɛtɪd 〕 adj. 負債的

12. **lace** 〔 les 〕 n. 蕾絲

_____ 〔 ples 〕 n. 地方

_____ 〔 'pælɪs 〕 n. 宮殿

13. **herb** 〔 hɝb , ɝb 〕 n. 藥草

_____ 〔 vɝb 〕 n. 動詞

14. **hospital** 〔 'hɑspɪtl̩ 〕 n. 醫院

_____

　　〔 ,hɑspɪ'tælətɪ 〕 n. 好客

15. **guide** 〔 gaɪd 〕 v. 引導

_____ 〔 gaɪz 〕 n. 打扮

_____

　　〔 dɪs'gaɪz 〕 v. n. 偽裝

16. **gun** 〔 gʌn 〕 n. 槍

_____ 〔 gʌm 〕 n. 口香糖

17. **vest** 〔 vɛst 〕 n. 背心

_____

　　〔 'hɑrvɪst 〕 n. 收穫

18. **health** 〔 hɛlθ 〕 n. 健康

_____

　　〔 wɛlθ 〕 n. 財富
= fortune = opulence
= affluence

19. **hero** 〔 'hɪro 〕 n. 英雄

_____ 〔 'zɪro 〕 n. 零

20. **dial** 〔 'daɪəl 〕 v. 撥（號）

_____

　　〔 'daɪə,lɛkt 〕 n. 方言

21. **band** 〔 bænd 〕 n. 樂隊

_____

　　〔 'hʌzbənd 〕 n. 丈夫

22. **arch** 〔 ɑrtʃ 〕 n. 拱門

_____

　　〔 'ɑrtʃ,we 〕 n. 拱道

_____

　　〔 'ɑrkə,tɛkt 〕 n. 建築師

23. **pass** 〔 pæs 〕 v. 經過

_____

　　〔 'trɛspəs 〕 v. 侵入

24. **guess** 〔 gɛs 〕 v. 猜測

_____ 〔 gɛst 〕 n. 客人

25. **sadder** 〔'sædɚ 〕 adj.
較悲傷的 (比較級)

_____ 〔'lædɚ 〕 n. 梯子

26. **agile** 〔'ædʒəl 〕 adj. 活潑的

_____ 〔'frædʒəl 〕 adj. 易碎的

27. **tile** 〔 taɪl 〕 n. 瓷磚

_____ 〔'fɝtḷ 〕 adj. 肥沃的
= enriched = fruitful

28. **irrigate** 〔'ɪrə,get 〕 v. 灌溉

_____ 〔'ɪrə,tet 〕 v. 激怒

29. **deer** 〔 dɪr 〕 n. 鹿

_____ 〔 dʒɪr 〕 v. 嘲弄

30. **jungle** 〔'dʒʌŋgḷ 〕 n. 叢林

_____ 〔'dʒɪŋgḷ 〕 n. 叮噹聲

31. **net** 〔 nɛt 〕 n. 網

_____ 〔'mægnɪt 〕 n. 磁鐵

32. **maxim** 〔'mæksɪm 〕 n. 格言

_____ 〔'mæksəməm 〕 n. 最大量

_____ 〔'mɪnəməm 〕 n. 最小量

33. **master** 〔'mæstɚ 〕 v. 精通

_____ 〔'mæstɚ,pis 〕 n. 傑作

34. **amid** 〔 ə'mɪd 〕 prep. 在…之中

_____ 〔'pɪrəmɪd 〕 n. 金字塔

35. **robe** 〔 rob 〕 n. 長袍

_____ 〔'maɪkrob 〕 n. 微生物

36. **October** 〔 ɑk'tobɚ 〕 n. 十月

_____ 〔'ɑktəpəs 〕 n. 章魚

Cycle 17

37. **both** 〔 boθ 〕 *pron.* 兩者

_____ 〔 mɔθ 〕 *n.* 蛾

38. **lease** 〔 lis 〕 *v.* 出租

_____

〔 rɪ'lis 〕 *v.* 釋放

39. **bottle** 〔 'batl̩ 〕 *n.* 瓶子

_____

〔 'batəm 〕 *n.* 底部

40. **tension** 〔 'tɛnʃən 〕 *n.* 緊張

_____

〔 'pɛnʃən 〕 *n.* 退休金

41. **crime** 〔 kraɪm 〕 *n.* 罪

_____

〔 praɪm 〕 *adj.* 首要的

42. **garage** 〔 gə'radʒ 〕 *n.* 車庫

_____

〔 mə'raʒ 〕 *n.* 海市蜃樓

43. **radio** 〔 'redɪ,o 〕 *n.* 收音機

_____

〔 'redɪəs 〕 *n.* 半徑

44. **region** 〔 'ridʒən 〕 *n.* 地區

_____

〔 rɪ'lɪdʒən 〕 *n.* 宗教

45. **survive** 〔 sə'vaɪv 〕 *v.* 生還

_____

〔 rɪ'vaɪv 〕 *v.* 復活

46. **script** 〔 skrɪpt 〕 *n.* 原稿

_____

〔 'post,skrɪpt 〕 *n.* 附註

_____

〔 'mænjə,skrɪpt 〕 *n.* 手稿

47. **rumor** 〔 'rumɚ 〕 *n.* 謠言

_____ 〔 'tumɚ 〕 *n.* 腫瘤

48. **shine** 〔 ʃaɪn 〕 *v.* 照耀

_____ 〔 ʃraɪn 〕 *n.* 祠堂

49. **siege** 〔 sidʒ 〕 *n.* 圍攻

_____ 〔 sɪv 〕 *n.* 篩子

50. **ski** 〔 ski 〕 *v.* 滑雪

_____ 〔 skɪn 〕 *n.* 皮膚

_____ 〔 skɪm 〕 *v.* 略讀

Read at least 5 times a day*!*

1. 公尺 _____
   直徑 _____

2. 洞 _____
   全部的 _____

3. 目錄 _____
   對話 _____
   獨白 _____
   前言 _____
   結語 _____

4. 前面 _____
   邊界 _____

5. 鑽石 _____
   杏仁 _____

6. 聽寫 _____
   獨裁者 _____

7. 點 _____
   指派 _____
   使失望 _____

8. 小說 _____
   摩擦 _____

9. 超過 _____
   前進 _____
   成功 _____

10. 堡壘 _____
    兩星期 _____

11. 債務 _____
    負債的 _____

12. 蕾絲 _____
    地方 _____
    宮殿 _____

13. 藥草 _____
    動詞 _____

14. 醫院 _____
    好客 _____

15. 引導 _____
    打扮 _____
    偽裝 _____

16. 槍 _____
    口香糖 _____

17. 背心 _____
    收穫 _____

18. 健康 _____
    財富 _____

19. 英雄 _____
    零 _____

20. 撥（號）_____
    方言 _____

21. 樂隊 _____
    丈夫 _____

22. 拱門 _____
    拱道 _____
    建築師 _____

23. 經過 _____
    侵入 _____

Cycle 17

24. 猜測 _____
    客人 _____

25. 較悲傷的 _____
    梯子 _____

26. 活潑的 _____
    易碎的 _____

27. 瓷磚 _____
    肥沃的 _____

28. 灌溉 _____
    激怒 _____

29. 鹿 _____
    嘲弄 _____

30. 叢林 _____
    叮噹聲 _____

31. 網 _____
    磁鐵 _____

32. 格言 _____
    最大量 _____
    最小量 _____

33. 精通 _____
    傑作 _____

34. 在…之中 _____
    金字塔 _____

35. 長袍 _____
    微生物 _____

36. 十月 _____
    章魚 _____

37. 兩者 _____
    蛾 _____

38. 出租 _____
    釋放 _____

39. 瓶子 _____
    底部 _____

40. 緊張 _____
    退休金 _____

41. 罪 _____
    首要的 _____

42. 車庫 _____
    海市蜃樓 _____

43. 收音機 _____
    半徑 _____

44. 地區 _____
    宗教 _____

45. 生還 _____
    復活 _____

46. 原稿 _____
    附註 _____
    手稿 _____

47. 謠言 _____
    腫瘤 _____

48. 照耀 _____
    祠堂 _____

49. 圍攻 _____
    篩子 _____

50. 滑雪 _____
    皮膚 _____
    略讀 _____

Mark the words you don't know.

☐ diameter _____   ☐ guise _____   ☐ irritate _____

☐ appoint _____   ☐ wealth _____   ☐ maximum _____

☐ epilogue _____   ☐ ladder _____   ☐ moth _____

☐ palace _____   ☐ trespass _____   ☐ prime _____

☐ friction _____   ☐ disguise _____   ☐ jingle _____

☐ monologue _____   ☐ whole _____   ☐ master _____

☐ dictator _____   ☐ agile _____   ☐ pension _____

☐ dialect _____   ☐ guest _____   ☐ release _____

☐ proceed _____   ☐ harvest _____   ☐ mirage _____

☐ diamond _____   ☐ fertile _____   ☐ region _____

☐ indebted _____   ☐ gum _____   ☐ maxim _____

☐ almond _____   ☐ masterpiece _____   ☐ tumor _____

☐ fortnight _____   ☐ irrigate _____   ☐ survive _____

☐ frontier _____   ☐ octopus _____   ☐ manuscript _____

☐ architect _____   ☐ religion _____   ☐ skim _____

☐ zero _____   ☐ magnet _____   ☐ shrine _____

☐ herb _____   ☐ microbe _____   ☐ postscript _____

☐ fragile _____   ☐ radius _____   ☐ sieve _____

☐ hospitality _____   ☐ jeer _____   ☐ revive _____

☐ husband _____   ☐ pyramid _____   ☐ siege _____

Required Synonyms 17

1. **appoint**〔əˋpɔɪnt〕*v.* 指派

   = assign〔əˋsaɪn〕
   = nominate〔ˋnɑməˏnet〕
   = elect〔ɪˋlɛkt〕

2. **exceed**〔ɪkˋsid〕*v.* 超過

   = surpass〔səˋpæs〕
   = excel〔ɪkˋsɛl〕

3. **agile**〔ˋædʒəl〕*adj.* 活潑的

   = quick〔kwɪk〕
   = alert〔əˋlɝt〕
   = fast〔fæst〕

4. **fragile**〔ˋfrædʒəl〕*adj.* 易碎的

   = frail〔frel〕
   = breakable〔ˋbrekəbl̩〕
   = brittle〔ˋbrɪtl̩〕

5. **irritate**〔ˋɪrəˏtet〕*v.* 激怒

   = annoy〔əˋnɔɪ〕
   = anger〔ˋæŋɡə〕

   = provoke〔prəˋvok〕
   = vex〔vɛks〕

6. **release**〔rɪˋlis〕*v.* 釋放

   = free〔fri〕
   = liberate〔ˋlɪbəˏret〕
   = set free

7. **region**〔ˋridʒən〕*n.* 地區

   = area〔ˋɛrɪə ˏˋerɪə〕
   = zone〔zon〕

   = district〔ˋdɪstrɪkt〕
   = territory〔ˋtɛrəˏtorɪ〕

8. **survive**〔səˋvaɪv〕*v.* 生還

   = remain〔rɪˋmen〕
   = outlive〔autˋlɪv〕
   = outlast〔autˋlæst〕

9. **manuscript**
   〔ˋmænjəˏskrɪpt〕*n.* 手稿

   = writing〔ˋraɪtɪŋ〕
   = copy〔ˋkɑpɪ〕

10. **guide**〔ɡaɪd〕*v.* 引導

    = lead〔lid〕
    = direct〔dəˋrɛkt〕

    = conduct〔kənˋdʌkt〕
    = show〔ʃo〕

Cycle 17 EXERCISE

1. Because of his vast experience, Ben was _____ leader of the group.
   - (A) proceeded
   - (B) appointed
   - (C) mastered
   - (D) irritated

2. Mandarin is the most widely spoken _____ of the Chinese language.
   - (A) fiction
   - (B) dialogue
   - (C) dialect
   - (D) monologue

3. The worth of a _____ depends on its weight and number of cut edges.
   - (A) diamond
   - (B) shrine
   - (C) masterpiece
   - (D) radio

4. Michael Jackson's fans were _____ when he cancelled his show at the last minute.
   - (A) indebted
   - (B) released
   - (C) appointed
   - (D) disappointed

5. Due to lack of rain, the _____ was not so good last year.
   - (A) harvest
   - (B) tumor
   - (C) jungle
   - (D) magnet

6. At present, I do not have enough money to pay off all my _____.
   - (A) almonds
   - (B) hospitals
   - (C) nets
   - (D) debts

7. Many highway accidents could be prevented if drivers were careful enough not to _____ the speed limit.
   - (A) exceed
   - (B) proceed
   - (C) succeed
   - (D) succeed

8. The pyramids of Egypt are standing evidence of the great skill possessed by the _____ of ancient Egypt.
   (A) bands
   (B) dictators
   (C) guests
   (D) architects

9. Any crop would grow well in this _____ soil.
   (A) fertile
   (B) fragile
   (C) textile
   (D) tile

10. Most of the mountains in the central _____ of Taiwan are over 3,000 meters high.
    (A) region
    (B) radius
    (C) script
    (D) jungle

11. Stop making that noise; it really _____ me.
    (A) irrigates
    (B) irritates
    (C) jeers
    (D) guides

12. Although Ben has been in Taiwan for just two years, he has already _____ the local dialect, Taiwanese.
    (A) skimmed
    (B) mastered
    (C) survived
    (D) trespassed

13. Drivers should not park their cars at the entrances of other people's _____.
    (A) frontiers
    (B) mirages
    (C) garages
    (D) jingles

14. The kidnappers promised to _____ the hostage only after their demands were met.
    (A) lease
    (B) release
    (C) pass
    (D) place

15. Water from this dam is used to _____ the land nearby.
    (A) revive
    (B) irritate
    (C) irrigate
    (D) dial

Cycle 17 詳解

1. **meter** 〔'mitɚ〕 *n.* 公尺
   （縮寫為 m）

   kilo¦meter *n.* 公里
   千 ¦　　　（縮寫為 km）

   centi¦meter *n.* 公分
   百分之一　　（縮寫為 cm）

   dia¦meter 〔daɪ'æmətɚ〕
   through　measure　　*n.* 直徑
   （通過圓心，直接測量二端）

2. **hole** 〔hol〕 *n.* 洞

   whole 〔hol〕 *adj.* 全部的

3. **cata¦logue** 〔'kætḷ,ɔg〕
   fully ¦ speak　　　　*n.* 目錄

   dia¦logue 〔'daɪə,lɔg〕 *n.* 對話
   between

   mono¦logue 〔'manḷ,ɔg〕
   alone ¦　　　　　*n.* 獨白
   （自己自言自語）

   pro¦logue 〔'prolɔg〕
   before　　　*n.* 前言；開場白
   （演戲、演講前先說的話）

   epi¦logue 〔'ɛpə,lɔg〕
   upon　　　*n.* 結語；收場白
   （戲劇、演講結束後，再加上的
   　尾聲）

4. **front** 〔frʌnt〕 *n.* 前面

   con¦front *v.* 面對
   together（大家一起到前面）

   frontier 〔frʌn'tɪr〕 *n.* 邊界
   = border
   （國家的最前面，與鄰國交界處）

5. **diamond** 〔'damənd〕 *n.* 鑽石

   almond 〔'amənd〕 *n.* 杏仁

6. dict¦ate *v.* 口述叫別人記錄；
   say ¦　　　　　　　使聽寫

   dictation 〔dɪk'teʃən〕 *n.* 聽寫

   dictator 〔dɪk'tetɚ〕 *n.* 獨裁者
   （只下命令，叫別人去做事的人）

7. **point** 〔pɔɪnt〕 *n.* 點　*v.* 指出

   view¦point *n.* 觀點；看法
   觀 ¦ 點
   = point of view

   ap¦point 〔ə'pɔɪnt〕 *v.* 指派；
   to ¦ 指　　　　　　　　任命
   （指著你，叫你去做事）

   appointment *n.* 任命；約會

   dis¦appoint 〔,dɪsə'pɔɪnt〕
   not ¦　　　　　　　*v.* 使失望
   （沒有被指派工作，感覺很失望）

8. **fict｜ion** 〔ˈfɪkʃən 〕 *n.* 小說
假裝｜(虛構的故事)
science fiction 科幻小說
friction 〔ˈfrɪkʃən 〕 *n.* 摩擦
faction *n.* 派別
fraction *n.* 碎片；分數

9. **ex｜ceed** 〔 ɪkˈsid 〕 *v.* 超過
out｜go (走出去)
pro｜ceed 〔 prəˈsid 〕 *v.* 前進
forward (向前走)
suc｜ceed 〔 səkˈsid 〕 *v.* 成功；
unde (走在下面)　　　　繼承

10. **fort** 〔 fɔrt 〕 *n.* 堡壘
fortnight 〔ˈfɔrtnaɪt 〕 *n.* 兩星期

11. **debt** 〔 dɛt 〕 *n.* 債務
in｜debted 〔 ɪnˈdɛtɪd 〕
in｜　　　　　　　*adj.* 負債的
(陷入債務之中)

12. **ace** *n.* 撲克牌的 A；傑出人才
lace 〔 les 〕 *n.* 蕾絲
shoelace *n.* 鞋帶
necklace *n.* 項鍊
place 〔 ples 〕 *n.* 地方　*v.* 放置
re｜place *v.* 取代
again 放置
(在位置上再放一個人或物)
palace 〔ˈpælɪs 〕 *n.* 宮殿
the National Palace Museum
國立故宮博物院

13. **herb** 〔 hɝb, ɝb 〕 *n.* 藥草
verb 〔 vɝb 〕 *n.* 動詞
adverb *n.* 副詞
proverb *n.* 諺語

14. **hospital** 〔ˈhɑspɪtl̩ 〕 *n.* 醫院
hospitality 〔ˌhɑspɪˈtælətɪ 〕
　　　　　　　n. 好客
(醫院裏的醫生、護士都要親切、
好客)

15. **guide** 〔 gaɪd 〕 *v.* 引導
　　　　　　　n. 導遊
guidebook *n.* 手冊；指南
guise 〔 gaɪz 〕 *n.* 打扮
dis｜guise 〔 dɪsˈgaɪz 〕 *v. n.*
away　　　　　　偽裝
(和平常不同的打扮)
A blessing in disguise.
因禍得福；塞翁失馬，焉知
非福。

16. **gun** 〔 gʌn 〕 *n.* 槍
gun｜powder *n.* 火藥
　　　｜　粉末
(槍裏所需要裝入的粉末)
gun｜running *n.* 軍火走私
　　　｜　跑 (帶著槍偷跑)
gum 〔 gʌm 〕 *n.* 口香糖
chewing gum 口香糖

17. **vest** 〔 vɛst 〕 *n.* 背心
    invest *v.* 投資
    harvest 〔'harvɪst 〕 *n.* 收穫

18. **health** 〔 hɛlθ 〕 *n.* 健康
    wealth 〔 wɛlθ 〕 *n.* 財富
    = fortune 〔'fɔrtʃən 〕
    = opulence 〔'apjələns 〕
    = affluence 〔'æfluəns 〕
    Health is wealth.
    健康就是財富。

19. **hero** 〔'hɪro 〕 *n.* 英雄；男主角
    heroine 〔'hɛroɪn 〕
                n. 女英雄；女主角
    （同音）heroin *n.* 海洛英
    zero 〔'zɪro 〕 *n.* 零

20. **dial** 〔'daɪəl 〕 *v.* 撥（號）
    dialect 〔'daɪə,lɛkt 〕 *n.* 方言

21. **band** 〔 bænd 〕 *n.* 樂隊；帶子
    bandit *n.* 強盜
    bandage *n.* 繃帶
    husband 〔'hʌzbənd 〕 *n.* 丈夫

22. **arch** 〔 artʃ 〕 *n.* 拱門
    archer *n.* 弓箭手
    （把弓拉成弧形）

archery *n.* 箭術
（弓箭手的技術）

arch｜way 〔'artʃ,we 〕 *n.* 拱道
拱 ｜ 道

archi｜tect 〔'arkə,tɛkt 〕
chief ｜ builder
                    n. 建築師
（建築工人的領導者）

23. **pass** 〔 pæs 〕 *v.* 經過
    sur｜pass *v.* 超越；凌駕
    above（由上面經過）
    tres｜pass 〔'trɛspəs 〕 *v.* 侵入
    across（越過邊界）
    com｜pass *n.* 範圍；指南針；
    together   *(pl.)* 圓規
    （大家一起經過之處）

24. **guess** 〔 gɛs 〕 *v.* 猜測
    guest 〔 gɛst 〕
            n. (宴會等受邀請的) 客人
    customer *n.* (商店的) 顧客
    client *n.* (銀行、律師等的) 客戶

25. **sadder** 〔'sædə 〕 *adj.* 較悲傷的
                    （比較級）
    ladder 〔'lædə 〕 *n.* 梯子
    sad *adj.* 悲傷的
    lad *n.* 少年

Cycle 17

26. **agile** 〔'ædʒəl 〕 *adj.* 活潑的

fragile 〔'frædʒəl 〕 *adj.* 易碎的
= frail
= breakable

27. **tile** 〔 taɪl 〕 *n.* 瓷磚
hostile *adj.* 有敵意的
textile *n.* 紡織品
fertile 〔'fɜtl 〕 *adj.* 肥沃的
= enriched = fruitful
↔ barren *adj.* 貧瘠的

28. **irrigate** 〔'ɪrə,get 〕 *v.* 灌溉
irritate 〔'ɪrə,tet 〕 *v.* 激怒

29. **deer** 〔 dɪr 〕 *n.* 鹿
jeer 〔 dʒɪr 〕 *v.* 嘲弄
peer *n.* 同輩
beer *n.* 啤酒
cheer *n.* 喝采
Cheers! 乾杯！
Cheer up! 別氣餒！
steer *v.* 駕駛
queer *adj.* 奇怪的

30. **jungle** 〔'dʒʌŋɡḷ 〕 *n.* 叢林
jingle 〔'dʒɪŋɡḷ 〕 *n.* 叮噹聲
jangle *v.* (鈴) 叮噹亂響

31. **net** 〔 nɛt 〕 *n.* 網
magnet 〔'mægnɪt 〕 *n.* 磁鐵
planet *n.* 行星
cabinet *n.* 櫥櫃；內閣

32. **max**¦**im** 〔'mæksɪm 〕 *n.*
great¦   格言；金玉良言
(偉大的言論)
max¦**imum** 〔'mæksəməm 〕
great¦   *n.* 最大量
min¦**imum** 〔'mɪnəməm 〕
small   *n.* 最小量

33. **master** 〔'mæstɚ 〕 *v.* 精通
n. 主人；大師
master¦**piece** 〔'mæstɚ,pis 〕
大師   作品   *n.* 傑作

34. **a**¦**mid** 〔 ə'mɪd 〕 *prep.* 在…之中
狀態 middle
pyramid 〔'pɪrəmɪd 〕
n. 金字塔

35. **robe** 〔 rob 〕 *n.* 長袍
micro¦**be** 〔'maɪkrob 〕
微小的¦   *n.* 微生物
wardrobe *n.* 衣櫥

Cycle 17

36. **Octo¦ber** 〔 ɑk'tobɚ 〕*n.* 十月
    eight
    （古羅馬曆中，October 為八月）
    octo¦pus 〔'ɑktəpəs 〕*n.* 章魚
    eight¦foot

37. **both** 〔 boθ 〕*pron.* 兩者
    moth 〔 mɔθ 〕*n.* 蛾；
    　　　　　（衣服的）蛀蟲
    mothball *n.* 樟腦丸
    （防蛀蟲的藥丸）
    cloth *n.* 布
    broth *n.* 湯汁

38. **lease** 〔 lis 〕*v.* 出租；租
    n. 租約
    please *v.* 請；使高興
    （要和別人訂租約時，要常說
    please）
    re¦lease 〔 rɪ'lis 〕*v.* 釋放
    back（把租約還給你）

39. **bottle** 〔'bɑtḷ 〕*n.* 瓶子
    bottom 〔'bɑtəm 〕*n.* 底部
    Bottoms up! 乾杯！
    button 〔'bʌtṇ 〕*n.* 鈕扣

40. **tension** 〔'tɛnʃən 〕*n.* 緊張
    pension 〔'pɛnʃən 〕*n.* 退休金
    extension *n.* 延伸；分機

41. **crime** 〔 kraɪm 〕*n.* 罪
    prime 〔 praɪm 〕
    　　　adj. 首要的；最佳的
    prime time 黃金時段

42. **garage** 〔 gə'rɑdʒ 〕*n.* 車庫
    garbage *n.* 垃圾
    mirage 〔 mə'rɑʒ 〕*n.* 海市蜃樓

43. **radio** 〔'redɪ,o 〕*n.* 收音機；
    　　　　　　　　　廣播
    radius 〔'redɪəs 〕*n.* 半徑
    diameter *n.* 直徑

44. **region** 〔'ridʒən 〕*n.* 地區
    = area
    = district
    religion 〔 rɪ'lɪdʒən 〕*n.* 宗教

45. **sur¦vive** 〔 sə'vaɪv 〕*v.* 生還
    above　live（活超過別人）
    re¦vive 〔 rɪ'vaɪv 〕*v.* 復活
    again（再活一次）

46. **script** 〔 skrɪpt 〕*n.* 原稿；腳本
    post¦script 〔'post,skrɪpt 〕
    after¦write（全部寫完後再加上去）
    　　　　　n. 附註（縮寫為 p.s.）
    manu¦script 〔'mænjə,skrɪpt 〕
    hand
    　　　　　　　n. 手稿
    （用手寫的稿子）

47. **rumor**〔'rumɚ〕*n.* 謠言
    <u>**tumor**</u>〔'tumɚ〕*n.* 腫瘤
    humor *n.* 幽默

48. **shine**〔ʃaɪn〕*v.* 照耀
    rain or shine 無論晴雨
    <u>**shrine**</u>〔ʃraɪn〕*n.* 祠堂

49. **siege**〔sidʒ〕*n.* 圍攻
    <u>**sieve**</u>〔sɪv〕*n.* 篩子

50. **ski**〔ski〕*v.* 滑雪
    <u>**skin**</u>〔skɪn〕*n.* 皮膚
    skin-deep *adj.* 膚淺的
    <u>**skim**</u>〔skɪm〕*v.* 略讀；瀏覽
    skip *v.* 跳躍；跳過；略過；
    省去（某餐）不吃；翹（課）

● 帶學生唸 ●

⎧ catalogue〔'kætḷˌɔg〕*n.* 目錄
⎨ dialogue〔'daɪəˌlɔg〕*n.* 對話
⎩ monologue〔'manḷˌɔg〕*n.* 獨白

⎧ prologue〔'prɔlɔg〕*n.* 前言
⎨ epilogue〔'ɛpəˌlɔg〕*n.* 結語

Mark the words you don't know.

- ☐ diameter 直徑
- ☐ appoint 指派
- ☐ epilogue 結語
- ☐ palace 宮殿
- ☐ friction 摩擦

- ☐ guise 打扮
- ☐ wealth 財富
- ☐ ladder 梯子
- ☐ trespass 侵入
- ☐ disguise 偽裝

- ☐ irritate 激怒
- ☐ maximum 最大量
- ☐ moth 蛾
- ☐ prime 首要的
- ☐ jingle 叮噹聲

- ☐ monologue 獨白
- ☐ dictator 獨裁者
- ☐ dialect 方言
- ☐ proceed 前進
- ☐ diamond 鑽石

- ☐ whole 全部的
- ☐ agile 活潑的
- ☐ guest 客人
- ☐ harvest 收穫
- ☐ fertile 肥沃的

- ☐ master 精通
- ☐ pension 退休金
- ☐ release 釋放
- ☐ mirage 海市蜃樓
- ☐ region 地區

- ☐ indebted 負債的
- ☐ almond 杏仁
- ☐ fortnight 兩星期
- ☐ frontier 邊界
- ☐ architect 建築師

- ☐ gum 口香糖
- ☐ masterpiece 傑作
- ☐ irrigate 灌溉
- ☐ octopus 章魚
- ☐ religion 宗教

- ☐ maxim 格言
- ☐ tumor 腫瘤
- ☐ survive 生還
- ☐ manuscript 手稿
- ☐ skim 略讀

- ☐ zero 零
- ☐ herb 藥草
- ☐ fragile 易碎的
- ☐ hospitality 好客
- ☐ husband 丈夫

- ☐ magnet 磁鐵
- ☐ microbe 微生物
- ☐ radius 半徑
- ☐ jeer 嘲弄
- ☐ pyramid 金字塔

- ☐ shrine 祠堂
- ☐ postscript 附註
- ☐ sieve 篩子
- ☐ revive 復活
- ☐ siege 圍攻

Answers to Cycle 17 Exercise

1. B	2. C	3. A	4. D	5. A	6. D	7. A	8. D
9. A	10. A	11. B	12. B	13. C	14. B	15. C	

Cycle 18

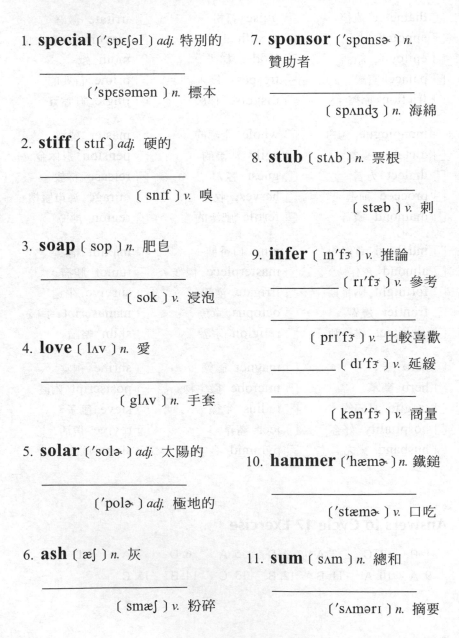

1. **special** 〔ˈspɛʃəl 〕 adj. 特別的

_____

〔ˈspɛsəmən 〕 n. 標本

2. **stiff** 〔 stɪf 〕 adj. 硬的

_____

〔 snɪf 〕 v. 嗅

3. **soap** 〔 sop 〕 n. 肥皂

_____

〔 sok 〕 v. 浸泡

4. **love** 〔 lʌv 〕 n. 愛

_____

〔 glʌv 〕 n. 手套

5. **solar** 〔ˈsolɚ 〕 adj. 太陽的

_____

〔ˈpolɚ 〕 adj. 極地的

6. **ash** 〔 æʃ 〕 n. 灰

_____

〔 smæʃ 〕 v. 粉碎

7. **sponsor** 〔ˈspɑnsɚ 〕 n. 贊助者

_____

〔 spʌndʒ 〕 n. 海綿

8. **stub** 〔 stʌb 〕 n. 票根

_____

〔 stæb 〕 v. 刺

9. **infer** 〔 ɪnˈfɝ 〕 v. 推論

_____ 〔 rɪˈfɝ 〕 v. 參考

_____ 〔 prɪˈfɝ 〕 v. 比較喜歡

_____ 〔 dɪˈfɝ 〕 v. 延緩

_____ 〔 kənˈfɝ 〕 v. 商量

10. **hammer** 〔ˈhæmɚ 〕 n. 鐵鎚

_____

〔ˈstæmɚ 〕 v. 口吃

11. **sum** 〔 sʌm 〕 n. 總和

_____

〔ˈsʌmərɪ 〕 n. 摘要

12. **ape** 〔 ep 〕 *n.* 猿

_____ 〔 kep 〕 *n.* 披肩

_____ 〔 ə'skep 〕 *v.* 逃走

13. **leave** 〔 liv 〕 *v.* 離開

_____ 〔 wiv 〕 *v.* 編織

14. **text** 〔 tɛkst 〕 *n.* 原文

_____ 〔'tɛkstʃə 〕 *n.* 質地

15. **drift** 〔 drɪft 〕 *n.* 漂流

_____ 〔 θrɪft 〕 *n.* 節儉

16. **inhale** 〔 ɪn'hel 〕 *v.* 吸進

_____ 〔 ɛks'hel 〕 *v.* 呼出

17. **union** 〔'junjən 〕 *n.* 結合

_____ 〔'junəsn̩ 〕 *n.* 和諧

18. **sage** 〔 sedʒ 〕 *n.* 聖賢

_____ 〔'jusɪdʒ 〕 *n.* 用法

19. **fade** 〔 fed 〕 *v.* 褪色

_____ 〔 wed 〕 *v.* 涉水

20. **rag** 〔 ræg 〕 *n.* 破布

_____ 〔 tæg 〕 *n.* 標籤

_____ 〔 wæg 〕 *v.* 搖擺

21. **animal** 〔'ænəml̩ 〕 *n.* 動物

_____ 〔'ænə,met 〕 *v.* 使有生氣

22. **joke** 〔 dʒok 〕 *n.* 笑話

_____ 〔 jok 〕 *n.* 束縛

23. **sight** 〔 saɪt 〕 *n.* 視力

_____ 〔'ɪn,saɪt 〕 *n.* 洞察力

24. **mount** 〔 maʊnt 〕 *v.* 爬上

_____ 〔 dɪs'maʊnt 〕 *v.* 下馬

_____ 〔 ə'maʊnt 〕 *n.* 數量

25. **vein** 〔 ven 〕 *n.* 靜脈

_____ 〔 vel 〕 *n.* 面紗

Cycle 18

26. **biology** 〔 baɪˈɑlədʒɪ 〕 *n.*
    生物學

    _____

    〔 dʒiˈɑlədʒɪ 〕 *n.* 地質學

27. **author** 〔ˈɔθɚ 〕 *n.* 作者

    _____

    〔 əˈθɔrətɪ 〕 *n.* 權威

28. **concede** 〔 kənˈsid 〕 *v.* 承認

    _____

    〔 rɪˈsid 〕 *v.* 後退

29. **beside** 〔 bɪˈsaɪd 〕 *prep.*
    在～旁邊

    _____

    〔 bɪˈsaɪdz 〕 *adv.* 此外

30. **veal** 〔 vil 〕 *n.* 小牛肉

    _____

    〔 rɪˈvil 〕 *v.* 顯示

31. **bench** 〔 bɛntʃ 〕 *n.* 長椅

    _____

    〔 kwɛntʃ 〕 *v.* 解（渴）

32. **blind** 〔 blaɪnd 〕 *adj.* 瞎的

    _____ 〔 baɪnd 〕 *v.* 綁

33. **ant** 〔 ænt 〕 *n.* 螞蟻

    _____

    〔ˈdʒaɪənt 〕 *n.* 巨人

34. **rude** 〔 rud 〕 *adj.* 粗魯的

    _____

    〔 ɪnˈtrud 〕 *v.* 闖入

    _____

    〔 proˈtrud 〕 *v.* 伸出

35. **choose** 〔 tʃuz 〕 *v.* 選擇
    〔 tʃiz 〕 *n.* 乳酪

36. **cigar** 〔 sɪˈgɑr 〕 *n.* 雪茄

    _____

    〔ˈsɪgəˌrɛt 〕 *n.* 香煙

37. **fig** 〔 fɪg 〕 *n.* 無花果

    _____

    〔ˈfɪg(j)ɚ 〕 *n.* 數字

38. **dirt** 〔 dɝt 〕 *n.* 泥土

    _____ 〔ˈdɝtɪ 〕 *adj.* 髒的

39. **corn** 〔 kɔrn 〕 *n.* 玉米

_____

〔'kɔrnɚ 〕 *n.* 角落

40. **instinct** 〔'ɪnstɪŋkt 〕 *n.* 本能

_____

〔 dɪ'stɪŋkt 〕 *adj.* 獨特的

_____

〔 ɪk'stɪŋkt 〕 *adj.* 絕種的

41. **pork** 〔 pɔrk 〕 *n.* 豬肉

_____ 〔 fɔrk 〕 *n.* 叉子

42. **berry** 〔'bɛrɪ 〕 *n.* 漿果

_____

〔'bɛrɪ 〕 *v.* 埋葬

43. **marriage** 〔'mærɪdʒ 〕 *n.*
婚姻

_____

〔'kærɪdʒ 〕 *n.* 四輪馬車

44. **curtain** 〔'kɜtn̩ 〕 *n.* 窗簾

_____

〔'sɜtn̩ 〕 *adj.* 確定的

45. **test** 〔 tɛst 〕 *n.* 測驗

_____ 〔 ə'tɛst 〕 *v.* 證明

_____

〔 kən'tɛst 〕 *v.* 競爭

_____

〔 prə'tɛst 〕 *v.* 抗議

_____

〔 dɪ'tɛst 〕 *v.* 厭惡

46. **country** 〔'kʌntrɪ 〕 *n.* 國家

_____ 〔'kaʊntɪ 〕 *n.* 郡

47. **germ** 〔 dʒɝm 〕 *n.* 病菌

_____

〔'dʒɝmən 〕 *adj.* 德國的

48. **furnish** 〔'fɝnɪʃ 〕 *v.* 供給

_____

〔'fɝnɪtʃɚ 〕 *n.* 傢俱

49. **green** 〔 grin 〕 *n.* 綠色

_____ 〔 grit 〕 *v.* 對…打招呼

50. **free** 〔 fri 〕 *adj.* 自由的

_____ 〔 friz 〕 *v.* 結冰

Read at least 5 times a day*!*

1. 特別的 _____
   標本 _____

2. 硬的 _____
   嗅 _____

3. 肥皂 _____
   浸泡 _____

4. 愛 _____
   手套 _____

5. 太陽的 _____
   極地的 _____

6. 灰 _____
   粉碎 _____

7. 贊助者 _____
   海綿 _____

8. 票根 _____
   刺 _____

9. 推論 _____
   參考 _____
   比較喜歡 _____
   延緩 _____
   商量 _____

10. 鐵鎚 _____
    口吃 _____

11. 總和 _____
    摘要 _____

12. 猿 _____
    披肩 _____
    逃走 _____

13. 離開 _____
    編織 _____

14. 原文 _____
    質地 _____

15. 漂流 _____
    節儉 _____

16. 吸進 _____
    呼出 _____

17. 結合 _____
    和諧 _____

18. 聖賢 _____
    用法 _____

19. 褪色 _____
    涉水 _____

20. 破布 _____
    標籤 _____
    搖擺 _____

21. 動物 _____
    使有生氣 _____

22. 笑話 _____
    束縛 _____

23. 視力 _____
    洞察力 _____

24. 爬上 ＿＿＿＿
　　下馬 ＿＿＿＿
　　數量 ＿＿＿＿

25. 靜脈 ＿＿＿＿
　　面紗 ＿＿＿＿

26. 生物學 ＿＿＿＿
　　地質學 ＿＿＿＿

27. 作者 ＿＿＿＿
　　權威 ＿＿＿＿

28. 承認 ＿＿＿＿
　　後退 ＿＿＿＿

29. 在～旁邊 ＿＿＿＿
　　此外 ＿＿＿＿

30. 小牛肉 ＿＿＿＿
　　顯示 ＿＿＿＿

31. 長椅 ＿＿＿＿
　　解（渴） ＿＿＿＿

32. 瞎的 ＿＿＿＿
　　綁 ＿＿＿＿

33. 螞蟻 ＿＿＿＿
　　巨人 ＿＿＿＿

34. 粗魯的 ＿＿＿＿
　　闖入 ＿＿＿＿
　　伸出 ＿＿＿＿

35. 選擇 ＿＿＿＿
　　乳酪 ＿＿＿＿

36. 雪茄 ＿＿＿＿
　　香煙 ＿＿＿＿

37. 無花果 ＿＿＿＿
　　數字 ＿＿＿＿

38. 泥土 ＿＿＿＿
　　髒的 ＿＿＿＿

39. 玉米 ＿＿＿＿
　　角落 ＿＿＿＿

40. 本能 ＿＿＿＿
　　獨特的 ＿＿＿＿
　　絕種的 ＿＿＿＿

41. 豬肉 ＿＿＿＿
　　叉子 ＿＿＿＿

42. 漿果 ＿＿＿＿
　　埋葬 ＿＿＿＿

43. 婚姻 ＿＿＿＿
　　四輪馬車 ＿＿＿

44. 窗簾 ＿＿＿＿
　　確定的 ＿＿＿＿

45. 測驗 ＿＿＿＿
　　證明 ＿＿＿＿
　　競爭 ＿＿＿＿
　　抗議 ＿＿＿＿
　　厭惡 ＿＿＿＿

46. 國家 ＿＿＿＿
　　郡 ＿＿＿＿

47. 病菌 ＿＿＿＿
　　德國的 ＿＿＿＿

48. 供給 ＿＿＿＿
　　傢俱 ＿＿＿＿

49. 綠色 ＿＿＿＿
　　對…打招呼 ＿＿＿

50. 自由的 ＿＿＿＿
　　結冰 ＿＿＿＿

Cycle 18

Mark the words you don't know.

☐ stammer _____　☐ exhale _____　☐ smash _____

☐ soak _____　☐ sniff _____　☐ unison _____

☐ usage _____　☐ polar _____　☐ concede _____

☐ recede _____　☐ wade _____　☐ glove _____

☐ insight _____　☐ yoke _____　☐ tag _____

☐ detest _____　☐ specimen _____　☐ refer _____

☐ weave _____　☐ texture _____　☐ thrift _____

☐ infer _____　☐ stab _____　☐ sponge _____

☐ protest _____　☐ extinct _____　☐ attest _____

☐ county _____　☐ germ _____　☐ cape _____

☐ furniture _____　☐ summary _____　☐ figure _____

☐ confer _____　☐ cigarette _____　☐ fig _____

☐ defer _____　☐ cheese _____　☐ furnish _____

☐ dismount _____　☐ intrude _____　☐ protrude _____

☐ greet _____　☐ amount _____　☐ giant _____

☐ besides _____　☐ quench _____　☐ bind _____

☐ freeze _____　☐ geology _____　☐ curtain _____

☐ carriage _____　☐ reveal _____　☐ marriage _____

☐ instinct _____　☐ veil _____　☐ animate _____

☐ authority _____　☐ fork _____　☐ distinct _____

Cycle 18

Required Synonyms 18

1. **smash** 〔 smæʃ 〕 *v.* 粉碎
   - = shatter 〔ˈʃætɚ 〕
   - = crash 〔 kræʃ 〕
   - = break 〔 brek 〕

2. **unison** 〔ˈjunəsn̩ 〕 *n.* 和諧
   - = accord 〔 əˈkɔrd 〕
   - = concord 〔ˈkɑnkɔrd 〕
   - = harmony 〔ˈhɑrmənɪ 〕
   - = unity 〔ˈjunətɪ 〕

3. **defer** 〔 dɪˈfɝ 〕 *v.* 延緩
   - = delay 〔 dɪˈle 〕
   - = postpone 〔 postˈpon 〕

4. **concede** 〔 kənˈsid 〕 *v.* 承認
   - = confess 〔 kənˈfɛs 〕
   - = grant 〔 grænt 〕
   - = admit 〔 ədˈmɪt 〕
   - = allow 〔 əˈlaʊ 〕

5. **recede** 〔 rɪˈsid 〕 *v.* 後退
   - = retreat 〔 rɪˈtrit 〕
   - = regress 〔 rɪˈgrɛs 〕
   - = withdraw 〔 wɪθˈdrɔ 〕

6. **amount** 〔 əˈmaʊnt 〕 *n.* 數量
   - = sum 〔 sʌm 〕
   - = measure 〔ˈmɛʒɚ 〕
   - = quantity 〔ˈkwɑntətɪ 〕

7. **furnish** 〔ˈfɝnɪʃ 〕 *v.* 供給
   - = supply 〔 səˈplaɪ 〕
   - = provide 〔 prəˈvaɪd 〕
   - = give 〔 gɪv 〕

8. **rude** 〔 rud 〕 *adj.* 粗魯的
   - = impolite 〔ˌɪmpəˈlaɪt 〕
   - = rough 〔 rʌf 〕
   - = coarse 〔 kors 〕
   - = discourteous 〔 dɪˈskɝtɪəs 〕

9. **reveal** 〔 rɪˈvil 〕 *v.* 顯示
   - = show 〔 ʃo 〕
   - = disclose 〔 dɪsˈkloz 〕
   - = display 〔 dɪˈsple 〕

10. **intrude** 〔 ɪnˈtrud 〕 *v.* 闖入
    - = meddle 〔ˈmɛdl̩ 〕
    - = trespass 〔ˈtrɛspəs 〕

Cycle 18　EXERCISE

1. Please _____ to our price list for information on our other products.
   (A) refer
   (B) transfer
   (C) infer
   (D) confer

2. You should use detergent, not _____, to wash your clothes.
   (A) fork
   (B) ash
   (C) skin
   (D) soap

3. _____ cells absorb sunlight and convert it into electrical energy.
   (A) Stiff
   (B) Rude
   (C) Solar
   (D) Polar

4. I like basketball more than football; which one of the two do you _____?
   (A) infer
   (B) prefer
   (C) defer
   (D) confer

5. Many _____ don't use their real names for their books.
   (A) authors
   (B) dictators
   (C) sages
   (D) giants

6. After we all finished watching the play, our teacher asked us to write a 2-page _____ of it.
   (A) rumor
   (B) texture
   (C) text
   (D) summary

7. The minimum _____ of cash necessary to start a business in Taiwan is five million NT dollars.
   (A) fort
   (B) amount
   (C) mount
   (D) dismount

8. Due to some unexpected problems, we have _____ our decision for a month.
   - (A) tagged
   - (B) ragged
   - (C) deferred
   - (D) protruded

9. Ben is a secretive person; he would _____ his secrets to no one.
   - (A) dictate
   - (B) reveal
   - (C) bind
   - (D) intrude

10. According to a Chinese myth, "Kwafu" was an ambitious _____ who finally died in his attempt to chase the sun.
    - (A) animal
    - (B) veal
    - (C) fig
    - (D) giant

11. The _____ of 5 and 25, divided by 6 is 5.
    - (A) sum
    - (B) guise
    - (C) disguise
    - (D) summary

12. Before selling his house, Ben removed all the _____ from it.
    - (A) germs
    - (B) corners
    - (C) catalogues
    - (D) furniture

13. All the students _____ against the sudden increase of their school fees.
    - (A) attested
    - (B) contested
    - (C) protested
    - (D) detested

14. Many species of animals are becoming _____ every year due to pollution caused by man.
    - (A) fiction
    - (B) berry
    - (C) extinct
    - (D) bury

15. Waving his hand, the President _____ the people as he stepped out of the airplane.
    - (A) freed
    - (B) froze
    - (C) greeted
    - (D) furnished

Cycle 18

Cycle 18 詳解

1. **special** 〔'spɛʃəl 〕*adj.* 特別的
Nothing special.
沒什麼特別的。
specimen 〔'spɛsəmən 〕
　　　　n. 標本;樣品
sample *n.* 樣品
species *n.* 物種

2. **stiff** 〔 stɪf 〕*adj.* 硬的
sniff 〔 snɪf 〕*v.* 嗅
(sn 的鼻音聽到來就像嗅味道的
聲音)

3. **soap** 〔 sop 〕*n.* 肥皂
soap opera 連續劇
soak 〔 sok 〕*v.* 浸泡
soaked to the skin 濕透
soar *v.* 翱翔;(物價)暴漲

4. **love** 〔 lʌv 〕*n.*,*v.* 愛
dove *n.* 鴿子
glove 〔 glʌv 〕*n.* 手套

5. **solar** 〔'solə 〕*adj.* 太陽的
↔ lunar *adj.* 月亮的

solar system 太陽系
solar energy 太陽能
polar 〔'polə 〕*adj.* 極地的
polar bear 北極熊
pole *n.* 極地;竿子
the North 〔South〕Pole
北〔南〕極

6. **ash** 〔 æʃ 〕*n.* 灰
ashtray *n.* 煙灰缸
smash 〔 smæʃ 〕*v.* 粉碎
= crush
= shatter
cash *n.* 現金　*v.* 兌現
lash *n.* 睫毛
flash *n.* 閃光
crash *n.v.* 墜毀;撞毀
trash *n.* 垃圾

7. **sponsor** 〔'spɑnsə 〕*n.* 贊助
　　　者;(提供廣告的)廠商
sponge 〔 spʌndʒ 〕*n.* 海綿
sponge cake 海綿蛋糕

8. **stub** 〔 stʌb 〕 *n.* 票根

stubborn *adj.* 頑固的

stab 〔 stæb 〕 *v.* 刺

stable *adj.* 穩定的

9. **in¦fer** 〔 ɪnˈfɝ 〕 *v.* 推論
into carry（把想法引至重心）

re¦fer 〔 rɪˈfɝ 〕 *v.* 參考；提到
back
reference *n.* 參考

pre¦fer 〔 prɪˈfɝ 〕 *v.* 比較喜歡
before
（比較喜歡的先帶走）

prefer A to B 喜歡 A 甚於 B

preference *n.* 偏愛

de¦fer 〔 dɪˈfɝ 〕 *v.* 延緩
apart
（先放在一邊，晚點再運）

con¦fer 〔 kənˈfɝ 〕 *v.* 商量
together
（帶來自己的意見一起商量）

trans¦fer *v.* 轉移
A→B

10. ham *n.* 火腿

hammer 〔ˈhæmɚ 〕 *n.* 鐵鎚

stammer 〔ˈstæmɚ 〕 *v.* 口吃

11. **sum** 〔 sʌm 〕 *n.* 總和；總數

to sum up 總之

summary 〔ˈsʌmərɪ 〕 *n.* 摘要

（同音）summery

adj. 像夏天的

12. **ape** 〔 ep 〕 *n.* 猿

cape 〔 kep 〕 *n.* 披肩；岬；海角

landscape *n.* 風景

escape 〔 əˈskep 〕 *v.,n.* 逃走

a narrow escape

死裏逃生；千鈞一髮

scrape ① *n.* 麻煩；困境
= trouble ② *v.* 刮掉

13. **leave** 〔 liv 〕 *v.* 離開

weave 〔 wiv 〕 *v.* 編織

14. **text** 〔 tɛkst 〕 *n.* 原文

textbook *n.* 教科書
（寫課文的書）

con¦text *n.* 上下文
together（前後文章一起出現）

text¦ure 〔ˈtɛkstʃɚ 〕 *n.* 質地；
weave 口感

textile *n.* 紡織品

15. **rift** 〔 rɪft 〕 *n.* 裂縫

drift 〔 drɪft 〕 *n.* 漂流

thrift 〔 θrɪft 〕 *n.* 節儉

thrifty *adj.* 節儉的
= economical

16. **in'hale** 〔 ɪn'hel 〕 *v.* 吸進
in ¦ breathe

ex'hale 〔 ɛks'hel 〕 *v.* 呼出
out

hale *adj.* 強壯的

whale *n.* 鯨魚

17. **union** 〔 'junjən 〕 *n.* 結合
Union is strength.
團結就是力量。

onion *n.* 洋葱

uni¦son 〔 'junəsn̩ 〕 *n.* 和諧
one ¦
= harmony

18. **sage** 〔 sedʒ 〕 *n.* 聖賢

usage 〔 'jusɪdʒ 〕 *n.* 用法
（聖賢都有聰明的用字方法）

19. **fade** 〔 fed 〕 *v.* 褪色；消失

wade 〔 wed 〕 *v.* 涉水

shade *n.* 樹蔭
grade *n.* 等級
trade *n.* 貿易

20. **rag** 〔 ræg 〕 *n.* 破布

brag *n.* 自誇

tag 〔 tæg 〕 *n.* 標籤

wag 〔 wæg 〕 *v.* 搖擺

bag *n.* 袋子
lag *v. n.* 落後
flag *n.* 旗子

21. **animal** 〔 'ænəml̩ 〕 *n.* 動物

animate 〔 'ænə,met 〕
v. 使有生氣

22. **joke** 〔 dʒok 〕 *n.* 笑話

crack a joke 說笑話
practical joke 惡作劇
= prank

yoke 〔 jok 〕 *n.* 束縛；軛

23. **sight** 〔 saɪt 〕 *n.* 視力；景象

at first sight 第一眼
fall in love with *sb.* at first
sight 與某人一見鍾情

nearsighted *adj.* 近視的
farsighted *adj.* 遠視的

in¦sight 〔 'ɪn,saɪt 〕 *n.* 洞察力
in ¦（能夠看出事情的內幕）

fore¦sight 先見之明；遠見
before（能夠事先看出來）

24. **mount** 〔 maʊnt 〕 v. 爬上
（山、車、馬） n. …山

dis¦mount 〔 dɪs'maʊnt 〕
away（從馬上下來） v. 下馬

amount 〔 ə'maʊnt 〕 n. 數量

sur¦mount v. 超越；克服
above　登上（登上更高之處）

para¦mount adj. 至高的
beyond　山（比山還高的）

25. **vein** 〔 ven 〕 n. 靜脈
artery n. 動脈
blood vessel 血管
（同音）vain 〔 ven 〕
adj. 徒然的
in vain 徒勞無功

veil 〔 vel 〕 n. 面紗

26. **bio¦logy** 〔 baɪ'ɑlədʒɪ 〕
life ¦ 學問
n. 生物學

geo¦logy 〔 dʒi'ɑlədʒɪ 〕
earth
n. 地質學

astro¦logy n. 占星術
star ¦

27. **author** 〔 'ɔθɚ 〕 n. 作者
authority 〔 ə'θɔrətɪ 〕 n. 權威
（一本書中，作者最具權威）

the authorities concerned
有關當局

28. **con¦cede** 〔 kən'sid 〕
together go
v. 承認；讓步
（互相禮讓，大家一起走）

re¦cede 〔 rɪ'sid 〕 v. 後退
back

pre¦cede v. 前導；優先
before（走在前面）

29. **beside** 〔 bɪ'saɪd 〕 prep.
在～旁邊

besides 〔 bɪ'saɪdz 〕 adv. 此外
= in addition

30. **veal** 〔 vil 〕 n. 小牛肉
calf n. 小牛
beef n. 牛肉

reveal 〔 rɪ'vil 〕 v. 顯示；透露
= disclose

31. **bench** 〔 bɛntʃ 〕 n. 長椅
quench 〔 kwɛntʃ 〕 v. 解（渴）

32. **blind** 〔 blaɪnd 〕 adj. 瞎的
Love is blind. 愛情是盲目的。
The blind lead the blind.
盲人騎瞎馬；問道於盲。
（喻處境十分危險）

bind 〔 baɪnd 〕 v. 綁；束縛
be bound to 一定會～；受制
於；有義務～

Cycle 18

33. **ant** 〔 ænt 〕 *n.* 螞蟻
    giant 〔'dʒaɪənt 〕 *n.* 巨人

34. **rude** 〔 rud 〕 *adj.* 粗魯的
    in¦trude 〔 ɪn'trud 〕 *v.* 闖入
    into push
    ex¦trude *v.* 擠出;壓出
    out
    pro¦trude 〔 pro'trud 〕 *v.* 伸出
    forward

35. **choose** 〔 tʃuz 〕 *v.* 選擇
    cheese 〔 tʃiz 〕 *n.* 乳酪;起司
    Say cheese! 笑一個!
    (照相時叫別人微笑時用)

36. **cigar** 〔 sɪ'gɑr 〕 *n.* 雪茄
    cigarette 〔'sɪgə,rɛt 〕 *n.* 香煙

37. **fig** 〔 fɪg 〕 *n.* 無花果
    figure 〔'fɪg(j)ə 〕
              n. 數字;人物;身材

38. **dirt** 〔 dɝt 〕 *n.* 泥土
    dirty 〔'dɝtɪ 〕 *adj.* 髒的

39. **corn** 〔 kɔrn 〕 *n.* 玉米
    cornflakes *n.* 玉米片
    popcorn *n.* 爆米花
    corner 〔'kɔrnə 〕 *n.* 角落
    around the corner
    在轉角;就快到了

40. **instinct** 〔'ɪnstɪŋkt 〕 *n.* 本能
    distinct 〔 dɪ'stɪŋkt 〕
              adj. 獨特的;清楚的
    extinct 〔 ɪk'stɪŋkt 〕
              adj. 絕種的
    extinct volcano 死火山

41. **pork** 〔 pɔrk 〕 *n.* 豬肉
    pork chop 豬排
    fork 〔 fɔrk 〕 *n.* 叉子;分叉
              (樹枝、道路)
    stork *n.* 鸛

42. **berry** 〔'bɛrɪ 〕 *n.* 漿果
    strawberry *n.* 草莓
    blueberry *n.* 藍莓
    bury 〔'bɛrɪ 〕 *v.* 埋葬
    (發音相同)

43. **marriage** 〔'mærɪdʒ 〕 *n.* 婚姻
    marry *v.* 結婚
    carriage 〔'kærɪdʒ 〕 *n.*
    四輪馬車
    carry *v.* 攜帶;運送
    carrier *n.* 帶菌者;航空母艦

44. **curtain** 〔'kɝtṇ 〕 *n.* 窗簾;幕
    certain 〔'sɝtṇ 〕 *adj.* 確定的;
    某一
    certainly *adv.* 當然
    certainty *n.* 確實;確信

45. **test** 〔 tɛst 〕 *n.* 測驗

at¦test 〔 ə'tɛst 〕 *v.* 證明
to ¦ witness

con¦test 〔 kən'tɛst 〕 *v.* 競爭
together

〔 'kɑntɛst 〕 *n.* 比賽

pro¦test 〔 prə'tɛst 〕 *v.* 抗議
publicly

de¦test 〔 dɪ'tɛst 〕 *v.* 厭惡
down

46. **country** 〔 'kʌntrɪ 〕
n. 國家；鄉村

county 〔 'kaʊntɪ 〕 *n.* 郡
count *v.* 數
count down　倒數

47. **germ** 〔 dʒɝm 〕 *n.* 病菌
term *n.* 學期
German 〔 'dʒɝmən 〕 *adj.*
德國的　*n.* 德國人；德文
Germany　*n.* 德國

48. **furnish** 〔 'fɝnɪʃ 〕 *v.* 供給；裝置
（傢俱等）

furniture 〔 'fɝnɪtʃ⅊ 〕
n. 傢俱（集合名詞）

a piece
an article
一件傢俱 } of furniture

49. **green** 〔 grin 〕 *adj.* 綠色的
greet 〔 grit 〕 *v.* 對…打招呼；
問候；迎接
greed *n.* 貪心
Greece *n.* 希臘
Greek *adj.* 希臘的　*n.* 希臘文
It's Greek to me.
我完全不懂。

50. **free** 〔 fri 〕 *adj.* 自由的；免費的
freedom *n.* 自由
freeze 〔 friz 〕 *v.* 結冰
Freeze!　不准動！
freezer *n.* 冷凍庫

Cycle 18

Mark the words you don't know.

☐ stammer 口吃   ☐ exhale 呼出   ☐ smash 粉碎

☐ soak 浸泡   ☐ sniff 嗅   ☐ unison 和諧

☐ usage 用法   ☐ polar 極地的   ☐ concede 承認

☐ recede 後退   ☐ wade 涉水   ☐ glove 手套

☐ insight 洞察力   ☐ yoke 束縛   ☐ tag 標籤

☐ detest 厭惡   ☐ specimen 標本   ☐ refer 參考

☐ weave 編織   ☐ texture 質地   ☐ thrift 節儉

☐ infer 推論   ☐ stab 刺   ☐ sponge 海綿

☐ protest 抗議   ☐ extinct 絕種的   ☐ attest 證明

☐ county 郡   ☐ germ 病菌   ☐ cape 披肩

☐ furniture 傢俱   ☐ summary 摘要   ☐ figure 數字

☐ confer 商量   ☐ cigarette 香煙   ☐ fig 無花果

☐ defer 延緩   ☐ cheese 乳酪   ☐ furnish 供給

☐ dismount 下馬   ☐ intrude 闖入   ☐ protrude 伸出

☐ greet 對⋯打招呼   ☐ amount 數量   ☐ giant 巨人

☐ besides 此外   ☐ quench 解（渴）   ☐ bind 綁

☐ freeze 結冰   ☐ geology 地質學   ☐ curtain 窗簾

☐ carriage 四輪馬車   ☐ reveal 顯示   ☐ marriage 婚姻

☐ instinct 本能   ☐ veil 面紗   ☐ animate 使有生氣

☐ authority 權威   ☐ fork 叉子   ☐ distinct 獨特的

Answers to Cycle 18 Exercise

1. A   2. D   3. C   4. B   5. A   6. D   7. B   8. C

9. B   10. D   11. A   12. D   13. C   14. C   15. C

單字成語索引

索引

索
引

索
引

索引

索引

索
引

索
引

索引

索
引

索引

索引

一天背好 1000 單字教師手冊
Memorize 1000 Words in a Day
Teacher's Manual

改編自「英單字 1000 記憶講座」　　　　　售價：250 元

主　　　編／劉　毅

發　行　所／學習出版有限公司　　　☎ (02) 2704-5525

郵 撥 帳 號／05127272 學習出版社帳戶

登　記　證／局版台業 2179 號

印　刷　所／裕強彩色印刷有限公司

台 北 門 市／台北市許昌街 10 號 2F　　☎ (02) 2331-4060

台灣總經銷／紅螞蟻圖書有限公司　　☎ (02) 2795-3656

本公司網址／www.learnbook.com.tw

電 子 郵 件／learnbook@learnbook.com.tw

2019 年 1 月 1 日新修訂

4713269383123

21.

英文字根字典　書 680元

這是一本最完整的背單字專用字典。背不下來的單字，查「英文字根字典」，不僅可以知道該單字的真正含意，還可以觸類旁通。長久累積下去，你的字根分析能力會越來越強，以後不需要查字典，也能猜出生字的意義。

22.

英文同義字典　書 480元

透過同義字群的方式來記憶單字，是增加單字最迅速有效的方法。當我們說話或寫作時，常需要重複表達相同的意念，為避免枯燥和累贅，就要活用同義字。本書提供您最常用的同義字資料，強化您的用字能力。

23.

英文反義字典　書 220元

學習反義字是認識單字的方法之一。英文中的反義字數目龐大，範圍極廣。本書收錄的是出現頻率最高、最大眾化的單字，可經常活用於日常生活中，對於翻譯和作文，亦有莫大的幫助。

24.

英文諺語辭典　書 480元

諺語是人類生活經驗的精華。背了英文諺語，在會話或作文中都用得到。本書收錄諺語最完備齊全，並註明最常用、常用、或少用。艱難諺語附有文法解釋，並註明來源出處；常用諺語註明使用場合及方法，並附有「同義諺語歸納」。

25.

KK音標專有名詞發音辭典　書 380元

全國第一本以KK音標註解的專有名詞發音辭典。從英文書籍、報章雜誌及新聞中，共收錄九萬多個專有名詞，包括英、美兩國，及其他各國人口超過兩萬的都市，還有難解的愛爾蘭、希臘，以及拉丁文中，與典故有關的人名與地名等。

26.

高中必考英文法教本　書 100元

文法規則條理分明，簡單易懂，一學就會。每條題目均出自國內外大學入學考試，從題目中歸納出重要文法，題題具有代表性，可以讓你舉一反三。

27.

高中生必背4500字　書 280元

高中課綱明訂高中生畢業時，要學會4,500個單字。書中重要的字彙附有例句；難背的單字附有「記憶技巧」，重要單字附有「同、反義字」、關鍵字附有「典型考題」，背完即可自我測驗，立即驗收學習成效。

28.

一口氣必考字彙極短句

(附錄音QR碼及劉毅老師教學實況影音)　書特價 280元

背「一口氣必考字彙極短句」，增強單字實力，而且背過的句子，說起來有信心，每一句都可主動對外國人說。單字均註明級數，不超出常用7000字範圍。學完不僅單字增加，能說出美妙的語言，還能夠讓同學戰勝考試。

29.

用字根背單字教本　書 100元

只要掌握單字的分析，就可以串聯記憶很多單字。許多單字有很多意思，經過分析後，才知道它真正的意思。利用「字首+字根+字尾」的科學記憶法，可觸類旁通，舉一反十。

30.

英文字根串聯記憶　書 180元

所有單字量大的人，都是利用「字根」來背單字。「英文字根串聯記憶」就是把單字串聯起來，一個接一個地背，以字根為主軸，再從字根的意思了解整個單字的意思。背完本書，無論考試、閱讀、寫作文，都沒問題了。

31. **一口氣背單字** 書+CD 380元

「一口氣背單字」不需要背拆字，以字根為主軸，一背一長串，字首、字尾都大同小異，換一個字根，就可能造出新的字。第一個目標，是背字根為pose的72個單字，pose這一組背完後，其他字根就簡單了。

32. **易背英作文100篇** 書150元

要在最短的時間內，寫出一篇通順達意且文法正確的英文作文，平時就應累積實力，多看、多背各類型的範文。本書精選100個最熱門題目，以中國學生的思想觀念為主，由外國老師執筆，範文簡短易背，並附有流暢的翻譯與註解。

33. **高中書信英作文100篇** 書 180元

書信作文是未來「學測」和「指考」的趨勢。我們找了學校名師出題，再找100多位優秀的高中同學試寫，再由美籍老師Christian Adams 和 Laura E. Stewart改寫。好的英文作文句子短、有力量，同學背起來又很容易。

34.  **一口氣背會話(上、下集)** 書+CD 每本 580元

取材自美國口語的精華，三句一組，九句一段，背到五秒內，終生不忘記。背過的語言，說出來最有信心，英語表達力勝過所有美國人，而且所背的英文也適合書寫。英文會說、會寫以後，聽和讀還有什麼問題?!

35. **教師一口氣英語** 書+CD 400元

書中的108句，都是精挑細選，美國口語中的精華。只要按照所背的來教「一口氣英語」，就可以整堂課都用英語教書。背熟本書，老師可在課堂上，講出最優美的英語。教「一口氣英語」，使你成為最快樂的英文老師。

36.

演講式英語　書+CD 480元

不需要外國人，自己就可以背，背完就可以演講。句子經過精心挑選，由美國人平常所說的話組成，平易近人，簡潔有力。「演講式英語」也是萬用作文，背完不僅增加字彙，立刻會說英文，也可將演講中的句子運用在作文中。

37.

一口氣背演講全集①~⑥　書+MP3 580元

利用「一口氣背會話」的原理，三句為一組，九句為一段，每篇演講稿共54句，背到一分鐘之內，就可以變成直覺。由於三句一組，每句話都儘量簡潔，所以說起來強而有力，精彩極了！背演講稿的新方法，就是中文和英文一起背。

38.

英語演講寶典(修訂版)　書980元

「英語演講寶典」就像「文法寶典」一樣，不管你需要什麼演講稿，不管你需要什麼句子，都可以在裡面查得到。這120篇演講稿，都是在「劉毅英文教育機構」實際使用過，深受同學喜愛，提供給所有想把英語學好的讀者。

39.　　　40.　　　41.　　　42.

◆ 歷屆大學聯考英文試題全集珍藏本　　　　　書 680元
◆ 歷屆大學學測英文科試題詳解 (83年~98年)　書 580元
◆ 歷屆大學學測英文試題詳解② (99年~106年)　書 380元
◆ 101年~107年指定科目考試各科試題詳解
　　(101年~103年) 書每冊 220元　　(104年~107年) 書每冊 280元

我們將命題教授歷年來的心血結晶，全部保存下來，連教授看了都鼓掌叫好。附詳細解答，是老師出題及學生複習的最佳參考資料。